Die Natur muß bewiesen werden

Für Heinz
St. Radegund,
9 Juni 2002

Thomas

WIENER ARBEITEN ZUR PHILOSOPHIE
Reihe B: Beiträge zur philosophischen Forschung
Herausgegeben von Stephan Haltmayer

Band 5

PETER LANG
Frankfurt am Main · Berlin · Bern · Bruxelles · New York · Oxford · Wien

Die Natur muß bewiesen werden

Zu Grundfragen der Hegelschen Naturphilosophie

Herausgegeben von
Renate Wahsner und Thomas Posch

Mit Beiträgen von
Friedrich Grimmlinger, Hans-Dieter Klein, Gilles Marmasse,
Thomas Posch, Urs Richli und Renate Wahsner

PETER LANG
Europäischer Verlag der Wissenschaften

Die Deutsche Bibliothek - CIP-Einheitsaufnahme

Die Natur muß bewiesen werden : zu Grundfragen der
Hegelschen Naturphilosophie / Hrsg.: Renate Wahsner ;
Thomas Posch. Mit Beitr. von Friedrich Grimmlinger.... -
Frankfurt am Main ; Berlin ; Bern ; Bruxelles ; New York ;
Oxford ; Wien : Lang, 2002
 (Wiener Arbeiten zur Philosophie: Reihe B, Beiträge zur
philosophischen Forschung ; Bd. 5)
 ISBN 3-631-38767-9

Gedruckt mit Unterstützung des
Bundesministeriums für Bildung, Wissenschaft und Kultur
in Wien.

Gedruckt auf alterungsbeständigem,
säurefreiem Papier.

ISSN 0948-1311
ISBN 3-631-38767-9
© Peter Lang GmbH
Europäischer Verlag der Wissenschaften
Frankfurt am Main 2002
Alle Rechte vorbehalten.

Das Werk einschließlich aller seiner Teile ist urheberrechtlich
geschützt. Jede Verwertung außerhalb der engen Grenzen des
Urheberrechtsgesetzes ist ohne Zustimmung des Verlages
unzulässig und strafbar. Das gilt insbesondere für
Vervielfältigungen, Übersetzungen, Mikroverfilmungen und die
Einspeicherung und Verarbeitung in elektronischen Systemen.

Printed in Germany 1 2 3 4 6 7

www.peterlang.de

Inhalt

Vorwort 7

Renate Wahsner
Ist die Naturphilosophie eine abgelegte Gestalt des modernen Geistes? 9

Diskussion 32

Thomas Posch
Zur *Mechanik der Wärme* in Hegels Systementwurf von 1805/06 41

Diskussion 62

Hans-Dieter Klein
Von der logischen *Idee* zur *Natur* in Hegels Systemkonzept 69

Diskussion 73

Urs Richli
Der wahrhafte Punkt. Bemerkungen zu Hegels Bestimmung der Zeit
als selbstbezüglicher Negation 80

Diskussion 94

Renate Wahsner
Mechanismus und *Organismus* als Thema von Hegels *Phänomenologie*
und *Philosophie der Natur* 101

Diskussion 115

Friedrich Grimmlinger
Sinn und Methode der Begriffsentwicklung in Hegels Naturphilosophie 125

Diskussion 140

Gilles Marmasse
Das Problem des Übergangs von der Natur zum Geist in
Hegels *Enzyklopädie* 142

Schlußdiskussion 159

Anhang

Zitierte Literatur 181

Namensregister 189

Autoren 193

*"Es ist nöthig, die besondere Weise der Naturphilosophie
zu bestimmen, und sogar zu beweisen daß eine Natur ist.
In anderen Wissenschaften setzen wir dieß voraus, jeder
Geometer setzt einen Raum voraus, keiner zweifelt daran,
anders ist es in der Philosophie, die Natur muß bewiesen
werden; ihre Nothwendigkeit, die Erschaffung der Natur,
dieß ist etwas was nicht vorausgesetzt werden kann."* [*]

Vorwort

Zu dem Thema "Hegels Konzept der Integration naturwissenschaftlicher Erkenntnis in ein System der Philosophie" fand unter der wissenschaftlichen Leitung von Friedrich Grimmlinger, Urs Richli und Renate Wahsner, nachdrücklich befördert durch die Initiative von Thomas Posch, vom 7. bis zum 15. Juni 2001 am Institut für Philosophie der Wiener Universität eine Arbeitstagung zu Hegels Naturphilosophie statt.

Ihre Grundidee bestand darin, langjährige Bemühungen um Hegels Philosophie zusammenzuführen, unterschiedliche Traditionslinien der Interpretation der Hegelschen Philosophie in den Dialog zu bringen, insbesondere das Verhältnis einer philosophischen Analyse der modernen Naturwissenschaft zu Untersuchungen der begriffslogischen Bestimmtheit des Hegelschen Systems zu debattieren. Es ergab sich der seltene Fall, daß Philosophen mit konzeptionell verschiedenen Standpunkten bezüglich der Rezeption der Hegelschen Naturphilosophie einander zuhörten und Gegenargumente verarbeiteten. Dadurch wurde die Auffassung erhärtet, daß weder eine moderne Naturphilosophie ohne kritisch-konstruktive Rezeption der Hegelschen Naturphilosophie entwickelt werden noch das Hegelsche System ohne gewissenhafte Analyse seiner Naturphilosophie begriffen werden kann.

Aufgrund der angegebenen Zielstellung nahm die Diskussion nicht nur auf der Tagung einen breiten Raum ein, sondern wird auch (auf der Grundlage von Tonbandmitschnitten) in den vorliegenden Band aufgenommen.

Friedrich Grimmlinger   Urs Richli
Thomas Posch   Renate Wahsner

---

[*] G.W.F. Hegel, Vorlesung über Naturphilosophie Berlin 1823/24. Nachschrift von K.G.J. v. Griesheim, hg. und eingeleitet von G. Marmasse, Frankfurt a.M.–Berlin–Bern–Bruxelles–NewYork–Oxford–Wien 2000, S. 61.

Ist die Naturphilosophie eine abgelegte Gestalt des modernen Geistes?

Renate Wahsner

Die im Titel gestellte Frage zu beantworten ist unabdingbar, will man das Hegelsche Werk nicht nur aus denkmalschützerischen Gründen pflegen. Doch um eine hinreichende Antwort zu finden, müßte sehr viel gesagt werden, mehr als in der zur Verfügung stehenden Zeit möglich ist. Soll das Problem der Verständlichkeit halber nicht durch sehr schnelles Sprechen oder einen thesenhaften Vortrag gelöst werden, sind Lücken unvermeidlich. Ich hoffe, daß dennoch einige grundlegende Punkte geklärt werden können, wobei ich voraussetze, daß man einander in erster Linie verstehen, nicht in erster Linie widerlegen will.[1]

Die Naturphilosophie ist die Gestalt, in der die Philosophie als solche geboren wurde, setzt man ihre Geburt mit der Frage der ionischen Denker nach der ἀρχή an. Und auch späterhin hatte jedes große philosophische System der Weltgeschichte ein naturphilosophisches Konzept – wenn nicht explizit, dann implizit. Dies insofern, als eine vermeintlich ausschließliche Beschäftigung mit dem Menschen, dem Erkenntnisvermögen oder der Ethik stets ein bestimmtes Mensch-Natur-Verhältnis unterstellt (mithin einen bestimmten Begriff von Natur).[2] Und eines Naturbegriffs bedarf jede Philosophie als Bestimmung des allgemeinsten bzw. des grundlegenden Objekts, des Anderen des Subjekts oder des Menschen schlechthin. Dennoch werden heute Argumente vorgebracht, die dafür sprechen, die Frage, ob die Naturphilosophie eine abgelegte Gestalt des modernen Geistes sei, zu bejahen. Eines der häufigsten ist der Verweis auf die Existenz einer Naturwissenschaft, die die Naturspekulation überwunden und damit die Naturphilosophie überflüssig gemacht habe – sei es, daß man dies als Progreß versteht von der diffusen Naturspekulation zur exakten Berechnung und Bemessung, sei es, daß man bedauernd erklärt, die Naturwissenschaft habe die Naturphilosophie verdrängt, mithin die Betrachtung des Verhältnisses von Mensch und

---

[1] Vorlage für den Vortrag waren die Artikel gleichen Titels in: Man and World. An International Philosophical Review *24* (1991), 199-218, sowie in: Deutsche Zeitschrift für Philosophie *39* (1991), 180-193, und der hierauf beruhende vor der Philosophischen Gesellschaft in Bern gehaltene Vortrag; der Vortrag "Der Anfang der Naturphilosophie. Die Begriffsentwicklung von Raum über Zeit zu Materie und Bewegung", gehalten auf der Tagung des Arbeitskreises zu Hegels Naturphilosophie vom 17.-18. 2. 96 an der Universität Kaiserslautern; das Buch "Zur Kritik der Hegelschen Naturphilosophie. Über ihren Sinn im Lichte der heutigen Naturerkenntnis" (Frankfurt a.M.–Berlin–Bern–NewYork–Paris–Wien 1996) und andere, nachfolgend zitierte, Publikationen.

[2] Einen Überblick über die Geschichte der Naturphilosophie und des Begriffs *Naturphilosophie* gibt K. Gloy, Stichwort "Naturphilosophie", in: Theologische Realenzyklopädie, Bd. XXIV, Berlin–NewYork 1994.

Natur, da durch die Naturwissenschaft die Natur nur noch als reines Objekt angesehen worden sei.³ Aus dieser Sicht, es sei dies die Trennung zwischen den "harten", "kalten" Wissenschaften und der "ethischen Wärme", resultiert die Forderung nach einer Humanisierung (oder Feminisierung) der Naturwissenschaft.

Der Eindruck, daß die exakte Naturwissenschaft die Naturphilosophie ersetzt hat, wird befördert durch gewisse Indizien, insofern nämlich, als Aktivitäten, die unter dem Namen "Naturphilosophie" auftreten, sich oftmals als nichts anderes denn als Wissenschaftspopularisierung erweisen. Wenn z.B. in Philosophielehrbüchern und Lexika unter dem Stichwort "Raum-Zeit-Begriff" lediglich relativitätstheoretische oder thermodynamische Erkenntnisse vereinfacht dargestellt und als Überwindung des Newtonschen absoluten Raumes und der Newtonschen absoluten Zeit bewertet werden, so ist dies nur die begrifflose populärwissenschaftliche Darstellung eines naturwissenschaftlichen Progresses. Doch Philosophie ist das nicht.⁴

Häufig wird eine ernsthafte metatheoretische Beschäftigung mit naturwissenschaftlichen Fragen in der Wissenschaftstheorie gesehen. Aber kaum jemand behauptet, daß dies Naturphilosophie sei. So meinen die einen, es handele sich dabei nicht um die Beschäftigung mit der Natur, sondern mit der Wissenschaft, die anderen, es sei dies nicht Philosophie. Philosophie im eigentlichen Sinne ist es nicht – wie man in Analogie zu einem Schellingschen Argument zeigen,⁵ hier jedoch in dem vorgesehenen Rahmen nicht ausführen kann. Doch der Einwand, daß eine Theorie, die die Natur*wissenschaft* zum Gegenstand habe, keine über die Natur sein könne, ist nicht akzeptabel.

---

³ Vgl. R. W. Meyer, Ist Naturphilosophie heute noch möglich? Berichte aus den Sitzungen der Joachim-Junius-Gesellschaft der Wissenschaften e.V. Hamburg, *2* (1984), H. 6.

⁴ Vgl. A. Griese und R. Wahsner, Zur Ausarbeitung einer philosophischen Raum-Zeit-Theorie, Deutsche Zeitschrift für Philosophie *15* (1967), 691-704.

⁵ Vgl. die zutreffenden Bemerkungen Schellings: "Ihr könnt die einzelne Potenz herausheben aus dem Ganzen und für sich behandeln; aber nur insofern ihr wirklich das Absolute in ihr darstellt, ist diese Darstellung selbst Philosophie, in jedem andern Fall, wo ihr sie als besondere behandelt und für sie, als besondere, Gesetze oder Regeln aufstellt, kann sie nur Theorie eines bestimmten Gegenstandes, wie Theorie der Natur, Theorie der Kunst, heißen. Ihr könnt, um dies allgemein zu fassen, überhaupt bemerken, daß alle Gegensätze und Differenzen nur verschiedene Formen sind, die in ihrer Verschiedenheit wesenlos, nur in ihrer Einheit, und da die Einheit aller nicht wieder ein Besonderes sein kann, nur insofern sich in sich das absolute Ganze, das Universum repräsentiert. Wenn ihr nun die Gesetze auf das Besondere als Besondere gründet, so entfernet ihr eben dadurch euren Gegenstand von dem Absoluten, eure Wissenschaft von der Philosophie. – Die Naturphilosophie ist also, als solche, die Philosophie ganz und ungeteilt." (F. W. J. Schelling, Über das Verhältnis der Naturphilosophie zur Philosophie überhaupt, in: F.W.J. Schelling und G.W.F. Hegel, Kritisches Journal der Philosophie, in einer Auswahl mit Anmerkungen und einem Nachwort hg. von S. Dietzsch, Leipzig 1981, S. 165.)

Könnte man ihn akzeptieren, so würde dies voraussetzen, daß man einen Weg kennt, auf dem man unabhängig von der Wissenschaft herausfinden kann, wie die Natur beschaffen ist, was sie "im Innersten zusammenhält".[6]

Die Erkenntnis der wirklichen Natur und die Konstruktion einer künstlichen Welt

Doch nun bewies spätestens Hegel (sieht man einmal großzügig über die philosophischen Erkenntnisse der Antike, die Kants und die dazwischenliegenden hinweg), daß man sich auf die unmittelbare Wahrnehmung nicht verlassen kann, daß die sogenannte sinnliche Gewißheit die abstrakteste und ärmste Wahrheit ist. Hegel schlußfolgert: "So ist es gar nicht möglich, daß wir ein sinnliches Sein, das wir meinen, je sagen können", "weil das sinnliche Diese, das gemeint wird, der Sprache, die dem Bewußtsein, dem an sich Allgemeinen angehört, unerreichbar ist".[7]

Wenn die sinnliche Wahrnehmung von sich aus also nicht sagt, was etwas wirklich ist, bedarf es einer List. Nur durch eine solche kann die Sprache mit dem sinnlichen Sein, kann das Gesagte mit dem Gemeinten in Übereinstimmung gebracht werden (angenähert). Diese List ist der Umweg über die Wissenschaft zur Philosophie. Der Umweg "Wissenschaft" ist aus dem von Hegel genanntem Grunde oder – schlicht formuliert – deshalb erforderlich, weil das Wesen und die Erscheinungsform der Dinge nicht unmittelbar zusammenfallen.[8] Mit der Erfindung dieser List aber wird – wie bereits Kant lehrte – der Verstand selbst zum Gegenstand der Vernunft, ergibt sich als Gegenstand der Philosophie die Wissenschaft, nicht (unmittelbar) die Wirklichkeit oder die Natur als Inbegriff aller möglichen Gegenstände der Erfahrung. Die List bzw. der Umweg muß von der Philosophie untersucht werden.

Mitunter hat man den Eindruck, die Existenz der Wissenschaft werde als Schikane angesehen oder als Fehlentwicklung. Dies ist jedoch ein Irrtum. Die Mißlichkeit, daß die Erscheinungsform und das Wesen der Dinge nicht zusammenfallen, macht einen "Trick" erforderlich, um das Wesen zur Erscheinung zu bringen, es als ein objektiv Gleichbleibendes, als ein zu jeder Zeit, an jedem Ort und für jedes Subjekt (d.i. jede Generation, jede soziale Gruppe, jedes Individuum) Reproduzierbares ausfindig zu machen. Der experimentelle Vergleich ist ein solcher "Trick". Ein Trick ist er insofern, als man, damit ein sinnlich wahrnehm-

---

[6] Zu den nachfolgenden Ausführungen vgl. R. Wahsner und H.-H. von Borzeszkowski, Die Wirklichkeit der Physik. Studien zu Idealität und Realität in einer messenden Wissenschaft, Frankfurt a.M.–Berlin–Bern–NewYork–Paris–Wien 1992, Einleitung, S. 5-27.
[7] Vgl. G.W.F. Hegel, Phänomenologie des Geistes, in: Werke in 20 Bden., auf der Grundlage der Werke von 1832-1845 neu edierte Ausgabe, Redaktion E. Moldenhauer und K. Markus Michel, Frankfurt a.M. 1986, Bd. 3, S. 82-92.
[8] Gemeint ist natürlich nicht: *nur* die Wissenschaft.

barer Prozeß etwas sein kann, das etwas Wesentliches über die Natur aussagt, die aufeinander einwirkenden Gegenstände und die Umstände, unter denen sie das tun, in spezieller Weise präparieren muß (Herstellung eines Vakuums, idealer Kugeln, idealer Ebenen usw.). Man muß das tun, damit man die, aber auch nur die Wirkung provoziert, die gerade interessiert.

Dieser Trick hat weitreichende Folgen. Dadurch, daß die Naturwissenschaft ihn ihrem Verfahren zugrunde legt, sind in ihr Tatsachen reproduzierbare Effekte und sind ihre Tatsachen zudem stets geprägt von der Art und Weise, in der sie gewonnen wurden, sozusagen von dem angewandten "Trick". Man kann daher bei der Beurteilung der Erkenntnisse, die in einer messenden und rechnenden Wissenschaft gewonnen wurden, nie davon abstrahieren, wie man zu ihnen gekommen ist, d.h. durch welche Mittel man die Ergebnisse gewonnen hat. Und als Mittel sind hierbei sowohl die verwandten Meßgeräte als auch die entsprechenden meßtheoretischen Grundlagen (einschließlich der "Kunstgriffe") anzusehen. Diese gegenständlichen und geistigen Mittel sind der naturwissenschaftlichen Tatsachengewinnung stets vorausgesetzt. Insofern gibt es in der Naturwissenschaft keine theoriefreie Beobachtung und erst recht kein theoriefreies Experiment bzw. reine Tatsachen, die nachträglich theoretisch interpretiert werden.

Mit dieser These werden die wissenschaftlichen Tatsachen aber keineswegs subjektivistisch gefaßt; es wird nicht behauptet, rationale Willkür determiniere sie. Die naturwissenschaftlichen, namentlich die physikalischen, Tatsachen sind durch die Messung bestimmt. Diese aber fungiert als Vermittlung von Erkenntnisobjekt und Erkenntnissubjekt, und zwar als letztlich gegenständliche Vermittlung. Nicht jedes Verständnis von Messung läßt diese Funktion erkennen. Maßgeblich für die Messung ist, daß sie einen Vergleich von Größen darstellt.[9]

Doch diese Größen muß man erst einmal haben. Längen, Zeiten, Energien, Gene, sind keine mit den bloßen Sinnen wahrnehmbare Eigenschaften oder Verhaltensweisen der Naturkörper. Sie sind sogenannte Verstandesgegenstände (wobei der Begriff *Verstand* gegenüber dem Kantschen und dem Hegelschen modifiziert werden muß, was sich in dem hier gebrauchten Terminus "meßtheoretisch

---

[9] Ausführlicher dazu: H.-H. v. Borzeszkowski und R. Wahsner, Die Wirklichkeit der Physik, a.a.O., S. 239-285; dies., Messung als Begründung oder Vermittlung? Ein Briefwechsel mit Paul Lorenzen über Protophysik und ein paar andere Dinge. Herausgegeben und geführt von Horst-Heino v. Borzeszkowski und Renate Wahsner, Sankt Augustin 1995; R. Wahsner, Stichwort "Messen/ Messung", in: Europäische Enzyklopädie zu Philosophie und Wissenschaften, hg. von H.-J. Sandkühler, Hamburg 1990; dies., Messender Vergleich und das physikalische Erfassen von Entwicklungsprozessen, in: Theorie und Geschichte des Vergleichs in den Biowissenschaften, hg. von M. Weingarten und W. F. Gutmann, Aufsätze und Reden der Senckenbergischen Naturforschenden Gesellschaft, Nr. 40, Frankfurt a.M. 1993, S. 29-44; dies., Stichwort "Messen", in: Europäische Enzyklopädie für Philosophie, hg. von H. J. Sandkühler, Hamburg 1999.

bestimmte Verstandesgegenstände" niederschlägt).[10] Im Begriff der Größe wird aus der unendlichen objektiven Mannigfaltigkeit *eine* qualitative Bestimmung herausgelöst, um in bezug auf sie verschiedene Konkreta miteinander vergleichen zu können. Den Aspekt aber nun herauszufinden, unter dem die verschiedenen Gegenstände und Zusammenhänge vergleichbar, insofern einander gleich sind, ist extrem schwierig. Die bis auf die Antike zurückgehenden Vorgeschichten des physikalischen Masse- oder des ökonomischen Wertbegriffs zeigen, welch komplizierte theoretische und gegenständliche Arbeit zu diesem Zwecke geleistet werden mußte. Diese Vorleistungen gehen in den jeweiligen Größenbegriff mit ein. Das heißt natürlich nicht, daß die herausgegriffene, sich in der jeweiligen Größe niederschlagende Qualität subjektivistisch erdacht sei. Eine Größe ist ein auf *realen* Gleichheiten beruhendes, somit objektiv begründetes, vom Erkenntnissubjekt konstruiertes Gedankending, mittels dessen es Zusammenhänge zwischen konkreten Gegenständen erkennt.

Zu den Größen, die die Messung stets erfordern, gehören nun auch Vorschriften, wie diese gemessen werden, wie die an verschiedenen Raum-Zeit-Punkten durchgeführten Messungen miteinander verglichen werden sollen und wie die Realisierung der Etalons in der jeweiligen Theorie gedacht werden kann. Eine naturwissenschaftliche Theorie (zumindest eine vom Status der Physik) ist daher stets so beschaffen, daß sie diesen Forderungen gerecht wird, und umgekehrt ist ohne eine solche Theorie (oder ein solches System von Theorien) eine Meßgröße ein Nichts. Wenn z.B. die von einer physikalischen Theorie unterstellte Raum-Zeit-Struktur die Reproduzierbarkeit der physikalischen Prozesse ausschließt, kann es keine physikalischen Tatsachen geben. In diesem Sinne ist Einsteins These zu verstehen, daß erst die Theorie darüber entscheidet, was man beobachten kann.[11] (Was wirklich beobachtet wird, entscheidet die Theorie natürlich nicht.)

An sich ist das Messen so alt wie die menschliche Gesellschaft; die Verteilung von Arbeits- und Lebensmitteln erforderte es von ihrem Beginn an. Die ersten Etalons waren menschliche Körperteile (hohle Hand, Spanne, Fuß, Elle). Und bereits hier war es zweckmäßig, dafür zu sorgen, daß dieses Etalon möglichst gleich blieben, man zumindest für eine bestimmte Verteilung nicht einmal eine große und einmal eine kleine hohle Hand nahm. Um aber z.B. den Lebensmittelbedarf für einen längeren Zeitraum zu planen, bedurfte es dann schon eines allgemeinen Maßes resp. einer genormten hohlen Hand (genormt für die jeweilige Lebensgemeinschaft). An dieser Stelle ist es noch völlig durchsichtig, daß eine absolut konstante hohle Hand das Ideal wäre, die Realisierung dieses Ideals aber nicht identisch ist mit der Behauptung: hohle Hände sind (an sich) etwas absolut

---

[10] Zur notwendigen Modifkation dieses Begriffs vgl. R. Wahsner, Naturwissenschaft zwischen Verstand und Vernunft, in: Vom Mute des Erkennens. Beiträge zur Philosophie. G.W.F. Hegels, hg. von M. Buhr und T.I. Oiserman, Berlin 1981.
[11] Vgl. A. Einstein, zitiert in: W. Heisenberg, Der Teil und das Ganze. Gespräche im Umkreis der Atomphysik, München 1969, S. 92; vgl. auch I. Kant, Kritik der reinen Vernunft, in: Immanuel Kant, Werke in 12 Bdn., hg. von W. Weischedel, Frankfurt a.M. 1968, Bde. III/IV, S. 26.

Konstantes. Es ist hier noch völlig klar, daß ein solches ideales Maß etwas künstlich Konstruiertes wäre, konstruiert mit Blick auf einen bestimmten Vergleich bzw. später auf eine bestimmte Vergleichsart. Und es ist auch klar, daß die durch den so vollzogenen Vergleich gewonnenen Erkenntnisse Sinn und Bedeutung nur in bezug auf den Aspekt haben, unter dem der Vergleich durchgeführt wurde. In der Wissenschaft wird das nur alles komplizierter, obgleich nicht grundsätzlich anders.[12] Die Notwendigkeit zu fordern, daß die Etalons so konstant, mithin auch so unhistorisch wie nur möglich sein sollen, leuchtet lebensweltlich unmittelbar ein, wenn man sich vorstellt, es käme jemand auf die Idee, ein Gummiband als Metermaß zu benutzen.[13]

Um nun wirklich experimentieren und messen zu können, müssen die in den Größen erfaßten Gleichheiten vergegenständlicht werden. Das heißt, die *wirkliche Messung* erfordert, künstlich ideale Situationen herzustellen. Das Experiment benötigt Gegenstände, die durch *reale* Idealisierung, also durch den gezielten Ausschluß bestimmter Wechselwirkungen zwischen den Naturkörpern, so präpariert wurden, daß sie als gegenständliche Maßstäbe (z. B. als Meßlatten oder Uhren) benutzt werden können. Im Experiment operiert man mithin nicht mit konkreten Naturgegenständen, sondern mit idealen Gegenständen unter idealen Bedingungen. Diese wie jene muß man sowohl herstellen als auch im Rahmen der jeweiligen Theorie denken können. (Mit "denken können" ist nicht gemeint, daß man sich etwas *vorstellen* kann, sondern daß es im Rahmen der jeweiligen Theorie konsistent konstruierbar oder annehmbar ist.) Das Experiment ist eine Methode, Gleichheiten und deren Beziehungen zu realisieren, wobei die genannte gegenständliche und theoretische Präparation als geschickt gestellte Frage an die Natur aufgefaßt werden kann,[14] als Frage, auf die die Natur – die als vom Subjekt verschiedener Zeuge vernommen wird –[15] die Antwort gibt. Auf diese

---

[12] Ihre erste *theoretische* Form erhielt die Meßkunst in der euklidischen Geometrie, die auch heute noch das Hauptelement der meßtheoretischen Voraussetzungen physikalischer Theorien ist (obzwar dies an der Oberfläche nicht gleich zu sehen ist und deshalb häufig bestritten wird).

[13] Doch wissenschaftlich gibt es hiergegen sogar den Einwand, daß dies durchaus möglich wäre – dann nämlich, wenn man eine Theorie hat, die die Ausdehnung des Gummis in Abhängigkeit von seiner Elastizität und die Abhängigkeit der Elastizität von seinem Alter genau beschreibt. So man diese Theorie hat, geht das schon. Aber es wird wohl der fanatischste Entwicklungstheoretiker nicht so gut finden, daß hier die Lebensgeschichte des Gummibandes mit eingeht. Und um die Gummitheorie auszuarbeiten, bedarf es wiederum der Möglichkeit, Längen zu messen, und zwar gummiunabhängig, mit starren Körpern. Daß es möglich ist, die physikalischen Gesetze von der Komplikation freizuhalten, daß in sie die Lebensgeschichte eines Maßstabes eingeht, bezeichnet Hans Reichenbach daher als Glück und als eine der wichtigsten Grundlagen der Naturerkenntnis. (Vgl. H. Reichenbach, Philosophie der Raum-Zeit-Lehre, in: Hans Reichenbach, Gesammelte Werke in 9 Bänden, hg. von A. Kamlah und M. Reichenbach, Bd. 2, Braunschweig–Wiesbaden 1977, S. 42.)

[14] Vgl. I. Kant, Kritik der reinen Vernunft, a.a.O. S. 23-27.

[15] Ludwig Feuerbach schreibt: "Im Denken als solchem befinde ich mich in Identität mit mir selbst, bin ich absoluter Herr; da widerspricht mir nichts; da bin ich Richter

Weise arbeiten naturwissenschaftliche Theorie und Wirklichkeit aufeinander zu und vermittelt die Messung das Erkenntnisobjekt mit dem Erkenntnissubjekt.

Nach dem Gesagten ist zudem klar, daß die in den Größen substantivierten verteilten Momente kein Konkretum mehr bezeichnen, weder ein sinnliches noch ein philosophisches; doch die idealen Körper unter idealen Bedingungen sind auch nicht nur etwas Gedachtes, sondern etwas Gegenständliches.

Die hier behauptete Konzept- und Konstruktionsabhängigkeit der Erkenntnisse einer messenden und rechnenden Wissenschaft ist natürlich nicht einsichtig, geht man von dem empiristischen Standpunkt aus: Der Empirist glaubt, es würden durch bloße Sinneswahrnehmungen Erfahrungen gesammelt und diese dann zu Begriffen und Hypothesen verallgemeinert. Der Empirismus hegt den irrigen Glauben (und zwar auch der heutige, wenngleich in versteckter Form), daß zuerst die vermeintlichen Tatsachen zusammengetragen und hernach in einen Zusammenhang gebracht werden müssen, daß mithin das Bewußtsein, wenn es an die Erkenntnis der Wirklichkeit geht, eine *tabula rasa*, mithin auch mittellos, sei und auch keiner Mittel bedarf. Dem empiristischen Konzept gemäß kommt die Theorie erst nach der Datensammlung ins Spiel. Verschiedene Theorien werden daher als verschiedene Interpretationen ein und derselben an sich gegebenen Tatsachen aufgefaßt. Das Objektive sind hiernach die sogenannten harten Fakten. Dieses Erkenntniskonzept unterstellt die Welt als eine unbegrenzte Mannigfaltigkeit *einzelner Gegenstände*; die erforderliche *Tätigkeit der Vereinzelung* ignoriert es völlig. Das Herauslösen eines Gegenstandes aus dem Zusammenwirken mit anderen Gegenständen hat für den Empirismus nur den Sinn, den schon als bestimmt vorausgesetzten Gegenstand per Sinneswahrnehmung daraufhin zu prüfen, ob er der Forderung der Vorstellung entspricht. Die Sinnlichkeit ist hiermit nur als konsumtive und kontemplative, nicht aber als produktive gefaßt, nur als individuelle, nicht aber als Sinnlichkeit der Gattung als solcher.

Diese Weltsicht basiert auf den – von Hegel trefflich charakterisierten – Schranken des Empirismus: seiner Täuschung, zwar grundlegende Kategorien und Denkprinzipien zu benutzen, an ihrem Faden fortzuschließen und dabei zu glauben, man käme ohne Kategorien und Denkprinzipien aus.[16] Daher wird vom empiristischen Standpunkt aus nach den Denkprinzipien, auf denen eine naturwissenschaftliche Theorie beruht, nach den Prinzipien, die Berechenbarkeit und expe-

---

und Partei zugleich, da ist folglich kein kritischer Unterschied zwischen dem Gegenstande und meinen Gedanken von ihm. Aber wenn es sich [...] um das Sein eines Gegenstandes handelt, so kann ich nicht mich allein um Rat fragen, so muß ich *von mir unterschiedene* Zeugen vernehmen. Diese von mir als Denkendem unterschiedenen Zeugen sind die Sinne. Sein ist etwas, wobei nicht ich allein, sondern auch die anderen, vor allem auch der *Gegenstand* selbst *beteiligt* ist." (L. Feuerbach, Grundsätze der Philosophie der Zukunft, in: Ludwig Feuerbach, Gesammelte Werke, hg. von W. Schuffenhauer, Bd. 9, Berlin 1970, S. 304.)

[16] Vgl. G.W.F. Hegel, Enzyklopädie der philosophischen Wissenschaften im Grundrisse (1830). Erster Teil. Die Wissenschaft der Logik, mit den mündlichen Zusätzen, in: Werke, a.a.O., Bd. 8, S. 106-112 (§§ 37-39).

rimentelle Überprüfbarkeit der naturwissenschaftlichen Aussagen erst ermöglichen, nicht gefragt.

Unterstellt man die Welt jedoch – entgegen dem empiristischen Standpunkt – als gegenständliche Bewegung, als einen sich selbst erzeugenden (Gesamt-)-Zusammenhang, dann ist offensichtlich, daß *es stets einer gegenständlichen und geistigen Arbeit bedarf,* um Gegenstände resp. Systeme aus der Komplexität der Welt herauszulösen, um die verschiedenen Momente der Bewegung so auseinanderzulegen, daß sowohl die Messung möglich wird als auch das Auseinandergelegte wieder so zusammengedacht werden kann, daß die Wirklichkeit (zweifelsfrei nur in einer gewissen Näherung) erfaßt wird. Diese Arbeit kann sich selbstredend nur nach gewissen Grundsätzen vollziehen – nach Grundsätzen, die nicht philosophisch erdacht werden können,[17] die aber in ihrem Charakter und in ihrer Funktion näher zu untersuchen Aufgabe der Naturphilosophie ist. (Die Naturwissenschaft muß derartige Prinzipien finden und mit dem auf ihrer Basis errichteten Gebäude arbeiten, nicht sie begründen – wie schon Proklos wußte.) Eines dieser grundlegenden Isolations- und Verteilungsprinzipien bietet – wie gezeigt werden konnte – der Atomismus.

Da Hegel die empirische Wissenschaft mit dem philosophischen System des Empirismus gleichsetzt,[18]
• gibt es in seiner Philosophie die o.g. Präparation der Gegenstände der Naturwissenschaft nicht, wodurch eine ganze Ebene aus der Betrachtung herausfällt,
• faßt er seine Kritik des Empirismus als Kritik der Naturwissenschaft, meint er, mit dieser Kritik auch dargestellt zu haben, "wie das Denken in der Physik ist".

Beim messenden Vergleich – auf den hier so viel Wert gelegt wird – werden im Unterschied zum abstraktiven oder analytischen Vergleich die Dinge oder Gegenstände nicht auf das Moment ihrer reinen Existenz reduziert, nicht nur als Träger von Wirkungsmöglichkeiten, als "Stellen im System" gefaßt. Zwar wer-

---

[17] Die erste begriffliche Auseinanderlegung der hier genannten Art war die des antiken Atomismus in primäre und sekundäre Qualitäten. So falsch es nun ist, die primären mit den wirklichen Qualitäten gleichzusetzen, so falsch ist es auch, Qualitäten, die in einem bestimmten Zusammenhang als die primären bestimmt wurden, zu schlechthin primären zu erklären. Was in einer Hinsicht als primär gesetzt werden kann, kann es nicht a priori auch in anderer oder jeder Hinsicht. Es kommt jedesmal bei der Begründung einer Wissenschaft wieder darauf an herauszufinden, was es ist, das die unterschiedlichen Dinge miteinander gleich macht. Das von der Mechanik bzw. der Physik entwickelte *Prinzip* zu übertragen ist nicht falsch (zumindest ist es bislang noch nicht als falsch bewiesen worden), wohl aber ist es falsch zu meinen, man hätte mit einer einmal getroffenen Unterscheidung von primären und sekundären Qualitäten ein für allemal genug getan. Es ist daher ein Unterschied, ob man sagt: "Jede Wissenschaft, die eine Bewegung messen und berechnen will, braucht – wie die Physik – Größen", oder ob man behauptet: "Die biologischen, physiologischen, psychologischen Bewegungen müssen mit den physikalischen Größen erfaßt werden, sollen sie berechenbar und meßbar werden".
[18] Siehe R. Wahsner, Naturwissenschaft zwischen Verstand und Vernunft, a.a.O.; dies., Zur Kritik der Hegelschen Naturphilosophie, a.a.O.

den bei der Vergleichsart, die in der Physik und anderen Naturwissenschaften als Messung praktiziert wird, die Gegenstände auch nicht in Einheit mit der Totalität ihrer wirklichen Wirkungen genommen, aber eben in Einheit mit einer *wirklichen* Wirkung, *einem* Verhalten. Dieses eine Verhalten wird substantiviert und als Meßgröße gefaßt. Daher ist die Physik wie jede ausgebildete Naturwissenschaft im Gegensatz zur Mathematik keine analytische, sondern eine meßtheoretisch bestimmte Wissenschaft. Eine solche kann in dem viel diskutierten Gegensatz von *Analytik und Dialektik* weder dem einen noch dem anderen Pol zugerechnet werden, sondern ihr kommt ein eigener epistemologischer, zwischen beiden vermittelnder Status zu. Und erst dann, wenn man nicht mehr in dem Gegensatz von Analytik und Dialektik hin und her pendelt, kann die Unersetzbarkeit der Erfahrung für die Erkenntnis behauptet werden, ohne letztlich doch in den Empirismus zu verfallen.

Der Empirismus schleicht sich – trotz seiner Widerlegung durch Hegel und Kant – immer wieder ein. Das gründet wesentlich darin, daß in ungenügender Weise die Spezifik *wissenschaftlicher Erfahrung* im Vergleich zur Alltagserfahrung philosophisch *analysiert* wird. Ist die Erfahrung Gegenstand epistemologischer Untersuchungen, so wird (1) entweder unterstellt, sie sei als solche gegeben, es wird nicht gefragt, *wie* sie *möglich* ist, oder sie wird (2) auf Alltagserfahrung reduziert bzw. (3) aus dem gesellschaftlichen Gesamtorganismus herausgerissen und formalisiert als vermeintliche wissenschaftliche Erfahrung ausgegeben.

Begreift man jedoch die Spezifik der wissenschaftlichen Erfahrung, begreift man, daß die naturwissenschaftlichen *Objekte* (in der Gestalt von Meßgrößen) epistemologisch gesehen Erkenntnis*mittel* sind, dann verfällt man auch nicht auf die Idee, daß die naturwissenschaftlichen, insbesondere die physikalischen Gesetze, wie ihnen nachgesagt wird, lügen, wenn sie nicht über das Verhalten konkreter Gegenstände, sondern nur über den Zusammenhang von (meßtheoretisch bestimmten) Verstandesgegenständen, sprechen. Dieses Begreifen eröffnet zudem einen Zugang zur konstruktiven Aufhebung der Hegelschen Naturphilosophie, weil es die Möglichkeit bietet, deren Grundfehler auszumerzen, eben den, die empirischen Wissenschaften mit dem Empirismus zu identifizieren.

Hinter dieser Identifizierung steht allerdings – das sei unbedingt erwähnt – eine echte Schwierigkeit, insofern die naturwissenschaftlichen Meßgrößen einen *Doppelcharakter* haben: physikalisch resp. naturwissenschaftlich gesehen sind sie Erkenntnisobjekte, philosophisch gesehen sind sie Erkenntnismittel.

Aufgrund ihrer Erfahrungsart beruht eine ausgebildete Naturwissenschaft wie die Physik niemals auf empiristischen oder rationalistischen erkenntnistheoretischen Grundlagen. Daraus folgt nicht, daß Naturwissenschaftler niemals das Verhältnis ihrer Wissenschaft zur Wirklichkeit empiristisch oder rationalistisch interpretieren. Es geht um die in der empirischen mathematisierten Naturwissenschaft sozusagen festgeschriebene, "geronnene" Philosophie, also um ihr quasi objektives epistemologisches Fundament.[19] In dem Moment, in dem eine physikalische Theorie zu wissenschaftlichen Erkenntnissen gelangt, in dem sie sich zuvor herausgebildet habende Probleme zu lösen vermag, beruht sie auf der genannten Erfahrungsgrundlage bzw. auf der genannten erkenntnistheoretischen Basis. Diese epistemologische Basis wird nicht – wie meist geglaubt – erst nachträglich hineingedeutet oder ausgearbeitet, sondern nur nachträglich aufgedeckt. Wenn vom nicht-empiristischen und nicht-rationalistischen Charakter der Naturwissenschaften gesprochen wird, so heißt das nicht, daß diese Wissenschaften von jeher philosophisch richtig begriffen wurden. Die durch diese Bemerkung eventuell erzeugte Verwunderung löst sich auf, bedenkt man, daß ein richtiges Herangehen an die Begründung einer Wissenschaft zu gewissen Konsistenzen bzw. Erfolgen führt. Diese kann man bemerken und prüfen, ohne die epistemologischen Grundlagen, auf denen sie beruhen, zu erkennen. Wie allgemein, so ist auch hier die Tat nicht identisch mit dem Bewußtsein über diese Tat.[20] Um dieses zu erlangen, bedarf es der philosophischen Arbeit.

Daß – wie eingangs gesagt – die (Natur-)Wissenschaft selbst zum Gegenstand der Untersuchung wird, ergibt sich also, weil der Grund für die Notwendigkeit der Wisssenschaft es erzwingt, zwecks Erkenntnis der Natur eine *Kunstwelt* konstruieren zu müssen.[21] Als Aufgabe der Naturphilosophie resultiert somit, diese Kunstwelt zu erklären, d.i. durch die philosophische Analyse des epistemologischen Status der Naturwissenschaft, ihrer kategorialen und historischen, kulturellen und sozialen Voraussetzungen die Fragen zu beantworten: Was ist die Natur? Was ist Naturwissenschaft? Worin besteht ihr philosophischer Begriff?[22] Was kann man wie wissen?

Der Philosophie verbleibt auch bei Existenz einer exakten Naturwissenschaft eine Aufgabe zu lösen, eben weil der Gegenstand der Naturwissenschaft nicht unmittelbar durch die konkreten, wirklichen Naturgegenstände gegeben ist, Naturwissenschaft aber auch nicht nur rationale Denkschemata konstruiert. Natürlich bezieht sich die Naturwissenschaft auf die Wirklichkeit. Wenn dies nicht so wäre, dann könnte sie nicht theoretische Grundlage einer funktionierenden, menschliche Zwecke realisierenden Technik sein. Doch dies zu wissen ist noch keine Lösung, sondern bestimmt wiederum ein Problem, das Problem: *Warum* kann man mit einer Theorie, deren unmittelbare Objekte (in dem bestimmten Sinne) Verstandesgegenstände sind, die Wirklichkeit erkennen und be-

---

[19] Vgl. H. Reichenbach, Die philosophische Bedeutung der Relativitätstheorie, in: Werke, a.a.O., Bd. 3, insbes. S. 319-321; ders., Relativitätstheorie und Erkenntnis apriori, in: ebd., insbes. S. 263.
[20] Vgl. H.-H. v. Borzeszkowski und R. Wahsner, Noch einmal über das Bedürfnis der Naturwissenschaften nach Philosophie, in: Dialektik 5. Darwin und die Evolutionstheorie, hg. von K. Bayertz, B. Heidtmann u. H.-J. Rheinberger, Köln 1982.
[21] Vgl. auch H.-H. v. Borzeszkowski und R. Wahsner, Physikalischer Dualismus und dialektischer Widerspruch. Studien zum physikalischen Bewegungsbegriff, Darmstadt 1989; dies, Die Wirklichkeit der Physik, a.a.O.
[22] Vgl. R. Wahsner, Naturwissenschaft, Bielefeld 1998.

herrschen? Es tritt mit diesem Problem eine Aufgabe in Erscheinung, die m.E. noch nicht so recht in Angriff genommen wurde, die überhaupt erst einen brauchbaren Lösungsansatz bekommt, wenn ein Konzept gegenständlicher, nicht nur kontemplativer, ein Konzept trans-individueller Sinnlichkeit zugrundegelegt wird. Ohne Hegel wird man diese Aufgabe nicht lösen, aber Hegel gibt noch nicht die Antwort. Er kann sie nicht geben, weil bei ihm in dem Gegensatz von *Gegenstand und Verhalten* die Gegenständlichkeit letztlich ein verschwindendes Moment ist.[23] (ermöglicht durch die Gleichsetzung der Gegenstände der Naturwissenschaft mit den Produkten mechanistischen und empiristischen Denkens).

Naturgegenstand und Gegenstand der Naturwissenschaft

Die Unterscheidung zwischen Naturgegenstand und Gegenstand der Naturwissenschaft wird zumeist nicht gedacht oder – wenn doch – als rationale Willkür reflektiert, als lediglich zweckmäßige Konstruktion.

Zu dem Standpunkt, der zwischen Naturgegenstand und Gegenstand der Naturwissenschaft nicht unterscheidet, gehört die Meinung, daß das eigentlich Wirkliche, die wirkliche Natur, das Physikalische sei, alles andere sei nur Schein oder bestenfalls Erscheinung. Diejenigen, die diesen Standpunkt vertreten, extrapolieren den Gültigkeitsbereich der Physik, ohne nach deren Voraussetzungen zu fragen, auf das Ganze. Sie stützen sich dabei wesentlich auf das Konzept von den primären und den sekundären Qualitäten. In diesem Konnex werden unter den primären Qualitäten seit Demokrit eben jene verstanden, die die Physik erforscht, die den Atomen resp. den physikalischen Körpern an sich zukommen, während die sekundären diejenigen sind, die – verursacht durch die primären Qualitäten – den Sinnen erscheinen. Daher wird auch die Bezeichnung "objektive" und "subjektive" Qualitäten verwandt. Dieser radikale Standpunkt (der zu Recht als physikalischer Reduktionismus bezeichnet wird) kann sehr leicht in sein Gegenteil umschlagen. Es hängt dieses nur davon ab, ob man das Objektive oder das Subjektive höher schätzt. Ist letzteres der Fall, erhebt man gegen die Physik den Vorwurf, sie würde das Sinnliche, das Schöne und das Poetische, mithin die eigentliche Natur, zeranalysieren.

Weniger radikal, aber im Prinzip auf derselben erkenntnistheoretischen Basis errichtet ist die Auffassung, dergemäß das Physikalische nur einen Teil der Wirklichkeit oder der Natur ausmacht, einen Teil neben dem Chemischen, Biologischen, Psychologischen usw., jeder Teil aber einen Ausschnitt aus der Natur darstellt. Die wirkliche Natur bildet hiernach die schlichte Summe der genannten Teile, allerdings eine Summe, zu der uns immer einige Summanden fehlen.

---

[23] Vgl. auch C. Warnke, Einleitung zu: B. Heidtmann, G. Richter, G. Schnauß und C. Warnke, Gesellschaftsdialektik oder "Systemtheorie der Gesellschaft"?, Berlin 1977 und Frankfurt a.M. 1977, S. 21; dies., Was ist und was soll Schellings Naturphilosophie?, in: Natur – Kunst – Mythos, hg. von S. Dietzsch, Berlin 1978.

Einig sind sich beide Varianten dieses Standpunktes in dem Glauben, daß die Objekte z.b. der Physik, also Längen, Dauern, Massen, Energien und andere Größen bzw. die Objekte der Chemie, Biologie usw., als solche in der Natur an sich vorhanden seien und vom Menschen nur *aufgefunden* werden müssen. (Mitunter schlägt sich diese Annahme dann in der Meinung nieder, daß in der Geisteswissenschaft nicht gerechnet und gemessen werden könne, da es Zahl und Maß eben nur in der Natur gäbe.) Diese Grundthese kennzeichnet den *ontologistischen* Charakter des erstgenannten Standpunktes.

Der zweite, der *rationalistische* Standpunkt faßt alle naturwissenschaftlichen Theorien nur als Denkschemata auf, als Konstruktionen, deren Akzeptanz einzig und allein von dem jeweils erreichten Erfolg abhänge, ohne im eigentlichen Sinne etwas darüber anzusagen, wie es objektiv, also wie es wirklich ist.[24]

Bei genauerer Betrachtung zeigt sich, daß sowohl die Auffassung, die als Gegenstand der Naturwissenschaft die Welt als solche nimmt, als auch diejenige, derzufolge die Naturwissenschaft eine rein rational konstruierte Welt ist, jeweils einen Aspekt des wirklichen Sachverhalts verabsolutiert und einen anderen demzufolge unbeachtet läßt.

Das *ontologistisch* genannte Konzept abstrahiert von der notwendigen Aktivität des Erkenntnissubjekts; es unterstellt in der Konsequenz die Identität von Theorie und Wirklichkeit, weshalb ihm auch der begriffliche Unterschied gleicher Termini, die in verschiedenen Gebieten gebraucht werden, aus dem Blick gerät. Erinnert sei z.B. an den nicht beachteten Unterschied zwischen dem physikalischen und dem philosophischen Materiebegriff oder an den zwischen dem physikalischen Zeitbegriff und dem des Alltagsbewußtseins.[25] Gleiche Termini werden für gleiche Begriffe gehalten. Dieses Konzept übersieht, daß Begriffe außerhalb der Theorie, in deren Rahmen sie definiert sind, weder Sinn noch Bedeutung haben (also unklar ist, welche Seite der Wirklichkeit sie erfassen bzw. ob sie Wirkliches erfassen). Es interpretiert daher kritiklos naturwissenschaftliche Erkenntnisse – wie es meint – "philosophisch", indem es den naturwissenschaftlichen Termini die entsprechenden gleichlautenden philosophischen Termini zuordnet (und so "philosophisch verallgemeinert") bzw. alle Erkenntnisse sammelt,

---

[24] Freilich wird dieses Konzept selten in dieser ausgeprägten Schärfe vertreten. Aber viele der gängigen philosophischen Rezeptionen der Naturwissenschaften tendieren in diese Richtung; siehe dazu auch: H.-H. v. Borzeszkowski und R. Wahsner, Erkenntnistheoretischer Apriorismus und Einsteins Theorie, Deutsche Zeitschrift für Philosophie *27* (1979), 213-221; dies., Nachwort und Anmerkungen zu: Ernst Mach, Die Mechanik in ihrer Entwicklung. Historisch-kritisch dargestellt, hg. von R. Wahsner und H.-H. v. Borzeszkowki, Berlin 1988, S. 529-560, 563-647.

[25] Vgl. A. Griese und R. Wahsner, Zur Ausarbeitung einer philosophischen Raum-Zeit-Theorie, a.a.O.; R. Wahsner, Kausalstruktur und Raum-Zeit-Struktur. Eine philosophische Untersuchung der speziellen Relativitätstheorie, Berlin 1966 (Dissertation); dies., Philosophische Betrachtungen über die räumliche Ausdehnung des Weltalls, Astronomie in der Schule *4* (1967), 30-36; dies., Kann Materie neu entstehen? Astronomie in der Schule *5* (1968), 9-12; dies., Die Bedeutung des philosophischen Materiebegriffs für die Astronomie, Astronomie in der Schule *5* (1968), 30-35.

die verschiedene Wissenschaften z.B. über "die" Zeit gewonnen haben, und miteinander verrührt, ohne nach dem jeweiligen Zeit-*Begriff* zu fragen, d.h. nach den Theorien und deren Charakter, in denen er bestimmt ist.[26] (Gleiche Termini sind allerdings – dies sei nebenbei bemerkt – nicht nur verschiedene Namen, sondern bedeuten auch etwas Gemeinsames, doch was, das kann man erst auf der Grundlage ihrer klaren Unterscheidung herausfinden. Hätten sie nichts Gemeinsames, brauchte man die verschiedenen Termini nur zu numerieren oder sich neue Bezeichnungen auszudenken.)

Das *rationalistische* Konzept hingegen achtet nur auf das Kind, das von dem anderen Konzept mit dem Bade ausgeschüttet wird, und vergißt darüber, daß eine empirische Naturwissenschaft weder auf Mathematik noch auf reine Logik reduziert werden kann. Das heißt, daß eine messende und rechnende Naturwissenschaft nicht lediglich *abstrakte* Möglichkeiten darstellt, sondern *wirkliche* Möglichkeiten, daß sie – bedingt durch den erkenntnistheoretischen Status der Meßgrößen (in denen *eine* Wirkung substantiviert wird) – über das Experiment zwischen (naturwissenschaftlicher) Theorie und (Natur-)Wirklichkeit vermitteln kann, daß sie zwar nicht die Natur unmittelbar so zu erfassen vermag, wie sie an sich selbst ist, dennoch aber etwas "real Vorhandenes" reflektiert, daß sie nicht nur Konstruktion, sondern auch – altmodisch gesprochen – Widerspiegelung ist.

*

Die Überzeugung, daß eine ausgeprägte Naturwissenschaft die Naturphilosophie überflüssig macht, mißachtet einen maßgeblichen Sachverhalt: die Tatsache, daß die Naturwissenschaft die Welt unter der *Form des Objekts* faßt und daß sie dies tun muß;[27] sie übersieht, daß ihre geschilderte List diese Fassung bedingt, hingegen die Philosophie ihre Aufgabe darin hat, diese Objekt-Form aufzuheben (will sie nicht zu Mechanizismus oder zum sogenannten mechanischen Materialismus entarten), die Objekt-Form aufzuheben, die sie, die Philosophie aber auch als unabdingbare Voraussetzung braucht. Dieses notwendige Denkprinzip der Naturwissenschaft wurde bis zur Kritik der Feuerbachschen Philosophie durch Marx als notwendiges Prinzip einer materialistischen Philosophie gedeutet,[28] während

---

[26] Vgl. dazu H.-H. v. Borzeszkowski und R. Wahsner, Physikalischer Dualismus und dialektischer Widerspruch, a.a.O., S. 118-137; dies., Did Nonlinear Irreversible Thermodynamics Revolutionize the Classical Time Conception of Physics? Foundations of Physics *14* (1984), 653-670.

[27] Vgl. E. Schrödinger, Die Natur und die Griechen, Wien 1955; H.-H. v. Borzeszkowski und R. Wahsner, Erwin Schrödingers Subjekt- und Realitätsbegriff, Deutsche Zeitschrift für Philosophie *35* (1987), 1109-1118; dies., Die Wirklichkeit der Physik, a.a.O., Abschn. "Die Spezifik des messenden Vergleichs", S. 271-285; siehe auch Anmerkung 9.

[28] Die erste der von Marx 1845 notierten sog. Feuerbach-Thesen lautet: "Der Hauptmangel alles bisherigen Materialismus (den Feuerbachschen mit eingerechnet) ist, daß der Gegenstand, die Wirklichkeit, Sinnlichkeit nur unter der Form des *Objekts* oder der *Anschauung* gefaßt wird; nicht aber als *sinnlich menschliche Tätigkeit, Praxis*, nicht subjektiv. Daher die *tätige* Seite abstrakt im Gegensatz zu den Materialismus von dem Idealismus – der natürlich die wirkliche, sinnliche Tätigkeit als solche

es eben das philosophisch begründete Prinzip *naturwisseinschaftlichen* Denkens ist. Wird dies verwechselt, entsteht *Mechanizismus*, eine keineswegs ausgestorbene Weltauffassung. Bis heute ist der Irrtum nicht ausgerottet, daß Mechanik und mechanistisches Weltbild dasselbe sei. Doch um diesen Fehler zu begehen, bedarf es nicht der Mechanik. Auch moderne naturwissenschaftliche Theorien (nichtlineare Thermodynamik, Quantenmechanik, Genetik, ...) können zur Weltanschauung extrapoliert werden, können beanspruchen, die Welt als Ganzes zu fassen, ohne ihren epistemologischen Status zu analysieren und ohne ihr kulturhistorisches Fundament zu erkennen. Das, was im allgemeinen "naturwissenschaftliches Weltbild" genannt wird, ist – wenn es seine Grenzen nicht sieht – von dieser Art. Es sollte keinesfalls mit einer modernen Naturphilosophie verwechselt werden. *Aber*: Die Verwechslung steht in Blüte. Kosmologie und "naturwissenschaftliche" Spekulationen fungieren als Philosophie-Ersatz.

Die philosophische Arbeit, die – wie gesagt – darin besteht, die Objekt-Form der Wissenschaft aufzuheben, hat zu begründen, warum die (Einzel-)Wissenschaft im Unterschied zur Philosophie diese Fassung der Welt braucht, hat das von der Naturwissenschaft Erkundete kategorial auf den Begriff zu bringen und durch die Lösung der philosophischen Aufgabe das Subjekt als Subjekt zu denken, Subjekt und Objekt als Einheit zu fassen.[29] Dies ist das Objektivste, was der Mensch tun, das Wahrste, was er erreichen kann; oder: es ist dies die adäquateste Fassung der Wirklichkeit bzw. der Natur.

Hierzu zwei Bemerkungen:
- Bei allem Fortschritt der empirischen Wissenschaft kann Philosophie niemals in "positive Wissenschaft" aufgelöst werden. Letztlich bedarf es der Erkenntnis des erkennenden Subjekts. Dieses aber ist kein bloßes Objekt unter Objekten innerhalb der zu erkennenden Natur. Behandelt man es dennoch so, dann untersucht man nicht eigentlich das Erkenntnissubjekt, sondern macht sich den Menschen oder das Bewußtsein zum Objekt. Es ist dies durchaus eine legitime Vorgehensweise, nur kann durch sie eben nicht herausgefunden werden, wie das Subjekt sich selbst gegeben ist. Genau darum geht es aber, und genau das kann die Naturwissenschaft nicht leisten. Die Philosophie ist daher nicht schlechthin die Wissenschaft vom Menschen oder durch eine solche abzulösen. Gewiß gibt es keine prinzipielle Grenze zwischen Mensch und Natur, denn schließlich ist der Mensch wesentlich auch ein natürliches Wesen, wovon man nicht einmal abstrahieren darf, will man sein soziales Wesen begrei-

---

nicht kennt – entwickelt. Feuerbach will sinnliche – von den Gedankenobjekten wirklich unterschiedne Objekte: aber er faßt die menschliche Tätigkeit selbst nicht als *gegenständliche* Tätigkeit. Er betrachtet daher im 'Wesen des Christenthums' nur das theoretische Verhalten als das echt menschliche, während die Praxis nur in ihrer schmutzig jüdischen Erscheinungsform gefaßt und fixiert wird. Er begreift daher nicht die Bedeutung der 'revolutionären', der 'praktisch-kritischen' Tätigkeit." (K. Marx, Thesen über Feuerbach, in: K. Marx und F. Engels, Werke, Bd. 3. Berlin 1958, S. 5.)

[29] Vgl. H.-H. v. Borzeszkowski und R. Wahsner, Noch einmal über das Bedürfnis der Naturwissenschaften nach Philosophie, a.a.O.

fen. Aber es gibt zweifellos einen prinzipiellen Unterschied zwischen Mensch und Natur als Unterschied zwischen Subjekt und Objekt. (Die Natur *ist* das Andere des Menschen.) Die Möglichkeit (und die Notwendigkeit), das Subjekt auch als Objekt zu denken, ersetzt nicht die Notwendigkeit, das Subjekt auch *als* Subjekt zu denken.

- Der Umweg über die "zerreißende" Wissenschaft ist notwendig,[30] auch wenn man sich durch ihn zunächst von der wirklichen Natur entfernt (die *Problematik*, die Natur als solche zu denken, entsteht erst durch die Notwendigkeit des "Verstandesdenkens"[31]). Es muß einem – sagt Hegel – Hören und Sehen vergangen sein, um zur Wahrheit, zur Philosophie zu gelangen. Und er ermahnte seine Studenten: "Der Geist [oder der die wirkliche Natur suchende Mensch – R.W.] darf nicht fürchten, etwas zu verlieren, was *wahrhaftes* Interesse für ihn hat." Die Philosophie "wird ihm alles wiedergeben, was Wahres in den Vorstellungen ist".[32] Man kann die Notwendigkeit des Umwegs auch (etwas frei) mit Brecht formulieren: Nicht nahe kommen sollten sich der erkennende Mensch und die Natur, sondern entfernen sollten sie sich voneinander. Jeder sollte sich von sich selber entfernen, sonst fällt der Schrecken weg, der zur Erkenntnis nötig ist.[33]

Wer sich vor dem Umweg fürchtet, verwechselt die angestrebte Einheit mit der ursprünglichen Unbestimmtheit (die Synthese, die 3. Stufe, mit der These, der 1. Stufe). Er mißachtet – mit Hegel gesprochen – den Ernst, den Schmerz, die Geduld und die Arbeit des Negativen.[34]

Eine solche Mißachtung bleibt übrigens nicht ohne Folge für die Stufe der Synthese. Denn wenn diese gefaßt wird als Aufhebung des Außereinander (der Isolierung), so wird sie selbst verschieden sein, je nach der Beschaffenheit des Außereinander (der Isolierung), das sie aufhebt. *Insofern* liegt die kategoriale

---

[30] Feuerbach schreibt: "Was einmal in Raum und Zeit eintritt, das muß sich auch in die Gesetze von Raum und Zeit fügen. Der *deus terminus* [Gott der Begrenzung] steht als Wächter am Eingang in die Welt. Selbstbeschränkung ist die Bedingung des Eintritts. Was nur immer wirklich wird – es wird nur wirklich als ein Bestimmtes. Eine Inkarnation der Gattung in ihrer ganzen Fülle in einer Individualität wäre ein absolutes Wunder, eine gewaltsame Aufhebung aller Gesetze und Prinzipien der Wirklichkeit – wäre in der Tat der Untergang der Welt." (L. Feuerbach, Zur Kritik der Hegelschen Philosophie, in: Werke, a.a.O., Bd. 9, S. 20.)

[31] Siehe Anmerkung 10.

[32] G.W.F. Hegel, Konzept der Rede beim Antritt des philosophischen Lehramtes an der Universität Berlin, in: Werke, a.a.O., Bd. 10, S. 415.

[33] Wörtlich schreibt Brecht: "Nicht nahe kommen sollten sich die Zuschauer und Schauspieler, sondern entfernen sollten sie sich voneinander. Jeder sollte sich von sich selber entfernen, sonst fällt der Schrecken weg, der zum Erkennen nötig ist." (B. Brecht, Kommentar zu einer "Fatzer"-Aufführung in Wien, zitiert nach Heiner Müller, in: Ein Gespräch zwischen Wolfgang Heise und Heiner Müller, in: Brecht 88. Anregungen zum Dialog über die Vernunft am Jahrtausendende, hg. von W. Heise, Berlin 1989, S. 194.)

[34] Vgl. G.W.F. Hegel, Phänomenologie des Geistes, a.a.O., S. 24 f.

Charakterisierung der Naturwissenschaft vorrangig im Interesse der Philosophie, weniger der Naturwissenschaft.

Gibt es eine Physik-, eine Chemie- oder eine Biologiephilosophie?

Aufgrund der Theoriebestimmtheit naturwissenschaftlicher Begriffe gibt es keine philosophische Interpretation einzelner naturwissenschaftlicher Tatsachen. Philosophische Interpretation physikalischer bzw. naturwissenschaftlicher Tatsachen kann sinnvoll nur bedeuten, das erkenntnistheoretische Fundament der jeweiligen Theorie, in deren Rahmen die betreffenden Tatsachen gewonnen wurden, philosophisch aufzuklären, um dann diese Fundamente zu vergleichen und ins Verhältnis zu setzen. (Wer meint, hiermit sei behauptet, Naturphilosophie reduziere sich auf eine Sammlung der erkenntnistheoretischen Grundlagen verschiedener Naturwissenschaften, der hat nicht genau hingehört.)

Bedenkt man den hier geschilderten Status der Naturwissenschaften und die daraus deduzierte Aufgabe der Philosophie, so ist es völlig klar, daß es keine Philosophien einzelner Wissenschaften geben kann. Es gibt keine Physik-, Mathematik-, Chemie- oder Biologiephilosophie. Es gibt nur eine Philosophie, deren Gegenstand letztlich die Welt als Ganzes ist.[35] Aber es gehört bestimmt seit Kant zur Aufgabe der Philosophie, die Fragen zu beantworten: Wie sind allgemeine und notwendige Gesetzesaussagen möglich? Wie ist Wissenschaft möglich? Wie gelangt der Mensch (der Mensch als Gattung) zu wissenschaftlichen Erkenntnissen? Selbstredend muß der moderne Geist die Antwort, die die klassische deutsche Philosophie gegeben hat, aufheben. (Aber natürlich nicht in dem Sinne, daß er die Frage streicht.) Um aber eine über Kant und Hegel hinausgehende Antwort zu finden, genügt es nicht, die Wissenschaft als Totum zu thematisieren, sondern es ist erforderlich, die Vorgehensweise, das erkenntnistheoretische Fundament der einzelnen Wissenschaften mit dem Rüstzeug des modernen philosophischen Geistes zu untersuchen. (Und hier ist wirklich *untersuchen* gemeint; man weiß es nicht schon.)

Bei diesen Untersuchungen geht es – wie gesagt – darum, Antworten auf Fragen zu finden wie die: Warum funktioniert die Physik? Wie ist diese Wissenschaft begrifflich aufgebaut? Was hat sie – erkenntnistheoretisch und kategorial – getan, welches Verhältnis *Mensch – (Gott –) Natur* mußte sie zugrunde legen, um die ihr Gegenstand seiende Bewegung messen und berechnen zu können? Oder kantisch-klassisch: Wie ist Biologie als Wissenschaft möglich? (Entsprechendes ist von anderen Gebieten zu fragen.)

Die genannten Fragen zu beantworten erfordert, die kategoriale und erkenntnistheoretische Verfaßtheit der einzelnen Naturwissenschaften zu erforschen. Diese Verfaßtheit jeweils für sich dargestellt könnte den Eindruck erwecken, als gäbe es eine Physik-, Biologie- oder Chemiephilosophie. Aber es ist dies nur ein Schein.

---

[35] Siehe Anmerkung 5.

Der Sinn (und die Möglichkeit) dieser Forschungen ist stets *gesamtphilosophisch*. Das Ergebnis dieser Untersuchungen sind zwar – mit Kant gesprochen – noch keine metaphysischen Urteile, aber es sind zur Metaphysik gehörige Urteile.[36] Die Frage ist ja allgemein die: Was tut das Erkenntnissubjekt (Erkenntnissubjekt im philosophischen Sinne, nicht das Individuum), wenn es mißt und rechnet bzw. wenn es naturwissenschaftlich tätig ist? Welche philosophischen und begrifflichen Voraussetzungen und Konsequenzen hat diese Tätigkeit? Hat sie solche? Auf welchen Prinzipien gründet die Naturwissenschaft? Warum bedurfte es des *neuzeitlichen Denkprinzips*, um die Naturwissenschaft im eigentlichen Sinne zu begründen?

Hat Naturphilosophie heute noch einen Sinn?

Es kann also festgestellt werden, daß die philosophische Beschäftigung mit einzelnen Disziplinen der Naturwissenschaft unabdingbar ist, daß sie aber sinnvoll nur dann sein kann, wenn sie in wissenschaftshistorische, philosophiegeschichtliche und philosophisch-systematische Fragestellungen eingeordnet ist, wenn das Ganze der Philosophie nicht aus dem Auge gelassen wird.

Dieser Einordnung bedarf auch die Naturphilosophie als Naturphilosophie, weshalb sie sich als eigenständige Disziplin außerhalb eines philosophischen Gesamtsystems selbst aufhebt. Selbstredend muß sie – hegelsch gesprochen – mit der Naturwissenschaft in Übereinstimmung sein, ohne hierin ihre einzige Bestimmung zu sehen. Ihr "Nutzen" besteht darin, ver*mittels* der Bestimmung des epistemologischen Status der Naturwissenschaften die Kunstwelt der Naturwissenschaften zu objektivieren,[37] die Fassung der Welt unter der Form des Ob-

---

[36] "Es ist noch lange die Zeit nicht, in der Metaphysik synthetisch zu verfahren, nur wenn die Analysis uns wird zu deutlich und ausführlich verstandenen Begriffen verholfen haben, wird die Synthesis den einfachsten Erkenntnissen die zusammengesetzte, wie in der Mathematik, unterordnen können." (Kant, Untersuchung über die Deutlichkeit der Grundsätze der natürlichen Theologie und der Moral, in: Werke, a.a.O., Bd. II, S. 761.) – So ist es z.B. erforderlich, zunächst erst einmal die physikalischen Begriffe von Raum, Zeit, Materie und Bewegung von den entsprechenden in den verschiedenen philosophischen Systemem gebrauchten zu unterscheiden, bevor man eine philosophische Raum- oder Zeittheorie (falls diese möglich sind) begründen kann. Umgekehrt gelesen: "Das Stadium der *Abgrenzung* verschiedener philosophischer Ebenen, der *Abgrenzung* verschiedener Begriffe, die durch dasselbe Wort bezeichnet werden, der *Abgrenzung* von Physik, Mathematik und Philosophie kann nur als eine *Vorstufe* der philosophischen Behandlung betrachtet werden, die gerade darin besteht, das Abgegrenzte aufeinander zu beziehen. Dazu muß diese Vorstufe aber durchlaufen werden." (A. Griese und R. Wahsner, Zur Ausarbeitung einer philosophischen Raum-Zeit-Theorie, a.a.O., S. 704.)
[37] Zur Möglichkeit resp. Unmöglichkeit einer *naturwissenschaftlichen* Fassung der Welt als Ganzes siehe R. Wahsner und H.-H. v. Borzeszkowski, Die Wirklichkeit der Physik, a.a.O., Abschn. "Physikalische Erfahrung und die Welt als Ganzes", S. 287-339; dies., Stichwörter "Kosmos", "Kosmologie", "Machsches Prinzip", in: Europäi-

jekts bzw. das gewisse Auseinander aufzuheben. Den epistemologischen Status der Naturwissenschaften zu bestimmen bedeutet aber nicht, fertige Theorien, fertige erkenntnistheoretische Konzepte, auf die Analyse der Naturwissenschaften anzuwenden (oder gar diese Konzepte nur auf diese Weise zu illustrieren). Es soll sich hingegen in einer Art Bootstrap-Verfahren bei der "vorurteilsfreien", durch das Studium der Philosophiegeschichte geläuterten, philosophischen Analyse der Naturwissenschaften das erkenntnistheoretische Konzept mit ausbilden. Wichtig ist, die jeweilige Naturwissenschaft vom philosophischen Standpunkt aus gesehen quasi als objektive Realität, als Gegebenes zu behandeln, das man nicht verbessern, sondern das man erkennen möchte. Ebensowenig geht es darum, tradierte Denkmodelle (z.B. das Kausalgesetz) sozusagen unter Denkmalschutz zu stellen und mit dem Begriffssystem moderner naturwissenschaftlicher Theorien zu interpretieren. Die großen philosophischen Systeme der Geschichte müssen immanent kritisiert und die von ihnen gewonnenen Erkenntnisse zur philosophischen Analyse der modernen naturwissenschaftlichen Theorien kritisch genutzt werden.[38]

---

sche Enzyklopädie zu Philosophie und Wissenschaften, a.a.O.; R. Wahsner, Mechanism – Technizism – Organism. Der epistemologische Status der Physik als Gegenstand von Kants Kritik der Urteilskraft, in: Naturphilosophie im Deutschen Idealismus, hg. von K. Gloy und P. Burger, Stuttgart 1993.

[38] Als repräsentatives Beispiel für ein solches Verfahren kann die Erkenntnis der Bedeutung des Kantschen Apriorismus für eine dialektische Rezeption der sogenannten analytischen Wissenschaften dienen: Konfrontiert man den Kantschen Raum-Zeit-Apriorismus mit der klassischen und der modernen Physik, vor allem mit der Newtonschen Mechanik und der Einsteinschen Relativitätstheorie, so ergibt sich, daß mit ihm wesentliche Aussagen über den physikalischen Erkenntnisprozeß getroffen wurden. Denn den physikalischen Raum als apriorisch anzusehen bedeutet, die Existenz von Meßmitteln als notwendige Voraussetzung der Physik zu begreifen. Der Kantsche Raum-Zeit-Apriorismus wird so als verfremdete Einsicht in die Notwendigkeit eines Erkenntnismittels für den Zusammenschluß von Erkenntnisobjekt und Erkenntnissubjekt aufgezeigt und geschlußfolgert, daß die heutige Auseinandersetzung mit diesem Apriorismus nicht – wie die empiristischen und rationalistischen Varianten dieser Philosophie – diese Einsicht zurückfallen darf, sondern die Natur dieses Erkenntnismittels aufklären muß. – Zur Erläuterung vgl. H. H. v. Borzeszkowski und R. Wahsner, Erkenntnistheoretischer Apriorismus und Einsteins Theorie, a.a.O.; H.-H, v. Borzeszkowski, Kantscher Raumbegriff und Einsteins Theorie, Deutsche Zeitschrift für Philosophie *40* (1991), 36-41; R. Wahsner, Erkenntnistheoretischer Apriorismus und die neuzeitliche Physik, Deutsche Zeitschrift für Philosophie *40* (1991), 24-35; dies., Apriorische Funktion und aposteriorische Herkunft. Hermann v. Helmholtz' Untersuchungen zum Erfahrungsstatus der Geometrie, in: Universalgenie Helmholtz. Rückblick nach 100 Jahren, hg. von L. Krüger, Berlin 1994; dies., Das notwendige Dritte, in: Proceedings of the Eighth International Kant Congress. Memphis, 1995, Vol. II, Part 1, ed. by H. Robinson, Milwaukee 1995, pp. 389-396; dies., Über die Berechtigung des analytischen Vorgehens in der Philosophie, in: ἀναλύωμεν. Analyomen 2. Proceedings of the 2nd Conference "Perspectives in Analytical Philosophy", Vol. I: Logic. Epistemology. Philosophy of Science, ed. by Georg Meggle, Berlin-NewYork 1997, S. 322-328.

Die Naturphilosophie erscheint nur dann als eine abgelegte Gestalt des modernen Geistes, wenn die erkenntnistheoretischen Ausgangspunkte von Naturwissenschaft und Philosophie identifiziert werden, wenn nicht erkannt wird, daß die Gegenstände der Naturwissenschaft nicht die Naturgegenstände sind, dennoch aber nur über die Gegenstände der Naturwissenschaft die Naturgegenstände erkannt werden können.[39]
↓

Weder: ist die Naturphilosophie überflüssig geworden, weil es eine Naturwissenschaft gibt.
Noch: muß die Naturwissenschaft durch eine Naturphilosophie (oder eine Ethik) abgelöst werden, um sie zu humanisieren.
Sondern: man bedarf beider, und beide bedürfen einander.

Diese gegenseitige Bedürftigkeit unterstellt allerdings die Eigenständigkeit der Philosophie gegenüber den Fachwissenschaften sowie dieser gegenüber der Philosophie. (Ein gegenseitiges Hineinreden ist weder zulässig noch eigentlich möglich.)
Die Philosophie kann ihre Aufgabe nicht lösen, spart sie eine erkenntnistheoretische und weltanschauliche Untersuchung der empirischen Wissenschaften aus. Die Naturwissenschaft andererseits ist ohne Philosophie nicht existent, und ein philosophisches Bewußtsein über ihren Status wird für die Lösung ihrer Grundlagenprobleme förderlich oder sogar notwendig sein. *Aber*: Es bedarf, um die gegenseitige Bedürftigkeit in eine konstruktive Kooperation zu führen, harter Arbeit. Es muß viel philosophische Kleinarbeit geleistet werden, um die Philosophie so aufzubereiten, daß der Zusammenhang zu den physikalischen, biologischen, chemischen, ... Grundlagenproblemen sichtbar und damit die Philosophie für die physikalische, biologische, chemische, ... Forschung zugänglich wird. Ist dies geleistet und kann so die Philosophie durch die gewonnene Einsicht (die von philosophischen Illusionen oder bloßen Vorstellungen zu unterscheiden ist) in den Charakter der Naturwissenschaft hilfreich sein für diese Wissenschaften, so hat z.B. der Physiker damit natürlich noch nicht den physikalischen, mathematisch formulierten konstruktiven Ansatz. Um einen solchen zu gewinnen, ist noch physikalische Arbeit vonnöten. – Bloße "interdisziplinäre" oder "transdisziplinäre" Absichtserklärungen sind daher bestenfalls ein erster Schritt für ein sinnvolles Gespräch zwischen Philosophie und Naturwissenschaft.[40]

---

[39] Das "nur" bedeutet: "nicht ohne"; selbstredend bedarf es zur Erkenntnis dessen, was die Natur ist, auch der entsprechenden philosophischen Analyse anderer Bereiche wie der Kunst oder des Alltagsbewußtseins.
[40] Allgemein über die Beziehung von Naturwissenschaft und Naturphilosophie siehe: H.-H, v. Borzeszkowski und R. Wahsner, Über die Notwendigkeit der Philosophie für die Naturwissenschaft, in: Dialektik 1. Orientierungen der Philosophie, hg. von B. Heidtmann, Köln 1980; dies., Noch einmal über das Bedürfnis der Naturwissenschaft nach Philosophie, a.a.O.; dies., Physikalischer Dualismus und dialektischer Wider-

Ein Herangehen, das dies bedenkt, wird zeigen, daß *die Naturphilosophie keine abgelegte Gestalt des modernen Geistes ist, sondern eine zu erzeugende.*

Kritik der Hegelschen Naturphilosophie

Diese zu erzeugende Gestalt läßt sich allerdings nicht durch eine *Übernahme* der Hegelschen Naturphilosophie erzeugen, auch nicht durch eine aktualisierte. Die Hegelsche Naturphilosophie bedarf der Kritik, um sie konstruktiv aufheben zu können.

Nun gilt es als ausgemacht, daß man das spekulative Anliegen Hegels nicht verstanden hat, wenn man Hegel (vor allem bezüglich seiner Naturphilosophie) kritisiert, wenn man beispielshalber seine Mechanik-Kritik kritisiert. Dieses festgefügte Urteil gründet zum einen in dem Glauben, daß die Mechanik mechanistisch sei, also in der Identifizierung einer physikalischen Theorie mit einer bestimmten ihrer philosophischen Reflexionen.[41] Es gründet zum anderen in der Unterschätzung oder Mißachtung der Ernsthaftigkeit, mit der Hegel die Naturwissenschaft adäquat rezipieren *wollte* (und sie deshalb auch intensiv studierte). Ersterer Grund impliziert den Irrtum, daß man die Mechanik (d. i. Newtons Theorie resp. die sog. Klassische Mechanik) kenne, wenn man das mechanizistische Weltbild kennt. Zeigt man, daß die beiden genannte Gründe nicht trifftig sind, dann wankt auch das "ausgemachte" Urteil.

Dennoch birgt die Kritik der Hegelschen Naturphilosophie eine große Gefahr in sich. (Es ist hier nicht die – durchaus reale – Gefahr gemeint, daß man entweder zu wenig von Newtonscher Mechanik bzw. überhaupt Naturwissenschaft oder zu wenig von Hegelscher Philosophie versteht.) Gemeint ist die Gefahr, entweder zu einseitig systemextern oder zu einseitig systemintern zu diskutieren. Das heißt: Entweder ignoriert man Hegels Systemanliegen und die dadurch bedingte Begrifflichkeit bzw. umgekehrt die systeminterne Begriffsbestimmung einer mathematisierten empirischen Theorie und versucht, ein philosophisches System mit der Elle einer physikalischen Theorie zu messen resp. eine physikalische Theorie mit der Elle eines philosophischen Systems. Oder: Man fixiert jeweils den charakteristischen Status zum einen als Philosophie, zum anderen als messende und rechnende Wissenschaft und erklärt letztlich, daß beide miteinander

---

spruch, a.a.O.; dies., Die Wirklichkeit der Physik, a.a.O.; R. Wahsner, Prämissen physikalischer Erfahrung, Berlin 1992; dies., Naturwissenschaft, a.a.O.

[41] Vgl. H.-H. v. Borzeszkowski und R. Wahsner, Newton und Voltaire. Zur Begründung und Interpretation der klassischen Mechanik, Berlin 1980; dies., Einleitung zu: Voltaire, Elemente der Philosophie Newtons/ Verteidigung des Newtonianismus/ Die Metaphysik des Neuton, hg., eingeleitet und mit einem Anhang versehen von Renate Wahsner und Horst-Heino v. Borzeszkowski, Berlin 1997; R. Wahsner, "Ich bin der Apostel und Märtyrer der Engländer gewesen", in: Naturauffassungen in Philosophie, Wissenschaft und Technik, Band II, hg. von L. Schäfer und E. Ströker, Freiburg–München 1994; H.-G. Schöpf, Newton zwischen Physik und Theologie, Neue Zeitschrift für systematische Theologie und Religionsphilosophie *33* (1991), 262-281.

nichts zu tun haben. Beide Varianten sind nicht sehr sinnvoll. Eine Grundlage, um beide Extreme zu vermeiden, bietet Hegels eigene und so systeminterne These, daß die Philosophie mit der Naturerfahrung in Übereinstimmung sein muß, daß die Entstehung und Bildung der philosophischen Wissenschaft die empirische Physik geradezu zur Voraussetzung hat.[42]

Dieses systeminterne Kriterium eignet sich nicht nur, um das Verhältnis der Hegelschen Naturphilosophie zur Naturwissenschaft zu prüfen, sondern bietet auch einen Zugang (gewiß nicht den einzigen) zur Kritik des philosophischen Systems als ganzem. Denn nach Hegels eigener Ambition ist seine Naturphilosophie keine Illustration seiner Logik, bei der es nicht darauf ankommt, wenn ein "Beispiel" auch einmal der naturwissenschaftlichen Erkenntnis widerspricht. Sie ist vielmehr als Teil der Realphilosophie die erste Phase der Realisation des Geistes, der Verwirklichung der Logik.

Um nun zu prüfen, ob Hegels Philosophie mit der Naturwissenschaft in Übereinstimmung ist, ist es zweifelsfrei erforderlich, Hegels Ambitionen darzustellen und nachzuweisen, daß er die Naturwissenschaft seiner Zeit intensiv studiert hat, also aufzuzeigen, *was* er rezipiert hat.[43] Aber es genügt nicht. Man muß auch untersuchen, *wie* er die Naturwissenschaft rezipiert hat, und untersuchen, ob die Hegelsche Rezeption der Naturwissenschaft (selbstredend der Naturwissenschaft jener Zeit) adäquat ist, und wenn nicht, erkunden, worin die Gründe dafür liegen. Um das genannte Ziel zu erreichen, kann man weder eine Analyse der Hegelschen Logik noch eine des epistemologischen Status der Physik aussparen,[44] letztlich auch keine der Philosophie des Geistes. Will man die Hegelsche Philosophie für das Begreifen der modernen Naturwissenschaft produktiv machen, bedarf es dieser zwei- resp. dreigleisigen Untersuchung. Diese kann natürlich nur geleistet werden, beachtet man die durch Hegels System geprägten begrifflichen Bestimmungen, beispielshalber von *Idealität, Realität, Geist, Natur*. Um aber zugleich dem genannten Extrem einer einseitig systeminternen Kritik zu entweichen, muß man bedenken, daß Hegels Bestimmungen zwar zweifelsfrei nicht umgangssprachlich und nicht naturwissenschaftlich genommen werden können, daß sie aber durchaus in die Begrifflichkeit der ihm vorgängigen Philosophie eingebettet sind (und zwar eingebettet in genau der Weise, in der sich Hegels System als Ganzes zu den ihm vorgängigen philosophischen Systemen verhält). Eine nicht-

---

[42] Vgl. G.W.F. Hegel, Enzyklopädie der philosophischen Wissenschaften im Grundrisse (1830). Zweiter Teil. Die Naturphilosophie. Mit den mündlichen Zusätzen, in: Werke, a.a.O., Bd. 9, S. 15 (§ 246).

[43] Inzwischen kann man es wohl als nachgewiesen ansehen, *daß* Hegel die Naturwissenschaften seiner Zeit rezipiert und in eigener, da natur*philosophischer*, Weise verarbeitet hat und auch, daß naturwissenschaftliche Termini – wie "Kraft", "Schwere", "Fall", "Licht" – in Hegels systembestimmten Bedeutungen genommen werden müssen.

[44] Eine bloße Kenntnis physikalischer Ergebnisse – und sei sie noch so umfangreich – reicht für die genannte Untersuchung nicht aus, sondern es bedarf in der Tat der Analyse des *epistemologischen Status* der Physik.

philosophische, z.B. eine rein naturwissenschaftliche, Kritik der Hegelschen Bestimmungen und Begriffsentwicklungen ist somit ohne Sinn. Aber eine systemexterne *philosophische* Kritik – also eine, die die Untersuchung reiner Konsistenzfragen überschreitet, diese aber als notwendige, obgleich nicht hinreichende, Bedingung anerkennt – kann nicht von vornherein als unzulässig abgewehrt werden.

Dabei kann man sich durchaus von Hegels Aufgabenstellung leiten lassen, wonach es darum geht:
- zuerst zu betrachten, wie das Denken in der Naturwissenschaft ist, um zu bestimmen, wie sich die Art und Weise des Denkens in der Naturwissenschaft und in der Naturphilosophie unterscheidet, und
- zweitens zu sagen, was die Natur ist.[45]

Was ist die Natur? Der neuzeitliche Umbruch

Um anzudeuten, was mit dieser Aufgabenstellung gemeint ist (wenn es nicht zulässig sein soll, über den philosophischen Begriff der Trägheit oder des Magnetismus zu reden), um die Art des Zusammenhangs zwischen beiden Schritten zu zeigen, um den Hintergrund der Hegelschen Begriffsbewegung aufzuweisen und um die für die Kritik der Hegelschen Philosophie relevante philosophische Vorgeschichte zu markieren, wäre es sinnvoll, einen Passus zur Charakterisierung des neuzeitlichen Umbruchs (der die Frage "Was ist die Natur?" unmittelbar berührt) anzufügen.[46] Hier jedoch abschließend nur eine kurze Bemerkung.

Dieser Umbruch ist maßgeblich durch den Vorrang des Funktionsbegriffes vor dem Dingbegriff gekennzeichnet, durch den Übergang von dem Prinzip *Das Sein bestimmt das Verhalten* zu dem Prinzip *Das Verhalten bestimmt das Sein*. Damit gewann der Begriff der Relation und der des Verhältnisses resp. der Ordnung (einer gesetzmäßigen Ordnung) eine ganz andere Bedeutung. Relation ist nicht mehr als Relatives der wertmindere Gegensatz zum Absoluten, sondern das grundlegende Denkprinzip.

Hegel als Synthetiker der neuzeitlichen Epoche ist bestrebt, genau dies auf den Begriff zu bringen. Mit dieser Einsicht erschwert man zweifelsfrei die Widerlegung des Hegelschen Systems, namentlich seiner ihm oft zum Vorwurf ge-

---

[45] Vgl. G.W.F. Hegel, Enzyklopädie II. Die Naturphilosophie, a. a. O., S. 11 (Einleitung).

[46] Ausführlicher dazu siehe: R. Wahsner, Zur Kritik der Hegelschen Naturphilosophie, a.a.O., S. 3-20, 217-221; H.-H. v. Borzeszkowski und R. Wahsner, Die Natur technisch denken? Zur Synthese von $\tau \acute{\epsilon} \chi \nu \eta$ und $\phi \acute{\upsilon} \sigma \iota \varsigma$ in der Newtonschen Mechanik oder das Verhältnis von praktischer und theoretischer Mechanik in Newtons Physik, in: Zur Kultur der Moral. Praktische Philosophie in der posttraditionalen Gesellschaft, hg. von M. Weingarten, Berlin (im Druck), auch: Preprint 87 des MPI für Wissenschaftsgeschichte, Berlin 1998, sowie die darin zitierte einschlägige Literatur.

machten Verkehrung von Subjekt und Prädikat[47] oder der Verwandlung der Tätigkeit zum Subjekt (Gegenstand), der Etablierung des Geistes statt des Menschen zum Subjekt. Hegels Denken in Substantiven, seine Substantivierung von Prädikaten, die seine Texte so schwer verständlich macht, gründet in der philosophischen Reflexion jener neuzeitlichen Fasssung der Welt.[48]

Exemplarisch schlägt sich dies in einem Satz aus einer frühen Arbeit nieder, der in einem den Anfang der Naturphilosophie verständlich macht und den Grundgedanken der Hegelschen Philosophie kennzeichnet. Er lautet: "... so ist die Bewegung der Begriff der wahren Seele der Welt; wir sind gewohnt, sie als Prädikat, Zustand anzusehen, aber sie ist in der Tat das Selbst, das Subjekt als Subjekt, das Bleiben eben des Verschwindens".[49] *Die Bewegung ist das Selbst, das Subjekt als Subjekt.*

---

[47] Auch die aristotelische Syllogistik beruht auf derartigen "Verkehrungen". Das ist uns nur aus dem Bewußtsein gefallen, weil wir die formale Logik in mengentheoretischer oder scholastischer Fassung kennenlernen. Aristoteles sagt ja nicht; "Alle Menschen sind sterblich, Sokrates ist ein Mensch, also...", sondern (als eine der bei ihm vorkommenden Formen): "Das Sterblichsein kommt allen Menschen zu, das Menschsein kommt dem Sokrates zu, also kommt das Sterblichsein dem Sokrates zu." Es wird hier ebenfalls das Prädikat zum Subjekt erhoben, aber ein Prädikat der Form "Eigenschaft-sein". Bei Hegel hat das Prädikat (eben gemäß der kategorialen Verfaßtheit der neuzeitlichen Wissenschaft oder des neuzeitlichen Denkens überhaupt) die Form eines Verhaltens oder soll es haben resp. bekommen. (Vgl. R. Wahsner und H.-H. v. Borzeszkowski, Die Wirklichkeit der Physik, a.a.O., S. 176-194.)

[48] Die Frage nach dem Grundfehler des Hegelschen Systems muß daher neu oder anders beantwortet werden als dies bislang, vor allem seitens einer vermeintlich materialistischen Kritik, getan wurde. Denn blickt man auf die neuzeitliche Welt, so ist es nicht einfach falsch, wenn Hegel Verben substantiviert und sie zu den Akteuren des Geschehens macht. Zu fragen bleibt vielmehr, (1) *wie* er sie substantiviert und (2) ob beim Übergang von der Naturwissenschaft zur Philosophie das Subjektsein der Bewegung, des Verhaltens, aufzuheben ist. Grundsätzlich jedoch muß erst einmal fixiert werden, daß Hegel mit der berüchtigten Verkehrung von Subjekt und Prädikat (zumindest) die epistemologische Verfaßtheit der Naturwissenschaft Physik reflektiert. Wenn dies nicht adäquat geschehen sein sollte, muß die Art und Weise dieser Reflexion untersucht und bestimmt und möglichst der Grund für diese bestimmte Reflexion erkundet werden.

[49] Vgl. G.W.F. Hegel, Enzyklopädie II. Die Naturphilosophie, a. a. O., S. 59 (§ 261 Z). Dieser Zusatz geht auf die Vorlesungsmanuskripte zur Philosophie der Natur und des Geistes von 1805/06 zurück. Dort findet man den Text:"Ihr [der Bewegung] Wesen ist, die unmittelbare Einheit der Zeit und des Raumes zu sein, welche Einheit eben die absolute Vermittlung in ihr hat, deren Momente selbst die allgemeine Substanz zu ihrer Realität haben; sie ist die durch den Raum reale, bestehende Zeit, oder der durch die Zeit erst wahrhaft unterschiedene Raum. – Sie ist die Wahrheit des Dauernden; was dauert ist die Bewegung; wie die Zeit die einfache Seele, so ist sie der Begriff der wahren Seele der Welt; wir sind gewohnt, sie als Prädikat, Zustand anzusehen, als das Reale, aber das sich Bewegende oder Bewegte. Aber sie ist in der Tat das Selbst oder das *Subjekt* als Subjekt. Ich ist als Ich, Subjekt, eben als der Begriff der Bewegung selbst seiend; Bewegung ist nicht nur Anderswerden, sondern eben ihr *Begriff* ist das Dauern, In-sich-Zurückgekehrtsein. Sie ist das Bleiben eben des Verschwindens. Aber daß sie als Prädikat erscheint, ist eben ihre unmittelbare Notwendigkeit, selbst zu

Diesen durch das neuzeitliche Denkprinzip gebildeten Hintergrund muß man mitdenken, wenn man verstehen will, was Hegel mit der zitierten Aufgabe der Naturphilosophie meint.

Die Natur ist zunächst kein Selbst, sondern das Außereinander. Aber sie ist dies nicht eigentlich; das (ontologisierte) Denken der Naturwissenschaft läßt sie so erscheinen. Diesen "Schein" will Hegel aufheben, indem er zeigt, daß das, was uns entgegentritt, nur Moment eines Ganzen ist. Dieses Ganze oder Selbst haben wir erst *am Ende* der Naturphilosophie, genaugenommen erst am Ende der Philosophie des Geistes, am Ende des Systems. Aber das Ganze des Systems hätten wir nicht ohne Naturphilosophie. Und das gilt nicht nur für das Hegelsche, sondern für jedes philosophische System. *Insofern ist die Naturphilosophie nicht nur keine abgelegte, sondern eine notwendige Gestalt des modernen Geistes.*

Diskussion

I.

Schwabe: Ich glaube, Sie haben ganz plausibel vorgetragen, daß es nicht genügt, die Ergebnisse der heutigen Naturwissenschaften so einigermaßen zu kennen, sie allgemeinverständlich zu verbinden und darzustellen, wenn man eine Naturphilosophie schreiben will; daß eine Zusammenschau der Ergebnisse der Naturwissenschaften nicht reicht – obwohl auch das ja ein gewisses Bedürfnis ist. Ich glaube, die popularisierenden Bücher *erfüllen* ein Bedürfnis.

Wahsner: Das ist zweifellos der Fall, aber wir reden wir ja hier als Philosophen; da muß man schon fragen: *Welches* Bedürfnis erfüllen die popularisierenden Bücher, ist es ein vom philosophischen Standpunkt aus gesehen zu begrüßendes Bedürfnis oder ist es vielleicht so, daß dadurch, daß ein Bedürfnis auf *diese* Weise erfüllt wird, ein aufkeimendes, echt philosophisches Bedürfnis unterdrückt wird durch eine scheinbare Befriedigung? Aber vernünftig genommen hat das, was man "naturwissenschaftliches Weltbild" nennt, wenn es seine Grenzen erkennt, sehr wohl einen philosophisch zu befürwortenden Sinn. Es ist sozusagen die Prüfung, wie die Erkenntnisse der verschiedenen Wissenschaften aneinander passen, wie sie zusammengefügt werden können, ob sie es können. Nur sollte der Philosoph dann immer danebenstehen und fragen: "Nach welchen *Prinzipien* hast du diese Erkenntnisse zusammengefügt?" Und danach wird meistens nicht gefragt. Das Wichtigste, das Prinzip, nach dem man etwas zusammenfügt, das wird als das Trivialste gehandhabt, aber das ist es genau nicht. Es ist das Allerschwierigste, herauszufinden, nach welchem Prinzip Erkenntnisse zusammengefügt wurden. Und wenn man so fragt, und darauf antworten will, dann kommt wirklich

---

erlöschen [...]." (G.W.F. Hegel, Jenaer Systementwürfe III. Naturphilosophie und Philosophie des Geistes, hg. von R.-P. Horstmann, Hamburg 1987, S. 16 f.)

schon die Philosophie ins Spiel. Sehr viel wird aber auch vorgestellt, um Geld für ein Forschungsprojekt zu bekommen, und man kann dann nur hoffen, daß das dann ein vernünftiges Forschungsprojekt ist. Bei diesen Begründungen wird vieles als philosophische Weltbetrachtung ausgegeben, was keine ist – zum Beispiel in populären Darstellungen der Kosmologie.

Schwabe: Die Kosmologie ist ein Gebiet, das geradezu dazu verleitet, philosophische Termini zu verwenden, zum Beispiel den "Urknall" zu identifizieren mit dem "Anfang der Welt".

Wahsner: Es hat einmal jemand gesagt: Die Schwarzen Löcher sind keine Löcher im Kosmos, sondern Löcher in der Kosmologie, das heißt, in unserem Wissen. Und was den Urknall betrifft, ist es ähnlich: Bekanntlich tritt in der Newtonschen Gravitationstheorie das sogenannte Gravitationsparadoxon auf. Das heißt, in einem unendlichen Kosmos, der unendlich viele (homogen verteilte) Massen enthält, wirkt auf jedes Teilchen zu jeder Zeit eine unendliche Kraft. Der Kosmos könnte also eigentlich gar nicht bestehen, es würde sich alles aufgrund der Gravitationskraft in einen Punkt konzentrieren. Man hätte gar keinen Kosmos. Damals waren die Leute allerdings so schlau und haben diesen Schluß nicht gezogen, sondern in dem bekannten Briefwechsel zwischen Leibniz und Clarke wurde gesagt, Gott müsse von Zeit zu Zeit den Anfangsort und die Anfangsgeschwindigkeit jeder Masse neu einstellen, und das merken wir gar nicht, weil es überall gleichzeitig passiert. Das war aber auch nicht ganz ernst gemeint, sondern wurde nur als Möglichkeit diskutiert. Man kann sich auch so ausdrücken: In der Newtonschen Theorie sind unter den genannten Voraussetzungen über den ganzen Kosmos Singularitäten verteilt. Die Einsteinsche Theorie ist dann insofern eine Verbesserung, als sie nur noch *eine* solche Singularität enthält, nämlich die Anfangssingularität. Das ist natürlich im Vergleich zu der vorherigen Situation eine große Verbesserung. Aber es handelt sich in beiden Fällen um *Grenzen der Theorie*. Doch dies so zu formulieren ist nicht sehr publikumswirksam. Bei der Anfangssingularität hat man dann eben gesehen, daß man sie sehr schön als Knall darstellen kann. Es werden seltsamerweise die meisten kosmologischen Arbeiten über die Zeit nach dem sog. Urknall geschrieben, über die man, auch von der Theorie her, nichts Genaues weiß.

Schwabe: Ich verstehe das Gravitationsparadoxon noch nicht. In einem unendlichen Raum würde bei homogener Materieverteilung auf jede Masse eine unendliche Kraft wirken – aber doch von allen Seiten? Dann bleibt doch jede Masse, wo sie ist?

Wahsner: Nein. Es ist durch Lambert und Charlier das sogenannte hierarchische Modell konstruiert worden, das den Kollaps vermeidet, und zwar im Rahmen der Newtonschen Theorie. Aber es ist dies ein Modell, das man nur zustande bekommt, wenn man sehr spezielle Annahmen über die Verteilung der Massen und deren Abstände trifft.

II.

Grimmlinger: Wir müssen doch die Hegelsche Naturphilosophie, um sie zu würdigen, auf den zeitgenössischen Wissensstand beziehen. Ich nehme an, das sehen Sie auch so.
Wahsner: Ja.
Grimmlinger: Dazu habe ich nun folgende Frage. Da Sie die Erforschung des epistemologischen Charakters der Physik durch die Philosophie als so wichtig erachten: Würden Sie das für Hegels Zeit auch schon für so wichtig halten?
Wahsner: Ja – das war ja auch Hegels Meinung. Ich möchte dazu drei Dinge bemerken. Erstens: Wenn ich sage, man muß Hegel in der von mir geschilderten Weise kritisieren, dann meine ich damit *nicht*: das hätte er wissen können, sondern es ist gemeint: aus heutiger Sicht ist diese Kritik notwendig, *wir* sind verpflichtet, seine Philosophie so zu betrachten. Hegel konnte das, was ich an seinem Konzept kritisiert habe, nicht sehen. Zweitens: Hegel selbst war der Meinung, daß er die Untersuchung der Naturwissenschaft, die Erkundung, wie sie denkt, bereits geleistet habe. Er meinte, mit der Kritik des Empirismus, Mechanizismus und Rationalismus sei dies geschehen. Aber er war durchaus der Meinung, daß die epistemologische Untersuchung der Naturwissenschaft eine Aufgabe für die Philosophie sei. Drittens: Wenn ich auch meine, daß Hegel das, was man heute an seiner Philosophie kritisieren muß, nicht sehen konnte, so ist es trotzdem so, daß die ihm vorliegende Naturwissenschaft auch damals schon so – wie in Differenz zu Hegel dargestellt – beschaffen war. Auch die Mechanik, die Hegel vorlag, war nicht mechanizistisch. Natürlich war der Mechanizismus – worunter ich eine bestimmte philosophische Rezeption der Mechanik verstehe – sehr verbreitet, und Hegel rezipierte seine philosophischen Vorgänger, die die Mechanik zum großen Teil auch so gesehen haben. Zum Beispiel kann man nachweisen, daß auch Kant nicht völlig frei war von der Identifizierung der Mechanik mit dem Mechanizismus. Aber *de facto* war das, was man heute sagen kann, daß die Mechanik nicht mechanizistisch ist, auch damals schon so. Die Mechanik hätte gar nicht funktionieren können, wenn sie wirklich so gewesen wäre wie das mechanistische Weltbild meinte, daß sie es sei. Natürlich hat das Ganze eine lange Tradition. Es gab bekanntlich einen großen Streit in deutschen Landen (maßgeblich initiiert auch durch Voltaire), ob Newton oder Leibniz nun der große Philosoph sei. *Darüber* hat man sich gestritten, aber kein Mensch hat gesagt: untersuchen wir einmal, ob die Theorie von Newton wirklich so ist wie behauptet, sondern man hat sie immer nur so genommen, wie ein philosophischer Rezipient sie dargestellt hat. Und so kann man es Hegel in gewisser Weise nicht übelnehmen, daß er das mechanistische Weltbild für die Mechanik hielt. Das war die philosophische Sicht jener Zeit. Aber die Mechanik als Naturwissenschaft ist auch damals schon nicht so gewesen. Da kann nun wieder ein anderer kommen und sagen: Aber Euler, der hat doch von Mechanik etwas verstanden. Das hat er natürlich, trotzdem ist es so, daß in den philosophischeren Schriften Eulers, etwa in den *Briefen an eine deutsche Prinzessin*, auch mechanistische Auffassungen

nachzuweisen sind. Auch er als hervorragender Naturwissenschaftler hatte kein adäquates philosophisches Bewußtsein über die von ihm betriebene Naturwissenschaft. Eigentlich ist das alles durchaus verständlich und wenig verwunderlich, man muß nur diese verschiedenen Aspekte unterscheiden.

III.

Schwabe: Sie sagen, die naturwissenschaftliche Mechanik sei nicht mechanistisch. Was meinen Sie damit?

Wahsner: Wenn ich es kurz fassen will, ist es so. Es hat sich in der philosophischen Diskussion die mechanistische Sicht darin niedergeschlagen, daß man meinte, ein mechanisches Objekt sei eines, das von außen angestoßen wird, durch irgendeine Kraftwirkung angestoßen werden muß. Das Objekt der Mechanik ist jedoch so nicht beschaffen. Was bei Kant und auch bei Hegel unter der Überschrift "Kraft" oder "mechanische Kraft" diskutiert wird, ist eigentlich Stoß oder Impuls. In der Tat aber ist das, was in der Mechanik Kraft heißt, das, was im zweiten Newtonschen Axiom auf der rechten Seite steht, was wiederum mitbestimmt wird durch das, was im ersten und dritten Axiom gesagt wird. Oder, etwas verständlicher formuliert, Kraft ist eine dynamische Wechselwirkung, die durch die drei Newtonschen Axiome in ihrem Charakter determiniert ist. Das ist auch zu Hegels Zeit so gewesen. Newton hat – man muß sagen: mit Widerwillen – erkannt, daß die Gravitation nicht verstanden werden kann als eine einseitig gerichtete Kraft, sondern daß sie ein Gegeneinander ist. Die Körper sind nur *gegeneinander* schwer. Gravitation ist etwas, was einem einzelnen Körper nicht zugeschrieben werden kann, sondern es ist etwas, was überhaupt erst durch das Gegeneinander von mindestens zwei Etwasen erzeugt wird. Und das ist der Hauptpunkt, wenn auch nicht der einzige Punkt, hinsichtlich des Unterschieds zwischen dem, was die Mechanik tatsächlich gemacht hat, und dem, was das mechanistische Weltbild gemeint hat.

Maßgeblich verantwortlich für das mechanistische Weltbild war Voltaire. Er hat die Mechanik, als die erste voll ausgebildete neuzeitliche Wissenschaft, begeistert begrüßt, und da es der Aufklärung darum ging, nachzuweisen, daß man die Welt wissenschaftlich erfassen kann, hat er die Mechanik so extrapoliert, daß er sagte: Dies ist das große Gesetz, das Newton entdeckt hat und das alle Bewegung in der Natur regiert ...

Grimmlinger: Er hat die Mechanik also auch auf die Biologie erweitert ...

Wahsner: Ja. Er hat nicht explizit "Biologie" gesagt, aber eben: "das Gesetz, das alle Bewegung in der Natur bestimmt". Es gab sogar das Bestreben – das ist ja bekannt –, dieses Gesetz auszuweiten auf das Verhalten des Menschen, also das Gravitationsgesetz, das ein *spezifisches* Gesetz einer *spezifischen* physikalischen Theorie ist, als Weltgesetz auszugeben. Das ist nun wirklich Mechanizismus in dem Sinne, daß man überhaupt nicht fragt, auf welchen kategorialen und sonstigen weltanschaulichen Voraussetzungen die Wissenschaft, die dieses Gesetz begründet hat, überhaupt beruht. Es wird etwas, was einer spezifischen Wissenschaft entstammt, die, wie ich sagte, die Welt unter der Form des Objekts fassen muß, ausgedehnt auf die Welt als Ganzes. Somit wird *das Ganze als Objekt* gefaßt.

Hegel hat viele Mängel des mechanistischen Weltbildes erkannt und im einzelnen kritisiert – nur unter einer anderen Überschrift. In seinem Fortschreiten von der *Mechanik* zur *Organik* steckt die Voraussetzung, daß die Mechanik so sei, wie er und auch seine Vorgänger sie aufgefaßt haben. Es steckt darin aber noch ein zweites Problem, das sich speziell an Kant anschließt. Kant nimmt die Newtonsche Mechanik als *das* Modell für Naturwissenschaft schlechthin. Es ist dies verständlich: Was hätte er sonst nehmen sollen? Aber Kant war nicht ganz frei von der mechanizistischen Rezeption. – Das wesentliche Problem ist, daß man etwas als die Darstellung des Ganzen ausgibt, des Ganzen, das eine Subjekt-Objekt-Einheit sein muß, indem man eine Theorie extrapoliert, die die Welt unter der Form des Objekts faßt und dies auch tun muß.

IV.

Marmasse: Zwei Fragen. Erstens: Es gibt eine Tradition, die in Frankreich sehr bekannt ist und die besagt, daß die Hegelsche Naturphilosophie vor allem eine Grundlegung der gegenwärtigen einzelnen Wissenschaften sei. Was sagen Sie dazu? Zweitens: Ist die Hegelsche Naturphilosophie eine Epistemologie oder vielleicht eher eine Ontologie?

Wahsner: Zunächst zur ersten Frage. Inwiefern die Hegelsche Naturphilosophie eine Grundlegung der heutigen Naturwissenschaften sein soll, das kann ich überhaupt nicht verstehen. Ich weiß auch nicht, welche Argumente dieser Standpunkt hat. Bekannt ist mir die Auffassung, wonach die Hegelsche Naturphilosophie mit der Naturwissenschaft ihrer Zeit zwar im Konflikt, es aber keinen Widerspruch gibt, wenn man sie der heutigen Naturwissenschaft gegenüberstellt. Doch das kann schon deshalb nicht sein, weil die heutige Naturwissenschaft mit der Naturwissenschaft zu Hegels Zeit vom Grundsätzlichen her nicht so verschieden ist. Das, was die heutige Naturwissenschaft als Naturwissenschaft in dem von mir skizzierten Sinne auszeichnet, das gilt auch für die Naturwissenschaft der Hegelschen Zeit. Es gibt natürlich Unterschiede in der Ausbildung der einzelnen Wissenschaften; es waren gewiß zu Hegels Zeit manche Naturwissenschaften, z.B. die Biologie, nicht so ausgebildet, wie sie heute sind, aber das betrifft nicht die Frage nach dem *Charakter*. Um einen Unterschied im Charakter aufzuzeigen, müßte man nachweisen können, daß die heutige Naturwissenschaft auf grundsätzlich anderen Fundamenten beruht als die Naturwissenschaft zu Hegels Zeit – und das stimmt nicht, oder nur in der Weise, daß es zu Hegels Zeit Naturtheorien gab, die den Status der Wissenschaftlichkeit noch nicht erreicht hatten, aber heute haben.

Zu ihrer zweiten Frage: Seit Kant (und Hegel) gibt es diese Trennung zwischen Ontologie und Gnoseologie ja doch nicht mehr, das war gerade Kants Leistung, diese Trennung aufzuheben. Wenn man hinter Kant zurückfallen will, kommt man nie auf einen grünen Zweig. Da ich so stark über die Notwendigkeit rede, den epistemologischen Status der Naturwissenschaften zu erforschen, könnte man natürlich, wenn man nicht richtig hinhört, der Meinung sein, ich wolle Naturphilosophie auf Erkenntnistheorie reduzieren. Das ist nicht der Fall. Ich meine nur: Die Bestimmung des erkenntnistheoretischen Status der Naturwissenschaften ist eine *notwendige Bedingung*; ich habe damit nicht gesagt, es sei auch eine *hinreichende Bedingung*. Zudem ist es nicht dasselbe, ob ich vom erkenntnistheoretischen Status rede oder von den allgemeinen philosophischen Voraussetzungen. Damit die neuzeitliche Wissenschaft möglich war, mußte das Verhältnis von Mensch, Gott und Natur anders gedacht werden als beispielsweise in der Antike. In der Weise, wie man in der Antike dieses Verhältnis dachte, war Naturwissenschaft im heutigen Sinne nicht möglich. Die aristotelische Physik ist Naturphilosophie. Was es in der Antike gab, und was zweifelsfrei in die Newtonsche Mechanik eingeflossen ist, war die antike Mechanik, aber diese wurde nicht als Naturtheorie verstanden, sondern als Technik, als Lehre davon, was der Mensch tun kann, um zu erzwingen, daß die Dinge sich anders verhalten, als sie es von selbst tun (zum Beispiel, wie man erreicht, daß das Wasser noch oben läuft, obwohl es von Natur aus nach unten fließt). Denkt man aber das Verhältnis von Mensch, Gott und Natur anders als in der Antike, dann ist auch anders bestimmt, *was Natur ist*. Das steckt in der Untersuchung der philosophischen Voraussetzungen der Naturwissenschaft alles mit darin und ist nicht nur Erkenntnistheorie. Ich betone die erkenntnistheoretische Analyse nur deshalb so stark, weil sie aus meiner Sicht der nächste Schritt ist, der getan werden muß, schon deshalb, weil sie bisher noch nicht vollzogen wurde.

V.

Grimmlinger: Sie sagen, daß die Gegenstände der Naturwissenschaft nicht die Gegenstände der Natur sind – wegen der Idealisierungen, die man zur Durchführung von Experimenten machen muß. Auf der anderen Seite sagen Sie: Wenn man der Auffassung sein sollte, die Beschäftigung mit Physik habe mit der Natur nichts zu tun, dann sei das in keiner Weise akzeptabel. Also, positiv gesprochen: Physik hat schon etwas mit der Natur zu tun. Zugleich sollen die Gegenstände der Naturwissenschaft aber nicht Gegenstände der Natur sein, oder soll ich sagen, nicht Phänomene der Natur?
Wahsner: Sie sind nicht *die* Naturgegenstände.
Grimmlinger: Sie sind nicht die Naturgegenstände. Würden Sie trotzdem sagen: die Naturwissenschaft gibt eine Antwort auf die Frage "*Was ist* die Natur"?
Wahsner: Nein. Ich sehe da auch keinen Widerspruch. Ich habe gesagt, die Gegenstände der Naturwissenschaft sind nicht identisch mit den Naturgegen-

ständen. Das habe ich versucht zu begründen mit der erforderlichen Präparation der Gegenstände der Naturwissenschaft, mit der Darstellung des Sachverhalts, daß man da immer etwas herausgreift und über dieses Herausgegriffene bzw. die Beziehung zwischen verschiedenen Herausgegriffenen Aussagen macht. Doch ist – wie ich sagte – dieses Vorgehen nicht damit identisch, daß man sich nur ein *Denkschema* rationalistisch konstruiert. Man denkt sich nicht nur etwas aus, wenn man aus der Totalität der wirklichen Verhaltensweisen der Naturgegenstände eine Verhaltensweise herausgreift und darüber Aussagen macht. Deshalb kann man sehr wohl sagen: "Die Naturwissenschaft bezieht sich auf die Natur". Doch damit hat man noch keine Lösung, sondern bestimmt ein Problem, nämlich das Problem, *warum* das möglich ist, warum via künstlicher Präparation die Naturbeziehung möglich ist. Wenn Sie jetzt nun wollen, daß ich Ihnen darauf antworte, dann kann ich nur sagen: Es ist auch für mich zunächst die Fixierung eines Problems, auf das ich keine vollständige Antwort weiß.

Grimmlinger: Ich versuche nur, unsere Positionen herauszuarbeiten. Wären Sie mit der folgenden Formulierung einverstanden: Die Naturwissenschaft gibt eine Antwort auf die Frage: "*Wie ist* die Natur?" Oder: "*Wie funktioniert* die Natur?"

Wahsner: Die Naturwissenschaft macht Aussagen über *Funktionsweisen der Natur*.

Grimmlinger: Ja.

Wahsner: Aber das würde ich nicht gleichsetzen mit der Formulierung: Die Naturwissenschaft sagt, wie *die* Natur funktioniert. Das könnte sie, wenn sie rein naturwissenschaftlich die Welt als Ganzes erkundet hätte, aber kein Mensch behauptet, daß dies der Fall ist. Wie funktioniert *die* Natur? Das kann die Naturwissenschaft nicht sagen. Ich kann es mit Kant so formulieren: Zu erkennen, wie *die* Natur funktioniert, ist der Naturwissenschaft nie gegeben, aber stets aufgegeben. Wenn ich akzeptiere, daß die Natur der Gegenpol des Menschen ist, dann kann ich eine Antwort auf die Frage "Wie funktioniert *die* Natur?" zum einen niemals absolut geben, und zum anderen kann ich sie am treffendsten dann geben, wenn ich die Einheit von Subjekt und Objekt denke. Die Frage nach dem Subjekt, damit nach den *Voraussetzungen*, auf denen die Naturwissenschaft beruht, kann ich nicht einfach wegschneiden, nur die Ergebnisse nehmen, und dies als Darstellung dessen, wie es eigentlich ist, ausgeben. Das Adäquateste, was wir tun können, ist: sorgfältig studieren, was die Naturwissenschaften über *mögliche* Verhaltensweisen von Naturgegenständen sagen; dann erkunden, was hat das Subjekt getan hat, um die Grundlagen für das Agieren der Naturwissenschaften zu schaffen, und schließlich versuchen, dies als Einheit zu denken. Aber das können nie die Naturwissenschaften alleine tun ...

Grimmlinger: Aber "Erkenntnis von Funktionsweisen" haben Sie zugestanden.

Wahsner: Ja, sicher. Die Naturwissenschaften machen Aussagen über *in der Natur vorkommende Funktionsweisen*. Aber das heißt eben noch nicht: Funktionsweisen *der* Natur.

Grimmlinger: Dazu nur noch ein Satz. Wie Herr Kollege Richli und ich wahrscheinlich noch ausführen werden, blickt die Naturwissenschaft – von der Hegelschen Logik her gesehen – auf das *Wesen*, im Sinne des bloßen Wesens; während die Naturphilosophie auf den *Begriff* blickt. Aber das sagt sich leicht, das habe ich nur angefügt, um das Spektrum der möglichen Auffassungen zu bezeichnen.

VI.

N.N.: Wir können die Natur doch nur so betrachten, wie sie sich *uns* zeigt.
Wahsner: Ja.
N.N.: Wie es eigentlich wirklich ist, können wir gar nicht sagen.
Wahsner: Wie es ist, ganz und gar unabhängig von uns ...?
Grimmlinger: ... das will Hegel sagen!
Wahsner: Ja, auch da steht ein tiefer Gedanke dahinter. Kant sagt – Kant, nicht Hegel –, wie es *an sich* ist, das können wir nicht wissen, weil wir immer nur über das *Verhältnis* zwischen uns und den Dingen etwas sagen können. Wir können nur über das Verhältnis des Menschen zur Natur etwas sagen, und deswegen können wir nicht über die Natur *an sich* etwas sagen. Hegel sagt – und das ist wirklich eine ganz tiefe Erkenntnis –, eben *weil* wir etwas über das Verhältnis sagen können, können wir auch etwas sagen über das, was sich zueinander verhält – in diesem Falle: über Geist und Natur. Das ist gegenüber Kant ein ganz großer Progreß. Aber: damit man des wirklich kann, muß man den Begriff *Verhältnis* richtig denken. Das ist ganz entscheidend. *Da* liegen bei Hegel Mängel. Besonders gut sieht man das bei seiner sehr ausführlichen Behandlung des Differentialkalküls in der *Logik*. Man kann zeigen, daß Hegel einen eingeschränkten Begriff von Funktion hat. Das kann man auch so formulieren: Er hat einen eingeschränkten Begriff von Verhältnis. Bei ihm sind Beziehung und Verhältnis nicht immer klar unterschieden, und zwischen beiden ist ein Unterschied. Bei einer Beziehung geht es wirklich nur um das *Dazwischen*, die Bezogenen können als bloße Stellen im System oder als reine Träger von Wirkungsmöglichkeiten aufgefaßt werden. In vielerlei Hinsicht wird das so gemacht und muß es so gemacht werden. Aber wenn man etwas unter diesem Aspekt faßt, dann kann man durch das *Dazwischen* nicht wissen, wie die Relate sind. Wenn man etwas als *Verhältnis* faßt, dann heißt dies im Unterschied zu einer Beziehung, daß auch das, *was* sich zueinander verhält, eine Rolle spielt, dann ist der Gegenstand, der in das Verhältnis eingeht, eben nicht gleichgültig. Er ist nicht nur eine Stelle im System oder Träger von Wirkungsmöglichkeiten. Und nur dann, wenn ich etwas so denke, dann kann ich aus dem *Verhältnis* eine Aussage über das ableiten, was sich zueinander verhält. Und das ist genau das Problem, daß Hegel aus gutem Grund diese Unterscheidung oftmals nicht macht, weil es eine große Schwierigkeit enthält, vielleicht – ich weiß es nicht – sogar eine unüberwindliche Schwierigkeit. Wenn man das, was sich zueinander verhält, nicht in dem Verhältnis *aufgehen* läßt, dann wird es ganz schwierig mit dem Monismus der Idee.

Dies ist eigentlich das Problem bei der Aufhebung der Hegelschen Naturphilosophie.

Grimmlinger: Das müssen wir dann aber im Zuge der Tagung an konkreteren Materien festmachen.

Zur *Mechanik der Wärme* in Hegels Systementwurf von 1805/06

Thomas Posch

Einleitung

Ein Beitrag, der Hegels Naturphilosophie im Ganzen oder auch – wie im vorliegenden Falle – einen sehr speziellen Aspekt derselben zum Gegenstand hat, bedarf heutezutage nicht mehr in *dem* Sinne der Rechtfertigung, daß es eine auch in Fachkreisen etablierte *communis opinio* zu widerlegen gälte, wonach der mittlere Teil des Hegelschen Systems grundsätzlich gar nicht ernst zu nehmen sei. Denn zahlreiche Autoren haben in den letzten dreißig Jahren – wenn auch vielleicht nicht immer mit dem gewünschten durchschlagenden Erfolg – den Nachweis zu führen gesucht, daß es auf keinen Fall angeht, Hegel in vielen Bereichen gültige Einsichten zuzuschreiben, seine Naturphilosophie aber für eine prinzipielle Verirrung zu halten.[1] Doch unerachtet dessen gibt es zumindest Teile und Passagen der Hegelschen Naturphilosophie, die weiterhin im Rufe stehen, an Entgleisungen oder wenigstens an unverständlichen Aussagen reich zu sein. Dazu gehört nicht zuletzt der Mittelteil des zweiten Teils des Hegelschen Systems, die in der Berliner Enzyklopädie so genannte *Physik*, wie der Sekundärliteratur teils in expliziter,[2] teils in impliziter Weise[3] zu entnehmen ist.

Da im folgenden von einem Thema gehandelt wird, welches dem Mittelteil der Hegelschen Naturphilosophie – im Systementwurf von 1805/06 überschrieben mit *Gestaltung und Chemismus* – zuzurechnen ist, so sei einleitend einiges über

---

[1] Vgl. z.B. F. Grimmlinger, Zur Methode der Naturphilosophie bei Hegel, in: Wiener Jahrbuch für Philosophie, Bd. 3 (1970), S. 38-68; E. Oeser, Der Gegensatz von Kepler und Newton in Hegels "Absoluter Mechanik", ebd., S. 69-93; D. v. Engelhardt, Hegel und die Chemie, Wiesbaden 1976; D. Wandschneider, Raum, Zeit, Relativität, Frankfurt a.M. 1982; Hegels Philosophie der Natur. Beziehungen zwischen empirischer und spekulativer Naturerkenntnis, hg. von R.-P. Horstmann und M.J. Petry, Stuttgart 1986; Hegel und die Naturwissenschaften, hg. von M.J. Petry, Stuttgart-Bad Cannstatt 1987; R. Wahsner, Zur Kritik der Hegelschen Naturphilosophie. Über ihren Sinn im Lichte der heutigen Naturerkenntnis, Frankfurt a.M.–Berlin–Bern–NewYork–Paris–Wien 1996.

[2] Vgl. E. Färber, Hegels Philosophie der Chemie, in: Kant-Studien, *30* (1921), S. 91-114, insbes. S. 111; D. Wandschneider meint, besonders die Hegelsche *Physik* enthalte "Zeitbedingtheiten" (siehe D. Wandschneider, Die Stellung der Natur im Gesamtentwurf der hegelschen Philosophie, in: Hegel und die Naturwissenschaften, a.a.O., S. 37).

[3] "Implizit" meint hier folgendes: Der Mittelteil der Hegelschen Naturphilosophie ist bislang von deren drei Teilen am wenigsten bearbeitet worden. Daraus läßt sich auf eine gewisse Scheu der Hegelforscher schließen, sich diesem Teil zu nähern – eine Scheu, die möglicherweise eben in der Auffassung begründet liegt, hierin seien viele Aussagen enthalten, welche sich auch bei gründlicher Interpretation nicht retten lassen.

...on für diese Themenstellung und über die Auswahl des hier interpretierten Textes gesagt.[4]

Die Lehre von der Wärme gehört – im Unterschied etwa zur Himmelsmechanik – zu jenen naturwissenschaftlichen Einzeldisziplinen, welche sich zu Hegels Lebzeiten in einer Umbruchsphase befanden. Besonders dramatisch war dieser Umbruch im Falle der Wärmelehre aus zwei Gründen. *Erstens* deshalb, weil ein radikaler Wandel in der Auffassung vom Wesen der Wärme stattfand: vor 1800 hielt die überwiegende Zahl der Physiker und Chemiker die Wärme für einen Stoff (das *caloricum*), nach 1800 begann sich die kinetische Theorie die Wärme, wonach diese nichts weiter sei als Bewegung, durchzusetzen. *Zweitens* war die Wärmelehre zu Hegels Zeit auf dem Wege – zumindest am Beginn des Weges – dahin, eine mathematisierte Naturtheorie nach dem Vorbild der klassischen Mechanik zu werden. Die Mathematisierung der Phänomenbeschreibung (z. B. betreffend die Wärmeleitung) war paradoxer Weise im Rahmen der weniger "progressiven" Wärmestofftheorie weiter fortgeschritten, während die langsam, aber unaufhaltsam ihren Siegeszug antretende kinetische Theorie in dieser Hinsicht noch in den Kinderschuhen steckte. Eine in formaler Beziehung zufriedenstellende kinetische Wärmetheorie konnte erst einige Jahrzehnte nach Hegels Tod von Helmholtz, Clausius, Maxwell und Boltzmann vorgelegt werden.

Vor diesem wissenschaftshistorischen Hintergrund erscheint die Frage untersuchenswert, auf welchen Grundlagen Hegels Überlegungen zur Natur der Wärme beruhen: Findet die stürmische Entwicklung der Wärmelehre um 1800 in Hegels Jenaer Systementwürfen einen Niederschlag, und wenn ja, welchen? Diese Frage kann im Rahmen des vorliegenden Beitrags zwar nicht auf eine umfassende Weise beantwortet werden; sie war die Motivation für eine umfangreichere Untersuchung[5] und kann hier dazu dienen, zu erkennen, warum wir uns überhaupt mit dem Textabschnitt *Mechanik der Wärme* des Jenaer Systementwurfs von 1805/06 beschäftigen. Dieser etwa zehn Druckseiten umfassende Abschnitt ist der längste geschlossene Text, welcher so, wie er auf uns gekommen ist, aus Hegels Feder stammt. Weder die beiden älteren Jenaer Systementwürfe noch die enzyklopädische Naturphilosophie bieten eine so eingehende Auseinandersetzung mit Phänomenen und Gesetzen aus dem Bereich der heute so genannten Thermodynamik. Dies ist aber nur ein Aspekt der Bedeutung der Jenaer *Mechanik der Wärme*. Der andere Aspekt ist, daß dieser Manuskriptteil besonders viele Bezugnahmen auf zeitgenössische naturwissenschaftliche Arbeiten beinhaltet. Auf eine äußerliche Weise schlägt sich dies auch darin nieder, daß im Anmerkungsteil zu

---

[4] Ausführlicheres dazu in: Th. Posch, Die *Mechanik der Wärme* in Hegels Systementwurf von 1805/06. Ein Kommentar vor dem Hintergrund der Entwicklung der Geschichte der Wärmelehre zwischen 1620 und 1840, Dissertation, Wien 2001 (in Arbeit). Der vorliegende Beitrag ist bis auf einige Modifikationen mit dem Kapitel 5 dieser Arbeit textidentisch.

[5] Vgl. die vorige Anmerkung.

Horstmanns Ausgabe des Jenaer Systementwurfs von 1805/06[6] der *Mechanik der Wärme* volle zehn Seiten gewidmet sind, was für keine andere – hinsichtlich ihres Umfangs vergleichbare – Passage der Jenaer Systementwürfe in der Edition von Düsing, Kimmerle und Horstmann gilt.

Im folgenden soll nun dieser Text unter einigen Gesichtspunkten untersucht werden, welche es erlauben, Grundfragen, die die Hegelsche Naturphilosophie insgesamt betreffen, mit zu thematisieren. Dazu gehört unter anderem die Frage, ob Hegel es vermeiden konnte, in Analogien zu denken; die Frage, welche Position Hegel zum Wärmestoff und zu anderen in der Chemie als "Stoffe" angesehenen Entitäten einnimmt; und schließlich das Problem, wie Hegel Gesetze und Phänomene der Wärmelehre philosophisch zu begreifen versucht.[7]

Warum die mechanischen Bestimmungen in der *Mechanik der Wärme*?

Eines der großen Rätsel, welche die *Mechanik der Wärme* zu lösen aufgibt, ist Hegels systematische Verwendung von Begriffen, die der Mechanik entstammen, zur Erfassung von Phänomenen, die der Wärmelehre zuzurechnen sind. Schon der Titel des gegenständlichen Abschnitts – *Mechanik* der Wärme – dokumentiert Hegels Absicht, das im ersten Teil des naturphilosophischen Systementwurfs von 1805/06 (der *Mechanik*) Erarbeitete in systematischer Form für die Behandlung der Wärme fruchtbar zu machen. Im Mittelteil dieses Systementwurfs gibt es zwar noch einen anderen Abschnitt, der von Hegel gleichfalls als "Mechanik" bezeichnet wird: Der von den vier klassischen Elementen handelnde, fast unmittelbar auf die *Mechanik der Wärme* folgende Abschnitt *Der Prozeß, der sich durch sich selbst verläuft* wird nämlich auch als *Mechanik des Lichts* angesprochen.[8] In jenem Falle ist es jedoch nicht so, daß der Bezeichnung auch ein gezielter Einsatz von Kategorien der *Mechanik* entspräche. In der Beschreibung des Prozesses der Elemente Feuer, Luft, Wasser und Erde spielen mechanische Begriffe im Gegenteil nur eine marginale Rolle.[9] Ganz anders verhält es sich mit der *Mechanik der*

---

[6] G.W.F. Hegel, Jenaer Systementwürfe III. Naturphilosophie und Philosophie des Geistes. Neu hg. von R.-P. Horstmann, Hamburg 1987.

[7] In formaler Hinsicht ist noch vorauszuschicken, daß zur Bezeichnung der Absätze, in welche die *Mechanik der Wärme* in der Ausgabe von Horstmann gegliedert ist, hier das Paragraphenzeichen (§) verwendet wird. Als "§ 1" wird dabei allerdings nicht der erste Absatz *unter*, sondern der erste Absatz *über* der Überschrift "A. Mechanik der Wärme" bezeichnet, und zwar aus dem Grunde, weil dieser Absatz von zentraler Bedeutung für das Nachfolgende ist. Nach dieser Zählung zerfällt also die "Mechanik der Wärme" (Jenaer Systementwürfe III, a.a.O., S. 56-66) in zwölf Absätze.

[8] Jenaer Systementwürfe III, S. 68, Fußnote 1. Vgl. auch ebd., Z. 2 f., wo das Feuer als "Mechanik dieser chemischen Momente" bezeichnet wird.

[9] Am ehesten gehen folgende Wendungen in diese Richtung: "Das Feuer bewegt, materialisiert nun sich selbst; wird zu seiner bestehenden Substanz" (Jenaer Systementwürfe III, a.a.O., S. 68); Die Luft "ist Materie, ist ruhendes gegenständliches Fürsichsein, und ihre Elastizität ist, daß ihr Wesen diese Spannung in sich selbst ist" (eben-

Wärme. Hier ist "Mechanik" nicht bloß ein Wort, sondern tatsächlich ein Programm. Seine Realisierung besteht in der Parallelisierung thermodynamischer mit mechanischen Erscheinungen und Begriffen. Beginnen wir mit einer Aufzählung dieser Parallelisierungen:
1) § 1: Wärme ist "allgemeine gleichförmige Mitteilung, wie die Schwere".
2) § 4: Vergleich der Wärmeleitung mit dem *Fall*.
3) Ebd.: Vergleich der Reflexion der Wärmestrahlung mit dem *Wurf*.
4) Ebd.: Vergleich der sogenannten qualifizierten Wärmemitteilung mit dem Schwingen des *Pendels*.
5) § 6: Identischsetzung von Wärme und (räumlicher) *Ausdehnung*.
6) Randbemerkung zu § 7: Vergleich der adiabatischen Kompression mit dem *Hebel*.
7) § 8f.: Kompression eines Gasgemisches als *Stoß* elastischer Flüssigkeiten.
8) § 10: Vergleich der spezifischen Wärme mit der *spezifischen Schwere*.[10]

Wäre es in Hegels Naturphilosophie häufig der Fall oder etwa gar die Regel, daß Erscheinungen einer bestimmten Sphäre mittels Kategorien einer ganz anderen Sphäre zu erfassen gesucht würden, so könnte die obige Aufzählung kaum Anlaß zu weitläufigen Überlegungen werden. Nun aber sah es Hegel vielmehr gerade als ein wesentliches Ziel zumindest seiner reifen Naturphilosophie an, *die Anwendung von Denkbestimmungen auf ein ihrer Herkunftssphäre fremdes Feld zu vermeiden*.[11] Damit hängt es zusammen, daß Hegel besonders in seiner Heidelberger und Berliner Zeit Schelling dafür tadelte, daß dieser, anstatt den *Begriff* in der Natur aufzusuchen, vage Analogien zwischen verschiedenen Naturreichen aufgestellt habe. So etwa heißt es in der Anmerkung zu § 280 der dritten Auflage der *Enzyklopädie*, es sei unbefriedigend, "die Vernünftigkeit der Reihe [der Planeten] in der physikalischen Beschaffenheit und in Analogien mit einer Metallreihe aufzuzeigen",[12] womit auf eine Arbeit Schellings in der *Neuen Zeitschrift für spekulative Physik* aus dem Jahre 1802 angespielt wird; in ähnlichem Sinne äußert sich Hegel in der Anmerkung zu § 312 zwar zunächst positiv über die Hervorhebung der Bedeutung des Magnetismus für die Naturphilosophie

---

da, S. 69); "Es ist der *Kristall*, zu dem das Licht sich geboren, wie früher der Raum und die Masse Momente waren, so hier Feuer, (Prozeß) und Licht" (ebd., S. 70).

[10] Die spezifische Schwere ist nach Hegel freilich keine Kategorie der *Mechanik* als des ersten Teils der Naturphilosophie, sondern gehört deren zweitem Teil, der später so genannten *Physik*, an (vgl. auch Jenaer Systementwürfe III, a.a.O., S. 46 f.); insofern aber, als die spezifische Schwere Spezifikation der *Schwere* ist, gehört sie dennoch in den *Umkreis* der mechanischen Kategorien.

[11] Eine andere Frage ist freilich, ob Hegel diesem Anspruch jemals gerecht zu werden vermochte. Darauf ist unten noch zurückzukommen.

[12] Vgl. G.W.F. Hegel, Enzyklopädie der philosophischen Wissenschaften im Grundrisse (1830). Zweiter Teil. Die Naturphilosophie, mit den mündlichen Zusätzen, in: Werke in 20 Bdn., auf der Grundlage der Werke von 1832-1845 neu edierte Ausgabe, Redaktion E. Moldenhauer und K. M. Michel, Frankfurt a.M. 1970, Bd. 9, S. 131 (§ 305 A).

durch Schelling,[13] kritisiert dann aber dessen Auffassung von der Ubiquität des Magnetismus mit den prägnanten Worten: "Eine Begriffsform so in der Natur vorhanden aufzeigen wollen, daß sie in der Bestimmtheit, wie sie als eine Abstraktion ist, *allgemein existieren* sollte, wäre ein unphilosophischer Gedanke."[14] Analoge Bemerkungen, die sich teils auf Schelling selbst, teils auf dessen Schüler beziehen, finden sich in den Anmerkungen zu § 330[15] und § 359.[16] Hinsichtlich des Vorwurfs der Herstellung vager Analogien ist ferner folgende Passage der Griesheim-Nachschrift besonders aufschlußreich:

> "Oken hat indem er diesen Prozeß [den Verdauungsprozeß] erklärt zur Art und Weise Schellings seine Zuflucht genommen, so daß er den späteren Prozeß mit einem früheren parallelisirt, das Gehirn sei die Sonne des Menschen, pp: das ist leerer Formalismus, es werden mit Anschauungen einer Sphäre die Anschauungen einer anderen erklärt, statt durch Gedankenbestimmungen begriffen."[17]

In all diesen Stellen kommt – wie oben bereits angedeutet – *eine* sich durchhaltende Überzeugung zum Ausdruck: nämlich, daß eine Naturphilosophie, um das Niveau der Hegelschen zu erreichen, es vermeiden müsse, einen Phänomenbereich durch die Herstellung von Parallelen und Analogien zu einem anderen Bereich zu erfassen. Bezüglich der *Mechanik der Wärme* wirft dies die folgenden Fragen auf:

- Ist die Verwendung naturphilosophisch-mechanischer Begriffe in der *Mechanik der Wärme* als Denken in Analogien zu deuten?
- Hat der Einfluß Schellings oder eines an Schelling anknüpfenden Denkers Hegel mit dazu veranlaßt, in der *Mechanik der Wärme* systematisch Denkbestimmungen aus der Mechanik einzusetzen?
- War Hegels Konzept von Naturphilosophie um 1805 überhaupt schon mit dem Anspruch verbunden, das Denken in Analogien zu vermeiden?

In bezug auf die *erste Frage* ist zunächst zu sagen, daß Hegels Vergleich der Weisen der Wärmeausbreitung mit *Fall, Wurf* und *Pendel* nur sehr bedingt als Her-

---

[13] Wörtlich schreibt Hegel: "Der Magnetismus ist eine der Bestimmungen, die sich vornehmlich darbieten mußten, als der *Begriff* sich in der bestimmten Natur vermutete und die Idee einer *Naturphilosophie* faßte." (Ebd., S. 202 (§ 312 A)).
[14] Ebd., S. 203 (§ 312 A).
[15] Ebd., S. 307 (§ 330 A): "Eine vormalige Manier der Naturphilosophie, welche das System und den Prozeß der animalischen Reproduktion zum Magnetismus, das Gefäßsystem zur Elektrizität potenziert oder vielmehr verflüchtigt und verdünnt hat, hat nicht oberflächlicher schematisiert als jene Reduktion des konkreten körperlichen Gegensatzes beschaffen ist [...]."
[16] Ebd., S. 470 (§ 359) (gegen Kilian): "Für völlig unphilosophisch und rohsinnlich ist ferner das Verfahren zu halten, welches an die Stelle von Begriffsbestimmungen [in der Theorie der Krankheiten] geradezu gar den *Kohlenstoff* und *Stickstoff*, Sauer- und Wasserstoff setzte [...]."
[17] G.W.F. Hegel, Vorlesung über Naturphilosophie Berlin 1823/24, Nachschrift von K.G.J. v. Griesheim, hg. von G. Marmasse, Frankfurt a.M.–Berlin–Bern–Bruxelles–NewYork–Oxford–Wien 2000, S. 251.

stellung von Analogien gedeutet werden kann. Bedingt deshalb, weil Fall, Wurf und Pendel weder für bloße Anschauungen noch für physikalische Bewegungsformen stehen, sondern für Figuren logischer Schlüsse. Nun war Hegel bekanntlich der Überzeugung, daß die Kategorien einer spekulativen Logik (welche ihm in Jena freilich erst fragmentarisch vorlagen) und besonders die Schlußformen für die gesamte Realphilosophie von grundlegender Bedeutung seien. Die Zurückführung von Naturerscheinungen oder Klassen natürlicher Individuen[18] auf Begriffsmomente und Schlußformen nimmt daher eine besondere Stellung im Rahmen der Hegelschen Naturphilosophie ein. Selbstverständlich kann auch diese Zurückführung in einzelnen Fällen auf das Niveau eines stereotyp zur Anwendung gebrachten Schematismus hinabfallen. Immerhin ist jedoch ein grundsätzlicher Unterschied anzuerkennen zwischen einer rein anschauungsbezogenen Analogie ("Das Gehirn ist die Sonne des Menschen") und der Behauptung, verschiedene Naturerscheinungen hätten dieselbe logisch-kategoriale Struktur.

Allerdings ist es wohl nicht für *sämtliche* Versuche Hegels, in der *Mechanik der Wärme* thermodynamische Erscheinungen mit mechanischen Phänomenen in Parallele zu setzen, in gleicher Weise möglich, den Verdacht abzuweisen, es seien letztlich doch unbegründete Analogien hergestellt worden. So zum Beispiel ist Hegels Vergleich der Kompression eines Gasgemisches mit dem mechanischen Stoß von Massen in § 8f. wenig überzeugend. Freilich schimmert auch in diesem Falle der Anspruch durch, über das Herstellen einer anschaulichen Analogie hinauszugehen. Hegel will zeigen, daß "elastische Flüssigkeiten" (Gase) ebensowenig als etwas für sich Selbständiges gedacht werden können wie "elastische Massen". Dabei bleibt jedoch einiges unklar, etwa die Frage: Bezieht sich Hegels Analyse nur auf Gase, die fähig sind, miteinander chemisch zu reagieren – oder auf alle Gase? Oder wird auf diesen Unterschied gar nicht reflektiert?

Ein gesondert zu betrachtender Fall ist die Verwendung der mechanischen Denkbestimmungen *Ausdehnung*, *Hebel* und *spezifische Schwere*. Diese drei Begriffe kommen auch in Baaders Schrift *Über das pythagoräische Quadrat in der Natur* vor. Dies führt uns auf die Beantwortung der *zweiten* der oben aufgelisteten Fragen. Im einzelnen ist dazu festzustellen:
(a) *Zur Beziehung von Wärme und Ausdehnung bzw. Expansivkraft.* Hegel spricht in § 6 der *Mechanik der Wärme* in einem spezifischen Sinne von der Identität der Wärme und der Ausdehnung; in § 9 nennt er das Dasein der Wärme "die *Kraft des Ausdehnens*". Nun ist es nicht zu verwundern, daß Hegel einen Zusammenhang zwischen Wärme und Ausdehnung herstellt, wohl aber, daß er sagt, sie seien unter einem gewissen Aspekt "dasselbe". Bei Baader findet sich eine ähnliche Formulierung. Er schreibt: "Man versteht unter Temperatur einer

---

[18] Ein Beispiel für Hegels zahlreiche Versuche, Naturerscheinungen auf die Begriffsmomente (bzw. deren Verschränkung in den Schlußformen) zurückzuführen, ist seine Weise der Darstellung der Sonne, der Kometen, Monde und Planeten in § 270 sowie die der vier klassischen Elemente in § 282ff. der Berliner Enzyklopädie.

Materie das Moment ihrer Expansivkraft (oder das ihrer Ausdehnung, diese als Action betrachtet) in Relation mit dem einer anderen Materie."[19]

(b) *Zur Verwendung des Begriffes "Hebel".* Es ist keineswegs naheliegend, Erscheinungen oder Gesetze der Wärmelehre mit dem mechanischen Hebelgesetz in Parallele zu setzen. Dennoch tun dies sowohl Hegel als auch Baader, wenn auch auf je unterschiedliche Weise. Hegel vergleicht die Abnahme der "inneren latenten Wärme" bei der raschen Kompression eines Gases mit der Abnahme der von einer gegebenen Masse effektiv ausgeübten Hebelkraft (physikalisch: des Drehmoments) bei Verkürzung des Hebelarms. Baader führt den Hebel als "einfachsten Fall" der "Wechselwirkung bewegender Ursachen" an. Für eine solche Wechselwirkung gilt nach Baader die Gleichung "MEC = mec, wo nemlich M die Vielheit der wirkenden Ursachen, E ihre specifische Energie, und C den Grad ihrer Anstrengung, Spannung oder Geschwindigkeit, anzeigt".[20] Sowohl der Impulssatz als auch das Hebelgesetz gilt Baader als ein Spezialfall jener allgemeinen Gleichung. Allerdings ist bei der Anwendung jener Gleichung auf rein mechanische Erscheinungen nicht immer klar zu sehen, welche Bedeutung der Faktor E haben soll. Baader räumt dies auch selbst ein.[21] Er warnt aber davor, die Möglichkeit einer Spezifikation der Bewegungsenergie auszuschließen.[22] Um schließlich einen Fall präsentieren zu können, für den auch das Moment E in der Gleichung MEC = mec unleugbar eine physikalische Bedeutung hat, diskutiert Baader dann den Fall des "Wechselspiel[s] der Expansiv- und Compressiv-Kräfte zweier Materien, welche sich in's Gleichgewicht ihrer Temperatur setzen". In diesem Falle gilt, daß sich (falls M=m) "die Gradeserhöhung (C) umgekehrt verhält wie die specifische Energie [E]".[23] Die spezifische Energie ist in diesem Falle nichts anderes als die spezifische Wärmekapazität eines Körpers. [Zum Ausdruck "Wärmekapazität" bemerkt Baader in einer Fußnote noch treffend, er habe seinen Ursprung im "Transfusionssystem" (d. h. in der von Baader selbst noch 1786 vehement vertretenen Wärmestofftheorie) und könne – nach dem Fall desselben – "nicht wohl beibehalten werden." Der Sache nach hat Baader hier recht, aber die Physikgeschichte zeigte, daß der Ausdruck "Wärmekapazität" zum Zeitpunkt des

---

[19] F. X. v. Baader, Über das pythagoräische Quadrat in der Natur, in: Gesammelte Schriften zur Naturphilosophie, hg. von F. Hoffmann, Neudruck der Ausgabe von 1852, Aalen 1963, S. 258.

[20] Ebd., S. 253. Nach Neuser (siehe Anmerkungen zu: Hegel, Dissertatio philosophica de orbitis planetarum, Weinheim 1986, S. 67) bezieht sich Hegel im Jenaer Systementwurf von 1804/05 auf diese Gleichung, wobei er sie unter Auslassung des Faktors C wiedergibt. (Vgl. Jenaer Systementwürfe II. Logik, Metaphysik, Naturphilosophie hg. von R.-P. Horstmann, Hamburg 1982, S. 260.)

[21] F. X. v. Baader, Über das pythagoräische Quadrat in der Natur, a.a.O., S. 254. Er schreibt: "Hier [beim Hebel] scheint nun freilich ein specifischer Unterschied der Energien der bewegenden Ursachen nicht in Betracht zu kommen [...]".

[22] Ebd., S. 254 f.: "Aber hieraus folgt [...] noch nicht, dass die eigene Bewegungsaction [...] jedes materiellen Punctes mit der jedes anderen auch bei gleicher Geschwindigkeit in ihrer Energie gleich gross ist."

[23] Ebd., S. 261.

endgültigen "Sieges" der kinetischen Theorie schon zu fest verwurzelt war, um durch einen neuen, passenderen ersetzt zu werden.] – Zusammenfassend ist hiezu zu bemerken, daß Hegel und Baader das Hebelgesetz zwar nicht zu ein und derselben thermodynamischen Erscheinung in Parallele setzen (im Falle Hegels ist es die Gaskompression, im Falle Baaders die Herstellung eines Wärmegleichgewichts zwischen zwei beliebigen Körpern), sodaß von einer *direkten* Übernahme des Baaderschen Gedankens durch Hegel nicht die Rede sein kann. Andererseits verleiht die Ungebräuchlichkeit des Vergleichs von Erscheinungen der Wärmelehre mit dem Hebelgesetz sowie Hegels Kenntnis der o.g. Formel einem indirekten Einfluß Baaders zumindest eine gewisse Wahrscheinlichkeit.

(c) *Zum Vergleich von spezifischer Wärme und spezifischer Schwere.* Auch dieser Vergleich findet sich sowohl in Baaders Schrift von 1798 als auch in Hegels *Mechanik der Wärme*. Gegen Ende von § 10 des letzteren Textes vergleicht Hegel spezifische Wärme und spezifische Schwere. Die spezifische Wärme, so hieß es dort, sei "die Wärme, die sich charakterisiert hat"; ebenso war die spezifische Schwere eingeführt worden als "bestimmter, einfacher und wesentlicher Charakter, bestimmte Individualität" eines Körpers.[24] Hier kann man – ähnlich wie bei Fall, Wurf und Pendel – wiederum geltend machen, daß Hegel mehr tut, als eine anschauliche Analogie herzustellen. Er sucht spezifische Wärme und spezifische Schwere als Weisen der Individualisierung (logisch der Ver-Einzelung, des Subjekt-Werdens) zu begreifen. – In ähnlichem Sinne schreibt Baader: "Vielmehr leitet uns die Erfahrung der specifischen Schweren eben sowohl auf die Anerkennung eines ähnlichen specifischen Unterschiedes des Substanziellen in den Raumerfüllungen [...] als die neulich entdeckten specifischen Wärmen einen Unterschied der Energien ihrer Expansivkräfte uns bewährten."[25] Freilich ist Baader hier zudem von dem Gedanken geleitet, für die Größe E in der o.g. Formel MEC=mec eine physikalische Entsprechung zu finden, und spezifische Wärme wie auch spezifische Schwere (obgleich de facto für das Hebelgesetz und den Impulssatz irrelevant) sollen diese Entsprechung herstellen.

(d) *Die Auffassung der Kälte als mehr denn eine Privation der Wärme.* Diese fällt zwar nicht unter die Verwendung mechanischer Kategorien, wohl aber unter die Gemeinsamkeiten zwischen Baaders Schrift von 1798 und Hegels Systementwurf von 1805/06. Hegel schreibt in § 10 der *Mechanik der Wärme*, die Kälte sei ebenso "positiv" wie die Wärme, d.h. die Kälte sei nicht bloß als Abwesenheit der Wärme aufzufassen. Diese hier nur nebenbei geäußerte Auffassung hat Hegel auch in späterer Zeit beibehalten. So etwa heißt es in der Anmerkung 3 zum Abschnitt "Einheit des Seins und Nichts" in der zweiten Auflage der Seinslogik: "Man kann es häufig als eine sehr wichtige Reflexion und bedeutende Erkenntnis aufgeführt finden, daß [...] Kälte *nur Abwesenheit* der Wärme sei".[26] Diese Auffassung weist Hegel zurück. – Auch Baader hebt diesen Punkt sehr

---

[24] Jenaer Systementwürfe III, a.a.O., S. 47.
[25] F. X. v. Baader, Über das pythagoräische Quadrat in der Natur, a.a.O., S. 255.
[26] G.W.F. Hegel, Wissenschaft der Logik. Erster Teil, in: Werke, a.a.O., Bd. 5, S. 107.

stark hervor. Er schreibt, man müsse "in der compressiven Grundkraft" nicht die Quelle der Schwere, sondern "das positive Princip der Kälte wieder anerkennen, welches, man weiss nicht warum, schon lange in der Physik in Vergessenheit kam."[27] In *dieser* Form ist die Positivität der Kälte freilich eine mit heutiger Naturerkenntnis unvereinbare Behauptung; dies gilt hingegen nicht für Hegels Auffassung, die vorsichtiger und ohne Rekurs auf eine "compressive Grundkraft" ausgesprochen wird.

Offen blieb noch die *dritte* der oben aufgelisteten Fragen, nämlich ob Hegel um 1805 überhaupt schon den Anspruch stellte, das Denken in Analogien strikt zu vermeiden. Diese Frage ist insofern schwer zu beantworten, als in den Jenaer Systementwürfen *methodische Erwägungen und Reflexionen* zum Status der Naturphilosophie (wie sie aus den Berliner Vorlesungen überliefert sind) weitgehend fehlen.[28] Einen gewissen Anhaltspunkt bilden hier immerhin Hegels frühe Äußerungen zu Schellings *Potenzenlehre*. Es ist ja offenkundig, daß die Potenzenlehre, sieht man sie kritisch an, als ein Denken in Analogien beurteilt werden kann. Dies hat Hegel später in seinen *Vorlesungen über die Geschichte der Philosophie* auch verschiedentlich getan. An einer Stelle, wo Hegel die "Form der ersten, zweiten und dritten Potenz" mit der "von Kant wieder in Erinnerung gebrachten Form der Triplizität" in Verbindung bringt, nennt er die Weise des Fortgangs in der auf der Potenzenlehre beruhenden Naturphilosophie "ein äußerlich angebrachtes *Schema*" und vermißt darin "das Logische".[29] Andernorts ist in demselben Zusammenhang von einem *bloß analogischen Reflektieren* die Rede.[30] Diese Aussprüche geben zu der Hoffnung Anlaß, aus Hegels Haltung zur Potenzenlehre in seiner Jenaer Zeit seine Haltung zum "analogischen Reflektieren" erschließen zu können.

Die Betrachtung der Jenaer Schriften und Entwürfe einerseits, der *Phänomenologie des Geistes* andererseits, zeigt, daß sich Hegels Haltung zur Potenzenlehre zwischen 1802 und 1806 signifikant gewandelt hat. Noch im *Naturrechtsaufsatz* von 1802/03 affirmiert Hegel den Ausdruck "Potenzen" und gebraucht ihn als Synonym für "entwickelte Bestimmtheiten".[31] Ganz anders spricht Hegel in der *Phänomenologie des Geistes*. Dort finden wir im Abschnitt über die Beob-

---

[27] F. X. v. Baader, Über das pythagoräische Quadrat in der Natur, a.a.O., S. 249 f.

[28] Eine Ausnahme bildet der Anfang des Naturphilosophie-Entwurfs von 1804/05 (Jenaer Systementwürfe II, a.a.O., S. 192 f.). Dort wird einiges zum Verhältnis der "philosophischen Betrachtungsart der Natur" zur "gemeinen" Betrachtung gesagt.

[29] G.W.F. Hegel, Vorlesungen über die Geschichte der Philosophie III, in: Werke, a.a.O., Bd. 20, S. 445.

[30] Ebd., S. 454: "Die Form wird mehr zu einem äußerlichen Schema; die Methode ist das Anhängen dieses Schemas an äußerliche Gegenstände. Damit hat sich in die Naturphilosophie Formalismus eingeschlichen; so bei Oken, es grenzt an Verrücktheit. Das Philosophieren wurde so bloß analogisches Reflektieren; das ist die schlechteste Weise. Schelling hat es sich auch schon zum Teil leicht gemacht; die andern haben es völlig mißbraucht."

[31] G.W.F. Hegel, Über die wissenschaftlichen Behandlungsarten des Naturrechts, in: Werke, a.a.O., Bd. 2, S. 510.

achtende Vernunft die "Potenzierung" als einen Ausdruck kritisiert, welcher "das Sinnliche, statt in den Begriff, ins Lateinische - und zwar noch dazu in ein schlechtes" übersetze.[32] Diese und andere Passagen desselben Abschnitts zeigen, daß Hegel Schellings naturphilosophische Methode, insbesondere die Potenzenlehre, bereits um 1806 weitgehend ablehnte – ein Umstand, auf welchen bereits Karl Rosenkranz aufmerksam gemacht hat.[33]

Von der Polemik gegen Schelling abgesehen, enthält der Abschnitt über die *Beobachtung der Natur* auch eine sehr deutliche Stellungnahme zur Unvollkommenheit, ja Unwahrheit, von Analogieschlüssen. Sie lautet:

"[...] die Analogie gibt nicht nur kein volles Recht [zu einem korrekten Schluß], sondern sie widerlegt, um ihrer Natur willen, sich so oft, daß, nach der Analogie selbst zu schließen, die Analogie vielmehr keinen Schluß zu machen erlaubt."

In Anbetracht all dessen entbehrt es jeder Wahrscheinlichkeit, daß Hegel zur Zeit der Abfassung des dritten Jenaer Systementwurfs den Anspruch, in logischen Kategorien statt in Analogien zu denken, noch nicht gestellt haben sollte. Nun ist es aber Eines, diesen *Anspruch* zu stellen, ein Anderes, ihn auch einzulösen. Der bereits zitierte Rosenkranz geht von der – ohnehin naheliegenden – Annahme aus, daß Hegel sich de facto nur langsam von Schellings Analogie-Denken zu befreien vermocht habe.[34] In diese Vorstellung läßt sich auch Hegels *Mechanik der Wärme* bruchlos einfügen. Die in ihr auftretenden Parallelisierungen thermodynamischer und mechanischer Erscheinungen wären demnach zwar nicht als bloße (bildliche) Analogien zu deuten, aber ein gewisser Nachhall dessen, was Hegel später "analogisches Reflektieren" nannte, wäre darin dennoch präsent. Wie bereits erörtert, dürfte dies besonders für die Verwendung der Begriffe "Hebel", "Stoß" und "spezifische Schwere" gelten.

---

[32] G.W.F. Hegel, Phänomenologie des Geistes, in: Werke, a.a.O., Bd. 3, S. 214.

[33] K. Rosenkranz, Hegels Naturphilosophie und die Bearbeitung derselben durch den italienischen Philosophen A. Vera, Nachdruck Hildesheim und NewYork 1979, S. 15: "Die bestimmteste Lossage von der Schelling'schen Naturphilosophie gab Hegel 1807 in seiner 'Phänomenologie des Geistes' ziemlich ausführlich in dem Abschnitt 'Beobachtende Vernunft'. Doch ist es zu verwundern, dass man diese schärfste Kritik des Schelling'schen Construirens, Parallelisirens, Potenzirens, bei der Beurtheilung Hegel's in seinem Verhältniss zu Schelling ausser Acht gelassen und sich dafür immer nur an die Vorrede der Phänomenologie gehalten hat."

[34] Zum Ausdruck "Analogie-Denken" vgl. Rosenkranz, Hegels Naturphilosophie, a.a.O., S. 20: "In diesen [d.h. in den Arbeiten der Schellingschen Schule] ist es immer die Analogie, durch welche sich die Erkenntniss orientirt. Es wird beständig das Unorganische mit dem Organischen verglichen [...]". Zur allmählichen Überwindung dieses Analogie-Denkens durch Hegel vgl. ebd., S. 21: "Hegel hat die Schelling'sche Epoche selber durchlebt und hat von ihren Einflüssen nicht frei bleiben können; die Ausdrücke, in denen er vor der Ausarbeitung seiner Logik die Natur zuweilen beschreibt, erinnern oft nur zu sehr daran, allein er hat unablässig nach einer strengeren wissenschaftlichen Erkenntniss gerungen."

Dafür, daß die Jenaer *Mechanik der Wärme* vom Analogie-Denken nicht ganz frei ist, spricht auch noch folgender Umstand. In den enzyklopädischen Fassungen der Naturphilosophie verzichtet Hegel in den Paragraphen über die Wärme – die freilich auch viel kürzer sind als die entsprechenden Passagen der Jenaer Entwürfe – auf die meisten der oben aufgelisteten Parallelisierungen.[35] Er hätte dies wohl nicht getan, wenn er auch noch in seiner Berliner Zeit der Auffassung gewesen wäre, daß etwa der Vergleich der Arten der Wärmeausbreitung mit Fall, Wurf und Pendel dem – wie wir meinen, immer schon gestellten – Anspruch, über "analogisches Reflektieren" erhaben zu sein, *de facto* gerecht werden könne.

Das Fehlen einer Polemik gegen die Wärmestofftheorie im Jenaer Systementwurf von 1805/06

Hegels *Mechanik der Wärme* enthält nicht nur zahlreiche, auf den ersten Blick dunkle Stellen, sondern sie irritiert den Leser auch dadurch, daß in ihr – schwer erklärlicher Weise – etwas *fehlt*: nämlich eine explizite Auseinandersetzung mit der Wärmestofftheorie. Die Auseinandersetzung um die stoffliche oder nichtstoffliche Natur der Wärme hatte um 1800 einen Höhepunkt erreicht. Die Philosophen Schelling und Baader nahmen zu dieser Debatte Stellung – wobei der letztere, wie wir sahen, zwischen 1786 und 1798 seinen diesbezüglichen Standpunkt radikal änderte –; der Physiker Gren erklärte, eine kinetische Theorie der Wärme sei unvereinbar mit seinen "metaphysischen Grundsätzen"; Naturforscher wie Rumford und Davy ersannen mit großem Eifer Experimente, um die Caloricum-Theorie zu widerlegen. All das hat in Hegels Jenaer Systementwürfen so gut wie keine Spur hinterlassen. Wie ist dies zu begreifen?

Sicher ist es nur partiell durch eine unvollkommene Kenntnis der diesbezüglichen Literatur zu erklären. Allein der von Hegel mehrfach zitierte *Grundriß der Naturlehre* von Gren und Schellings *Ideen zu einer Philosophie der Natur* boten eine hinreichende Grundlage für die Beurteilung des Standes der Wärmestoff-Debatte um 1800. Freilich fällt auf, daß Hegel in den Jenaer Systementwürfen noch nicht Rumfords Arbeiten von 1798 zitiert, auf die er sich in seinen Vorlesungen über Naturphilosophie ab 1819 zu berufen pflegt. Dennoch kann man gewiß nicht annehmen, Hegel habe vor 1805 einfach noch nicht vom Streit um die Wärmestofftheorie gewußt.

Vielmehr ist Hegels Schweigen zur Wärmestoff-Debatte im Rahmen einer gewissen Zurückhaltung in wissenschaftlichen Streitfragen zu sehen. Daß Hegel eine solche Zurückhaltung geübt hat, bedarf eines Beweises, zunächst bezüglich

---

[35] Diejenigen Parallelisierungen, die er beibehält – nämlich die Hervorstreichung des Zusammenhangs von Wärme und Ausdehnung (§ 303) sowie die Zurückführung der (spezifischen) Wärme auf die Veränderung der spezifischen Schwere (§ 305) – sucht Hegel wesentlich präziser zu fassen.

seiner Naturphilosophie im allgemeinen und dann bezüglich seiner Jenaer Entwürfe im besonderen.

Bezüglich der Hegelschen Naturphilosophie im allgemeinen könnte man einwenden, es gebe eine gar nicht geringe Anzahl von Stellen, an denen Hegel in klassischen Streitfragen der Wissenschaft mehr als deutlich Position bezogen habe. Die Polemiken gegen die Evolutionstheorie,[36] gegen die Newtonsche Mechanik[37] und Farbenlehre,[38] auch gegen die Korpuskulartheorie des Lichts[39] könnten hier exemplarisch ins Treffen geführt werden. Es fällt aber auf, daß diese polemischen Bemerkungen nicht im Haupttext der Enzyklopädie, sondern in den Anmerkungen stehen, worauf bereits Marmasse aufmerksam gemacht hat.[40] In der Tat kann man dies dahingehend interpretieren, daß offene wissenschaftliche Streitfragen, soweit sie darauf hinweisen, daß eine Sache sich noch nicht adäquat von selbst manifestiert hat, keine konstitutive Bedeutung für die Gedankenentwicklung in Hegels *Enzyklopädie* haben *können*. Denn solche offenen Streitfragen wären, aus Hegels Sicht, dem Bereich der subjektiven Reflexion zuzuordnen und (noch) nicht als dialektischer Prozeß des Wirklichen selbst deutbar.

Die Jenaer Systementwürfe sind der enzyklopädischen Naturphilosophie hinsichtlich Hegels "Einmischung" in wissenschaftliche Streitfragen prinzipiell ähnlich. Allerdings sind die Jenaer Texte nicht in Paragraphen und Anmerkungen gegliedert, sodaß ein genuiner Ort für polemische Bemerkungen von vornherein fehlt und deren Seltenheit so noch mehr auffällt. Dies besonders dann, wenn die Jenaer Systementwürfe mit der an Seitenhieben auf naturwissenschaftliche und psychologische Lehren reichen *Phänomenologie des Geistes* verglichen werden. Die Ursache dafür ist nicht darin zu suchen, daß es sich bei den Jenaer Systementwürfen um unpublizierte Manuskripte handelt – der Entwurf von 1804/05 war ja wahrscheinlich zur Veröffentlichung bestimmt[41] –, sondern sie besteht in Hegels Konzept eines Systems der Philosophie einerseits, einer "Bewußtseinslehre" andererseits. Eine Bewußtseinslehre – modern ausgedrückt: eine Theorie der Erkenntnis – darf und muß nach Hegel den Subjekt-Objekt-Gegensatz als konstitutives Moment in sich enthalten. Das bedeutet: Das Subjekt darf und muß in der

---

[36] G.W.F. Hegel, Enzyklopädie II. Die Naturphilosophie, a.a.O., S. 31 f. (§ 249 A).

[37] Ebd., S. 82 ff. (§ 269 A und § 270 A).

[38] Ebd., S. 242 ff. (§ 320 A).

[39] Ebd., S. 116 ff. (§ 276).

[40] G. Marmasse, Einleitung zu: G.W.F. Hegel, Vorlesung über Naturphilosophie Berlin 1823/24, a.a.O., S. 17. Er schreibt dort: "Hegel bemüht sich anscheinend niemals, in einer bestimmten Debatte Stellung zu beziehen, es sei denn beiläufig. Charakteristisch dabei ist, daß sich die Hinweise auf die anderen [von Hegels Lehrmeinung abweichenden, – Th. P.] philosophischen Doktrinen in der Naturphilosophie in der Regel auf die 'Anmerkungen' beschränken, während die 'Paragraphen' selbst – der eigentliche Text also – sich meisterhaft der Auseinandersetzung enthalten. Zwar wird den traditionellen Streitgegenständen der Wissenschaft jeweils eine Stelle in der enzyklopädischen Entwicklung zuteil, doch geschieht dies sozusagen nie anläßlich einer zu entscheidenden *Debatte*."

[41] Vgl. dazu R.-P. Horstmann, Einleitung zu: Jenaer Systementwürfe II, a.a.O., S. XIII.

Beurteilung seiner Gegenstände *schwanken*. Es darf und muß – um nur ein paar bekannte Beispiele zu nennen – schwanken, ob das Jetzt die Nacht sei oder nicht;[42] ob die Widersprüche zwischen wahrgenommenen Eigenschaften dem Bewußtsein oder den Dingen zuzuschreiben seien;[43] welche Unterscheidungsmerkmale der Tiere und Pflanzen bloß subjektive, welche hingegen objektive Bedeutung hätten;[44] schließlich eben auch, ob der Wärme ein sinnliches oder ein körperloses Sein zukomme.[45] Ein solches Schwanken ist nach Hegel in der eigentlichen, von der Überwindung des Bewußtseinsgegensatzes ausgehenden Philosophie unzulässig. Wissenschaftliche Streitfragen, besonders solche, die noch unentschieden sind, können im Hegelschen System nur bedingt Eingang finden. Marmasse hat dies so ausgedrückt, daß die Philosophie nach Hegel "keineswegs in der Debatte" bestehe, "sondern bloß in der Betrachtung der Sache in ihrer systematischen Entwicklung."[46]

Kehren wir von dieser allgemeinen Bemerkung zur Betrachtung der Jenaer Systementwürfe zurück, so können wir fragen, welche naturwissenschaftlichen Streitfragen darin berührt und welche ausgespart werden. Der Gedanke einer *Evolution der Natur*, welcher in der Einleitung zur enzyklopädischen Naturphilosophie (insbes. § 249) und den dazu gehaltenen Vorlesungen mit einiger Ausführlichkeit diskutiert wird, findet in den Jenaer Systementwürfen nur kurz Erwähnung. Eine Kritik des Evolutionsgedankens ist darin nur mit Mühe zu erkennen.[47] Die *Newtonsche Farbenlehre* erwähnt Hegel zwar schon im ältesten Jenaer Systementwurf mit einer kurzen Bemerkung, welche aber kaum polemisch zu nennen ist;[48] eher schon gilt dies für den Satz im dritten Systementwurf: "Das Licht wird nicht in Farben getrennt, als ob es aus denselben *bestünde*", wobei je-

---

[42] G.W.F. Hegel, Phänomenologie des Geistes, a.a.O., S. 84.

[43] Ebd., S. 99 ff.

[44] Ebd., S. 190 f.

[45] Ebd., S. 195.

[46] G. Marmasse, Einleitung, zu: G.W.F. Hegel, Vorlesung über Naturphilosophie Berlin 1823/24, a.a.O., S. 18. Dort heißt es weiter: "Für ihn [Hegel] gibt es insofern kein wirkliches [d. h. erst noch zu lösendes] Problem, als ihm nur die Betrachtung des Verwirklichungsprozesses des Absoluten von Belang ist." In diesem Sinne bezeichnet Marmasse Hegel auch als einen *Sekretär des Wahren*, der sich darauf beschränke, "das sich selbst Manifestierende aufzuschreiben." (Ebd., S. 19.)

[47] Vgl. G.W.F. Hegel, Jenaer Systementwürfe III, a.a.O., S. 106. Dort ist zu lesen: "Die *Geschichte* ist *früher* in die *Erde gefallen*; itzt aber ist sie zur Ruhe gekommen. [...] *Bloßes Geschehen*, – Lagerung nacheinander macht durchaus nichts begreiflich, oder vielmehr läßt die Notwendigkeit, das Begreifen, ganz [...]."

[48] Vgl. G.W.F. Hegel, Jenaer Systementwürfe I. Das System der spekulativen Philosophie, neu hg. von K. Düsing und H. Kimmerle, Hamburg 1986, S. 57: "Die Farben selbst aber sind die verschiedenen Weisen und Verhältnisse des Einsseins beider [des Lichts und der Finsternis]; und eine Auflösung des Lichts, die *Newton* auch bei den Farben, die ideellen reflektierten Teilungen, einführte, hat Goethe in diese quantitative verwandelt, bei welcher das Wesen immer das Allgemeine, das Licht selbst ist [...]."

doch Newton nicht namentlich erwähnt wird. Das Verhältnis *Newtons zu Kepler* schließlich, welches in der Anmerkung zu § 270 der Berliner *Enzyklopädie* so ausführlich behandelt wird, kommt in den Jenaer Systementwürfen überhaupt nicht zur Sprache.[49]

So ist es denn auch weniger verwunderlich als es auf den ersten Blick scheint, daß Hegel in die um 1800 hin- und herwogende Debatte über die stoffliche oder nichtstoffliche Natur der Wärme in den Jenaer Systementwürfen nicht explizit eingriff. Die Frage, ob der Wärmestoff in das System der chemischen Elemente aufzunehmen sei – wie es Lavoisier und andere 1787 noch getan hatten – oder aber, ob er aus diesem System zu eliminieren sei, umging Hegel geschickt. Paradoxerweise könnte man sagen: Aus einem System der Elemente, aufgefaßt als System der *für sich materielle Existenz habenden Grundstoffe*, hätte man nach Hegels Auffassung nicht nur den Wärmestoff, sondern auch den Wasserstoff, den Sauerstoff und den Stickstoff eliminieren müssen! Denn auch für diese gilt nach Hegel, wie wir in § 12 der *Mechanik der Wärme* lesen: "ihr *Dasein* ist eben nur, die Möglichkeit des Prozesses zu sein"; mit anderen Worten, ein Dasein als Ruhende haben sie gar nicht. Diese Auffassung spricht auch aus den Sätzen im zweiten Jenaer Entwurf: "Jedoch ist weder er [der Wärmestoff] Materie ohne diese Bestimmtheiten, noch sind diese Bestimmtheiten, der Stickstoff u. s. w. Stoff, Materien ohne jene Flüssigkeit. Sie so getrennt sind sie [sic] Abstraktionen, Gedankendinge."[50]

In diesem Sinne hat Haering weitgehend recht, wenn er schreibt, "die Frage, ob Wärmestoff oder nicht", sei für Hegel "eigentlich gleichgültig", und die Antwort habe für ihn gelautet: "ja und nein, wie man es faßt".[51] Man kann dies auch so ausdrücken: Sowohl die Wärmestofftheorie als auch eine kinetische Theorie der Wärme konnte Hegel zum Ausgangspunkt seiner naturphilosophischen Darstellung nehmen; aber zugleich gab es sowohl an der Wärmestofftheorie aus Hegels Sicht Kritikwürdiges (worauf er denn auch in der enzyklopädischen Naturphilosophie nachdrücklich hinwies, vgl. dort § 304), als auch hätte die moderne Thermodynamik keineswegs die vorbehaltlose Billigung Hegels erfahren.[52]

---

[49] In der *Dissertatio philosophica de orbitis planetarum* hat freilich auch der "junge" Hegel deutlich für Kepler und gegen Newton Stellung genommen. Allerdings steht die Schrift über die Planetenbahnen ja auch nicht unter dem Anspruch, ein philosophisches System zu sein.
[50] G.W.F. Hegel, Jenaer Systementwürfe II, a.a.O., S. 276. Vgl. ebd., S. 283: "der Sauerstoff ist als dieses Moment auch unmittelbar außer dem Feuer; *nicht als eine Materie*, ein Stoff, ein Reales für sich, sondern als Moment." (Hervorhebung – Th.P.)
[51] Th. Haering, Hegel. Sein Wollen und Werk, Bd. 2, Leipzig und Berlin 1938, S. 306.
[52] Zur letzteren Behauptung vgl. Th. Posch, Die Rezeption der Hegelschen Lehre von der Wärme durch C.L. Michelet und K.R.Popper, in: Wiener Jahrbuch für Philosophie, Bd. XXXIV, 2002 (im Druck).

Zu Hegels Weise, Gesetze und Phänomene der Wärmelehre philosophisch zu verarbeiten

Wir wollen uns nun einigen Auffälligkeiten von Hegels Weise, Gesetze und Phänomene der Wärmelehre zu interpretieren, zuwenden. Dies prinzipiell Auffällige ist teils von der Art, daß es der Kritik bedarf, teils aber erscheint es durchaus als richtungsweisend.

Hegels Beschäftigung mit dem gasförmigen Aggregatzustand

Zum Richtungsweisenden gehört zunächst das Faktum, daß Hegel in der *Mechanik der Wärme* überhaupt mit solcher Ausführlichkeit auf das Verhalten der Gase unter dem Einfluß von Wärme eingeht. Es ist bekannt, daß das Studium des gasförmigen Aggregatzustandes große Bedeutung für die Entwicklung der Wärmetheorien im Verlaufe des 19. Jahrhunderts hatte. Kinetische Gastheorie und Thermodynamik wurden zwei aufs engste zusammenhängende, sich stark überschneidende Bereiche der klassischen Physik. Freilich verdanken sie Forschern wie Maxwell und Boltzmann ihre Entstehung, welche erst nach Hegel lebten. Aber gerade deshalb kann es als eine geniale Intuition Hegels angesehen werden, in der *Mechanik der Wärme* relativ eingehend auf das Verhalten der Gase Bezug genommen zu haben; denn um 1800 waren Wärmelehre und kinetische Gastheorie noch nicht einmal annähernd deckungsgleich.

Man würde Hegels Leistung nicht gerecht, umschriebe man sie bloß dahingehend, er habe *irgendeinen* Zusammenhang zwischen der Wärmelehre und den von ihm so genannten "elastischen Flüssigkeiten" gesehen. Hegels diesbezügliche Überlegungen sind durchaus differenziert; das beste Beispiel dafür ist vielleicht seine Diskussion der "fixen Expansibilität" der Gase. Nicht einmal das *Faktum*, daß sich alle Gase bei Erwärmung in gleichem Maße ausdehnen, war um 1800 unumstritten. Hegel hielt sich in dieser Frage nicht an den von ihm häufig zitierten Gren, sondern an die neuesten Arbeiten von Berthollet und Gay-Lussac. Dies allein könnte man noch als "Glückstreffer" abtun, denn es handelt sich zunächst nur um das Aufgreifen von empirischen Ergebnissen, die später allgemein anerkannt wurden. Aber Hegel begnügte sich hier wie so oft nicht mit dem Aufgreifen. Er versuchte darüberhinaus, das Faktum der gleichen Expansibilität der Gase begreifend einzuholen. Er tat dies mit den Worten: "Elastizität ist [...] durch ein Anderes bestimmt" (§ 7) sowie "die elastischen Flüssigkeiten sind alle gleich expansibel [...], es ist keine Spezifikation an ihnen." (§ 9) Das heißt: Er interpretierte die Gleichheit der Expansionskoeffizienten der Gase *als einen diesen zukommenden Mangel an wesentlicher (Selbst-)Bestimmung*. Selbstbestimmung läge eben dann vor, wenn jedes Gas seinen eigenen Expansionskoeffizienten hätte – so wie jeder Festkörper. Daß dem nicht so ist, verweist nach Hegel auf eine Bestimmung des Expansionsverhaltens der Gase von außen her. (Vgl. dazu den in § 9 unmittelbar auf "keine Spezifikation an ihnen" folgenden Satz: "Es ist also noch ein Fremdes, das sie zusammenbringt.") Was aber bedeutet "von außen her"? Was ist der den Gasen äußerliche Faktor, welcher ihre Expansibilität bestimmt? Darauf gibt Hegel keine Antwort. Als Leser der *Annalen der Physik* hätte er jedoch einer dort erschienenen Arbeit Daltons entnehmen können, daß es *die Lage des absoluten Temperatur-Nullpunkts* ist, welche den Wert der Expansibilität der Gase bestimmt.[53] Umgekehrt gilt, daß sich aus dem Expansionskoeffizienten der Gase (bei konstantem Volumen) die Lage des absoluten Temperatur-Nullpunktes errechnen läßt. Schreibt man das von Gay-Lussac gefundene Ausdehnungsgesetz der Gase in der Form

$$V(T) = V_0(1 + \alpha T),$$

wobei V_0 das Gasvolumen bei 0°C und T die Temperatur in Grad Celsius ist, so hat α den Wert 1/273, was bekanntlich der Kehrwert des Betrages der (absoluten) Nullpunktstemperatur ist. Gay-Lussac selbst fand α = 1/267 für die damals bekannten Gase H_2, N_2, O_2, H_2O und CO_2, was dem tatsächlichen Wert ziemlich nahe kommt.[54]

Leider hat Hegel sein Studium des gasförmigen Aggregatzustandes im Zuge der Ausarbeitung der enzyklopädischen Naturphilosophie nicht mit dem gleichen Interesse weitergeführt, mit welchem er es begonnen hatte. In der Enzyklopädie von 1827/30 wird auf den gasförmigen Zustand der Materie im Zusatz zu § 282, gelegentlich der Behandlung des Elementes der Luft, eingegangen. Die gleiche Expansibilität der Gase findet dabei Erwähnung, wird allerdings nur beiläufig als Mangel an Individualisierung und als Folge der Kohäsionslosigkeit interpretiert.[55] Mit Recht merkt Petry zum § 282 der *Enzyklopädie* zweierlei kritisch an: Zum einen, daß wegen der starken Temperaturabhängigkeit der Eigenschaften der Gase die Paragraphen über die Wärme jenem über die Luft vorangehen hätten müssen – wie es denn bei der Jenaer *Mechanik der Wärme* tatsächlich der Fall ist; zum anderen macht Petry darauf aufmerksam, daß gegen Ende der 1820er Jahre

---

[53] Da Hegel in der *Mechanik der Wärme* einen gleichfalls in den *Annalen der Physik* erschienenen Artikel Daltons von 1803 in extenso zitiert, ist es sehr wohl möglich, daß er auch die Arbeit desselben Verfassers von 1802 *Über die Ausdehnung elastischer Flüssigkeiten durch Wärme* kannte. Darin heißt es gegen Ende: "Um die Art einzusehen, wie elastische Flüssigkeiten durch Wärme expandiert werden, wollen wir die Hypothese annehmen, daß die Repulsivkraft jedes Theilchens sei genau der ganzen mit diesem Theilchen verbundenen Wärmemenge (oder, mit anderen Worten, der Temperatur, diese vom absoluten Nullpunkt an gerechnet) proportional. [...] Hiernach müßte *der absolute Nullpunkt der Wärme*, bei welchem gänzliche Abwesenheit aller Wärme wäre, bei 1547°F unter dem Gefrierpunkte des Wassers liegen." (J. Dalton, Annalen der Physik *12* (1802), S. 310 ff.). So bemerkenswert diese Überlegung ist, so verfehlt ist freilich der von Dalton angegebene numerische Wert: Denn –1547°F entsprechen –877°C!

[54] Vgl. F. Hund, Geschichte der physikalischen Begriffe, Heidelberg–Oxford–Berlin 1996, Teil 2, S. 90.

[55] G.W.F. Hegel, Enzyklopädie II. Die Naturphilosophie, a.a.O., S. 138 (§ 282 Z).

bereits 24 verschiedene Gasarten identifiziert worden waren, daß Hegel es aber nicht für nötig befand, darauf einzugehen.

Nichtunterscheidung von Wärmemenge und Temperatur?

Eine weitere Merkwürdigkeit der Hegelschen Lehre von der Wärme, welche allerdings nicht nur die diesbezüglichen Jenaer Texte betrifft, sondern auch noch die *Wissenschaft der Logik*, ist Hegels Weigerung, einen strikten Trennstrich zwischen *intensiven* und *extensiven* Größen zu ziehen, wie es in der Physik üblich war und ist. Dies läßt sich konkret an den Größen *Wärmemenge* und *Temperatur* zeigen. Hegel verwendet den Begriff der Temperatur beinahe synonym mit dem Begriff der (freien) Wärme. Dies zeigen mehrere Stellen der *Mechanik der Wärme*, welche im folgenden zusammen mit den jeweils aus der Sicht der Physik naheliegenden Einwänden wiedergegeben werden:
1) § 1: "Temperatur ist keine *Materie*". Hierauf könnte ein Physiker erwidern: "Das steht ohnehin außer Streit, die Frage ist ja, ob *Wärme* eine Materie sei."
2) Randbemerkung zu § 4: "[...] hat sie [die Linse] nicht einen Brennpunkt der Wärme oder höheren Temperatur?" Bedeutet das "oder", daß "Wärme" und "höhere Temperatur" dasselbe sind?
3) § 7: "die Temperatur verbreitet sich in ihr [der elastischen Flüssigkeit]". "Das geht nicht", könnte man erwidern, "verbreiten kann sich nur die Wärme, und erst *nachdem* sie sich verbreitet hat und ein *Gleichgewicht* erreicht ist, kann von Temperatur überhaupt die Rede sein".
4) Ebenda: "[...] vorhandene Temperatur wird latent". "Falsch", kann der Thermodynamiker einwenden, "nicht die Temperatur wird latent, sondern die Wärme."
5) Ebenda: "Temperatur, von welcher die Ausdehnung geändert wird, ist Temperatur als freie Wärme". Dazu der Physiker: "Es gibt keine Temperatur, die die Ausdehnung eines Objekts ändern könnte, denn die Temperatur ist etwas, was *sich einstellt*, wenn von außen *Wärme zugeführt* wird."
6) Ebenda.: "Entziehung der Temperatur nimmt wieder die Ausdehnung". Hierauf kann analog erwidert werden wie oben unter 5).
7) § 10: "durch die Temperatur wenig ausgedehnt zu werden": Auch hiergegen kann der unter Punkt 5) genannte Einwand ins Treffen geführt werden.

Selbstverständlich genügt es nicht, die Hegelsche Auffassung von Wärme und Temperatur und diejenige der Physik in der oben durchgespielten Weise bloß gegenüberzustellen. Es ist vielmehr zu fragen: *Mit welchem Recht* nimmt Hegel eine Beinahe-Gleichsetzung von Wärme und Temperatur vor, und *warum* besteht andererseits die Physik auf dem Ziehen einer Trennlinie zwischen beiden?

Was zunächst die Physik betrifft, so ist es klar, daß sie *aus meßtheoretischen Gründen* prinzipiell eher die Differenz als den Zusammenhang zwischen extensiven und intensiven Größen hervorheben muß.[56] Die Mengenabhängigkeit der extensiven Größen (wie zum Beispiel des Volumens, der Masse, aber auch der Wärmemenge) und die Mengen*un*abhängigkeit der intensiven Größen (wie etwa der Dichte oder der Temperatur) konstituiert aus der Sicht des beobachtenden und messenden Subjekts einen wichtigen Unterschied. Die Wärmemenge Q, welche nötig ist, um Wasser vom Gefrierpunkt auf den Siedepunkt zu erhitzen, ist nun einmal (zunächst) von der Temperaturdifferenz selbst wohl zu unterscheiden, und es kann über sie ohne Angabe von Wärmekapazität und Masse der zu erhitzenden Substanz keine quantitative Aussage gemacht werden. Allerdings schließt dies noch nicht von vornherein die Auffassung aus, Temperatur (als intensive Größe) und Wärmemenge (als extensive Größe) seien Erscheinungsweisen ein und derselben sich manifestierenden Entität.

Die zuletzt genannte Sichtweise bildet in der Tat die Motivation für Hegels Beinahe-Gleichsetzung von Wärme und Temperatur. Allerdings ist zu den diesbezüglichen, oben aufgelisteten Wendungen im Jenaer Entwurf von 1805/06, kritisch anzumerken, daß Hegel die später so genannte "Identität der extensiven und der intensiven Größe" hier noch allzu unvermittelt, beinahe unreflektiert zur Geltung bringt. Die unter 1) bis 7) zitierten Gedanken lassen kein Bewußtsein darüber erkennen, daß Wärme(menge) und Temperatur in einem ersten Schritt durchaus unterschieden werden müssen, und daß es eines *Arguments* bedarf, um sie, trotz ihrer Unterschiedenheit, dialektisch miteinander zu vermitteln. In der Seinslogik von 1832 ist Hegel diese Vermittlung geglückt. Sie wird dort u. a. in den folgenden beiden Sätzen ausgesprochen:

"Extensive und intensive Größe sind also eine und dieselbe Bestimmtheit des Quantums; sie sind nur dadurch unterschieden, daß die eine die Anzahl als innerhalb ihrer, die andere dasselbe, die Anzahl als außer ihr hat. Die extensive Größe geht in die intensive Größe über, weil ihr Vieles an und für sich in die Einheit zusammenfällt, außer welcher das Viele tritt."

Auf dieser Grundlage kann Hegel dann auch Formulierungen von 1805/06 wie "Wärme und Ausdehnung sind *dasselbe*" eine präzisere Fassung geben und sagen, der Wärmegrad sei "ebensosehr vorhanden [!] als *extensive* Größe, als die Ausdehnung einer Flüssigkeit [...]".[57] In der Tat, die Wärme manifestiert sich als intensive (mengenunabhängige, "einfache") Bestimmtheit, ebenso aber als extensive (jedes Thermometer muß in Abhängigkeit von der verwendeten Quecksilbermenge eigens skaliert werden); sodaß beide Erscheinungsweisen der Wärme zusammenhängen, ohne zusammenzufallen.

---

[56] Die Betonung dieser Differenz findet sich z.B. bei W. Nolting, Grundkurs Theoretische Physik, Teil 4: Spezielle Relativitätstheorie, Thermodynamik, Braunschweig und Wiesbaden 1999, S. 123, wo er schreibt: "Man unterscheidet 1) Extensive Zustandsgrößen (Quantitätsgrößen); Diese sind mengenproportional, d.h., sie verhalten sich additiv bei der Zusammensetzung von Systemen [...]; 2) Intensive Zustandsgrößen (Qualitätsgrößen); Diese sind mengenunabhängig [...]."
[57] Ebd., S. 257.

Die Sinneswahrnehmung als Ordnungsprinzip des Mittelteils der Naturphilosophie?

Die bisherigen Betrachtungen hatten vornehmlich drei Typen von Quellen – mit Kant könnte man sagen: drei Erkenntnisstämme – von Hegels *Mechanik der Wärme* im Blick. Zum einen waren dies naturwissenschaftliche Befunde wie das Ausdehnungsgesetz der Gase. Zum zweiten waren es Elemente vorgängiger Naturphilosophien, und zum dritten logisch-metaphysische Einsichten Hegels, etwa zum Verhältnis der extensiven und intensiven Größen.

Es gibt aber daneben zumindest noch eine vierte, obzwar nicht gleichwertige Erkenntnisquelle, welche für den Mittelteil des naturphilosophischen Entwurfs von 1805/06 von Bedeutung ist: nämlich die menschliche Sinneswahrnehmung als noch diesseits der wissenschaftlichen Erfahrung liegende. Zwar findet diese in den zwölf Absätzen der *Mechanik der Wärme* keine Erwähnung, und es gibt darin auch keine Gedanken, die einen Rekurs auf die unmittelbare Sinneswahrnehmung verrieten. Gleichwohl läßt sich zeigen, daß der *systematische Ort* der Wärmelehre im dritten Jenaer Entwurf in einem weiteren Sinne mit der Struktur der Sinneswahrnehmung zu tun hat.

Nach Hegels Auffassung – zum Zeitpunkt der Entstehung des dritten Jenaer Systementwurfs, muß man hinzufügen – entsprechen den fünf Sinnen des Menschen fünf Phänomenbereiche, jedoch nicht im Sinne einer eineindeutigen Zuordnung. Dem Tastsinn, welchen Hegel als "Gefühl" bezeichnet, erschließen sich die Phänomene der *Schwere* und der *Wärme*; dem Gesichtssinn die *Farben*; dem Geruchs- und Geschmackssinn die *chemischen Eigenschaften* wie etwa die Salzigkeit; schließlich dem Gehör die Geräusche, welche bei *chemischen Reaktionen* entstehen, besonders bei solchen, wo sich Substanzen entzünden.

In kompakter Form spricht Hegel seine Überzeugung, die menschliche Sinneswahrnehmung sei nicht bloß eine subjektive Bedingung der Erkenntnis, sondern in gewisser Weise auch Ordnungsprinzip der Natur, in folgenden Worten aus:

"Die Natur, welche zuerst sich als ihren Sinn *des Gefühls* entwickelte, entwickelt itzt ihren Sinn *des Gesichts*; von diesem geht sie zum *Geruche* und *Geschmack* über, und kehrt in dem *Gehöre* endlich in sich selbst zurück."[58]

Daß dem Gefühl bzw. dem Tastsinn die Phänomenbereiche der Schwere und der Wärme zuzuordnen seien, ist von Hegel unmittelbar vorher gesagt worden;[59] das Vorliegen einer engen Beziehung von Gesichtssinn und Farben ist unmittelbar ersichtlich; was hingegen Geruch und Geschmack betrifft, so äußert sich Hegel hiezu an einer anderen Stelle recht ausführlich, indem er sie (sinngemäß) als Vollendung der Individualität des physischen Körpers auffaßt. Genauer gesagt

---

[58] G.W.F. Hegel, Jenaer Systementwürfe III, a.a.O., S. 78.
[59] Vgl. ebd.: "Schwere so wie Wärme gehören dem Gefühle [...]."

spricht Hegel von einem "Schluß, worin das Gesicht sich durch Geruch und Geschmack mit dem Gefühl zusammenschließt"; dieser Schluß soll aber zugleich der Schluß des physischen Körpers selbst sein: "er hat diese vier Sinne".[60] Dem Gehör schließlich wird weniger ausführlich, aber doch auch eine objektive Bedeutung zugesprochen; im Abschnitt *Chemismus des physischen einzelnen Feuers, oder des irdischen Feuers* heißt es nämlich: "Knall-Gold, Silber [...] bedarf eines bloßen Schlages mit dem Hammer, um sich mit fürchterlichem *Knall* zu entzünden – Knall, *Gehör*, eben diese Bewegung des Selbsts zum Selbst".[61]

Eine weitere Passage, die gleichfalls zeigt, daß Hegel den Sinnesorganen objektive Bedeutung beizumessen geneigt war, findet sich im *Gliederungsfragment zur Naturphilosophie* von 1805. Auch darin wird dem "Gefühl" der Phänomenbereich "Schwere und Wärme" zugeordnet; vom Geschmackssinn heißt es, er sei "Sinn des in *sich* selbst zur Neutralität Auseinandertretens"; vom Geruchssinn, er sei bezogen auf die "noch nicht in sich reflektierte Individualität überhaupt"; vom Gesichtssinn – der hier *nach* (also gleichsam "über") Geschmack und Geruch gestellt wird –, er beziehe sich auf den Gegenstand als "in sich reflektierte Individualität"; schließlich vom Gehör, es sei der "Sinn des Gegenstandes, der in seiner Wirklichkeit unmittelbar als aufgehobener oder allgemeiner *da ist*".[62]

Was ist aus all diesen, zugegebenermaßen verstreuten und teils unscheinbaren, Stellen zu schließen? Sicherlich sollte man sie nicht überbewerten in dem Sinne, als zeigten sie, daß Hegel auf der Grundlage der Betrachtung der Sinnesorgane genausogut wie auf der Grundlage differenzierter naturwissenschaftlicher Befunde eine Naturphilosophie konstruieren zu könne geglaubt habe. Andererseits ist die Bezugnahme auf die fünf Sinne für Hegel doch mehr als eine beiläufige Bemerkung – andernfalls würde er nicht in mehreren Passagen darauf eingehen.

Man geht wohl am wenigsten fehl, wenn man sagt, Hegel habe an den Sinnen eine *Komplementärperspektive* der Natur (im Verhältnis zur naturwissenschaftlichen Perspektive) zu besitzen gemeint. Freilich: Hegels Naturphilosophie wollte nie auch nur in einzelnen Partien eine "Sinnenlehre" sein. Denn nur in Verbindung mit logisch-metaphysischen Kategorien wie Individualität, Reflektiertsein in sich und dergleichen vermögen die Sinne überhaupt irgendeinen Aufschluß über die Seinsweise der Natur zu geben. Nun könnte man fragen, welche Information uns die Sinne denn überhaupt über einen gegebenen Gegenstandsbereich – etwa die Phänomene der Wärme – liefern. Im allgemeinen ist darauf zu antworten: Die Sinne liefern uns weniger *Detailinformationen* über die Natur, als vielmehr eine Möglichkeit, die Naturerscheinungen zu gliedern. Hiergegen liegt dann aber der Einwand nahe, daß eine Gliederung der Naturphäno-

---

[60] Ebd., S. 89. Vgl. auch ebd., S. 88: "Dies sind die reinen Momente des physischen Körpers – Sein Begriff beschließt sich in dem absoluten Insichsein, dem prozeßlosen Schmelzen, der einfachen Realität, Übergang der Farbe in Realität; *Geruch* entzweites Dasein, *Geschmack*, Vertilgung der Farbe; Geruch reiner Prozeß, Geschmack realer [...]". Vgl. ferner Hegels Randbemerkung Nr. 4 auf S. 88.
[61] Ebd., S. 93.
[62] Ebd., S. 272.

mene, welche sich an die Sinneswahrnehmung anlehnt, möglicherweise nicht die der Natur am besten gerecht werdende ist. Man kann in diesem Sinne darauf verweisen, daß die neuzeitliche Physik im Laufe der Geschichte mit Gewinn von der an den Sinnen orientierten starren Gliederung in Optik, Akustik, Wärmelehre etc. abgegangen ist, um tiefere Zusammenhänge, zum Beispiel zwischen den verschiedenen möglichen Schwingungsvorgängen, zum Ausgangspunkt einer Differenzierung ihres Gegenstandsbereichs zu machen.

Und sogar in bezug auf die Hegelsche Naturphilosophie könnte man vermuten, daß der in der Berliner *Enzyklopädie* auf tiefsinnige Weise herausgearbeitete Zusammenhang zwischen Klang und Wärme nur dadurch in den Blick geraten konnte, daß Hegel der Sinneswahrnehmung eine verminderte objektive Bedeutung im Hinblick auf die *Physik* beizumessen begonnen hatte.[63] Allerdings würde man einem Wunschdenken verfallen, wollte man schlechthin sagen, die Hegelsche Naturphilosophie habe sich von einer Orientierung an der Wahrnehmung zu einer Orientierung an einzelwissenschaftlichen Ergebnissen hin entwickelt. Denn auch der reife Hegel wird nicht müde, den "unbefangenen Sinn" (Berliner *Enzyklopädie*, § 320 A) gegen einzelne naturwissenschaftliche Theoreme ins Treffen zu führen.[64] Ja, man könnte sogar versucht sein, zu sagen, Hegel habe es sich *zu jeder Zeit seines Schaffens* vorbehalten, diesen sogenannten unbefangenen Sinn gegen solche Aussagen der Naturwissenschaftler, die ihm nicht ins Konzept paßten, auszuspielen.

Zusammenfassend ist bezüglich der Rolle der Sinneswahrnehmung im Jenaer Systementwurf von 1805/06 festzuhalten, daß sie zwar etwas bedeutender zu sein scheint als in der enzyklopädischen Naturphilosophie, daß sie aber keineswegs so weit reicht, einen Leitfaden etwa für die Behandlung der Wärmephänomene abzugeben. Dies kann auch so ausgedrückt werden: Hegel erweist sich im Mittelteil des dritten Jenaer Entwurfs zur Naturphilosophie eher als "Wissenschaftsanalytiker" denn als "Phänomenologe" im modernen Sinne; doch wäre es auch nicht

---

[63] "Verminderte objektive Bedeutung" soll aber keineswegs heißen "keine Bedeutung". Auch in der Berliner *Enzyklopädie* wird über die fünf Sinne ausführlich gesprochen, allerdings nicht in der *Physik*, sondern in der *Organik*, § 358. Dort schreibt Hegel: "Die Sinne und die theoretischen Prozesse sind daher 1. der Sinn der mechanischen Sphäre, – der *Schwere*, der Kohäsion und ihrer Veränderung, der Wärme, - das *Gefühl* als solches; 2. die Sinne des *Gegensatzes* [...] – *Geruch* und *Geschmack*. 3. Der Sinn der *Idealität* ist ebenfalls ein gedoppelter [...] – *Gesicht* und *Gehör*." (G.W.F. Hegel, Enzyklopädie II. Die Naturphilosophie, a.a.O., S. 465 f. (§ 358).)

[64] Ebd., S. 243 (§ 320 A): "[...] es pflegen Experimente, die dem speziellsten Kreise von Umständen angehören, gegen die einfachen allgemeinen Bedingungen, in denen sich die Natur der Farbe dem unbefangenen Sinne ergibt, den Urphänomenen, entgegengestellt zu werden." In der Uexküllschen Nachschrift der Hegelschen Naturphilosophie-Vorlesung von 1821/22 heißt es an einer Stelle, Goethe habe die Einheit der Pflanze "in einem ganz reinen Natursinn aufgefaßt" (Philosophie der Natur, Vorlesung von 1821/22, Nachschrift von B. v. Uexküll, Handschriftensammlung der Universitätsbibliothek Würzburg, Sign. M. ch. f. 613, Ms S. 306).

korrekt, das unmittelbar auf die Sinne bezogene Moment seines Nachdenkens über die Natur schlechterdings zu liquidieren.

Diskussion

I.

Schwabe: Mir sind bei Ihrem Referat ständig Parallelen zur antiken Naturauffassung aufgefallen: *das Kalte, das Warme*. Es liegt auch einfach dem alltäglichen Erleben von Wärme und Kälte näher, diese beiden als eigene Realitäten zu bezeichnen. Hegel scheint hier durch die Lektüre antiker Naturphilosophen beeinflußt zu sein.

Richli: Ich möchte auch eine Bemerkung zur Positivität der Kälte in bezug auf die Logik machen. Es geht ja darum, daß Hegel in einer Anmerkung zum Nichtsein vom *bestimmten Nichts* spricht. Das Entscheidende ist, daß tatsächlich das Nichtsein selber, auch als privative Absenz, mit Heidegger gesprochen, *nichtet*, also nicht einfach Nichts ist, sondern *als* Nichts – ähnlich wie das Leere der Atomisten, das Hegel sehr liebt – eine Bedeutung hat. Allerdings ist zu sagen, daß das bestimmte Nichts, im Gegensatz zum Nichts des Anfangs, von Hegel immer schon als eine selbstbezügliche Negation interpretiert wird und damit natürlich auch das Moment der Positivität in sich enthält. Man kann das auch so formulieren, daß die ontologische Valenz des Nichtseins bei Hegel schon voraussetzt, daß das Nichtsein das positive Moment enthält. Dem entspricht in der Darstellung des Nichtseins die Aussage, das Nichts selber sei in der Anschauung (oder im reinen Denken) aber das, was hier dem Nichts zunächst als eine äußere Form beigelegt wird, das ist letzten Endes sein eigenes Element. Es scheint mir etwas Wesentliches zu sein, daß Hegel meint, daß solche Phänomene, die man sonst entweder leugnet oder der Positivität unterordnet, *als negative, als Formen des Nichtseins selber* eine bestimmte ontologische Valenz haben.

Posch: Ich betrachte das als wichtige Ergänzung zu meinem Vortrag. Denn ich konnte ja gerade nicht ausführen, *warum* Hegel an der angeführten Stelle der Kälte eine ontologische Bedeutung beimißt, und genau das haben Sie jetzt anhand der Kategorie des bestimmten Nichts, wovon die Kälte ein Beispiel sein soll, getan.

II.

Wahsner: Eine Bemerkung und zwei Fragen. Die Bemerkung bezieht sich auf die *Sinne*. Sie sagten, es sei nicht auszuschließen, daß die Sinne auch in der neuzeitlichen Naturwissenschaft eine Bedeutung haben. Das war vielleicht eine etwas verrutschte Formulierung, denn *natürlich* haben die Sinne für die neuzeitlichen

Wissenschaften eine Bedeutung, sonst würden diese Wissenschaften nicht funktionieren. Nur ist es in der modernen Naturwissenschaft – und das meinten Sie wahrscheinlich – nicht mehr so, daß man einem bestimmten Sinn ein bestimmtes naturwissenschaftliches Gebiet zuordnen kann.

Zu den Fragen. Die eine betrifft die "Strukturierung der Wahrnehmung", von der Sie gesprochen haben. Ich habe Ihrer Rede nicht entnehmen können, daß Hegel von einer bestimmten Struktur der Wahrnehmung ausgeht. Sagt er wirklich etwas über die Organisation der Wahrnehmung?

Hiermit verknüpft sich eine Bemerkung zum Hebel. Sie haben gesagt, daß Hegel in der "Mechanik der Wärme" auf den Hebel ein sehr großes Gewicht legt. Könnte man das vielleicht damit erklären, daß er in dem zweiten Jenaer Systementwurf einen ganzen Abschnitt über den Hebel aufgenommen hat, woraus schon erkennbar wird, daß der Hebel für ihn etwas ganz Großartiges gewesen sein muß. Den Hebel verstand Hegel in den *Jenaer Systementwürfen II* als Übergang von der "Gestalt des Körpers" zum "Prozeß der Materie"; diese Verknüpfung und dieser Übergang aus dem zweiten Jenaer Entwurf schlagen sich dann vielleicht in dem dritten Entwurf derart nieder, daß Hegel den Hebel braucht, um die Wärme darzustellen.

Posch: Wenn ich es richtig sehe, sind das insgesamt vier Fragen. Erstens, ob ich übersehen habe, daß die Sinne *ganz offensichtlich* auch in der Moderne für die Naturwissenschaften wichtig sind. Zweitens, ob Hegel wirklich von der Organisation der Sinneswahrnehmung spricht. Drittens, ob es sein könnte, daß Hegel die mechanischen Analogien in der Wärmelehre, damals in Jena, gar nicht als eine μετάβασις verstand. Und viertens, ob der Hebel schon im zweiten Jenaer Systementwurf wichtig ist.

Zur ersten Frage. Vielleicht habe ich mich versprochen, aber in meinem Text steht, die Sinneswahrnehmung sei nicht als irrelevant in bezug auf das Unternehmen einer neuzeitlichen Natur*philosophie* hinzustellen. Daß sie für das Unternehmen der neuzeitlichen Natur*wissenschaft* zentral ist – auch wenn immer wieder transformiert in Richtung der Mathematisierung und nicht in ihrer Unmittelbarkeit genommen –, ist schon klar. Aber ich wollte sagen, in bezug auf die Naturphilosophie sei die Sinneswahrnehmung nicht zu marginalisieren. Und demgegenüber kann man vielleicht schon sagen, daß sich mitunter Tendenzen zeigen, die Naturphilosophie möglichst a priori zu halten und den Bezug auf die Sinne an den Rand zu drängen.

Wahsner: Ich verstehe nicht: Reden wir jetzt über Hegel oder darüber, wie man es heutzutage auffaßt?

Posch: Darüber, wie man es heutzutage im Anschluß an Hegel auffaßt. Sie wissen ja, mitunter wird gesagt, Hegels Naturphilosophie sei eine Logik der Natur. Da würden logische Kategorien bloß anders arrangiert als in der Logik selbst. Und mit der Sinneswahrnehmung solle man sich nicht die Hände schmutzig machen. Ein zwar verständliches rationalistisches Konzept, das aber einseitig ist.

Zum zweiten Punkt: Ich würde Ihnen Recht geben, daß es, wenn man hört "Organisation der Wahrnehmung", in der Tat die Hoffnung, man könne bei Hegel eine Analyse der Struktur der Sinne ausgeführt sehen, vielleicht auch eine Beantwortung der Frage, warum wir aus der Verfaßtheit unserer Sinne heraus den Raum dreidimensional konzipieren. Dergleichen könnte man sich vorstellen, doch eine solche Deduktion findet nicht statt. Aber, wie ja bekannt ist, war Hegel z.B. die Fünfheit der Sinne sehr wichtig. Diese Fünfheit der Sinne versucht er gewissermaßen logisch zu deduzieren, er behandelt hier die Sinne also nicht bloß narrativ. Und auch über die erwähnte Gliederung der Physik in Mechanik, Akustik, Optik usw., über diese höchst äußerliche und von der Physik nicht einmal in Ansätzen begriffene oder zu begreifen gesuchte Gliederung, geht er schon hinaus.

Wahsner: Aber macht er das über die Organisation der Sinne oder macht er das über sein naturphilosophisches Konzept?

Posch: Ich würde das nicht so trennen. Denn ich habe ja schon die Vermutung ausgesprochen, daß Hegels damalige Analyse der Sinne z.B. auch dafür mitverantwortlich sein könnte, wo in der Naturphilosophie der Klang seinen systematischen Ort hat. Dies weist doch darauf hin, daß es da eine Wechselbeziehung gab. Hegel hat zunächst einmal eine bestimmte Vorstellung gehabt, wie man die Sinne gliedern kann. Diese Vorstellung hat er mehrfach geändert; z.B. in dem Gliederungsfragment zur Naturphilosophie von 1805 ordnet er die Sinne anders an als im *Jenaer Systementwurf III.*

Wahsner: Ich meine einfach folgendes. Im Bereich der Sinnesphysiologie hat man, und zwar hauptsächlich *nach* Hegel, viele neue Einsichten gewonnen, z.B. über die spezifischen Sinnesenergien. Wenn ich von Organisation der Sinne höre, dann würde ich spontan an solche Arbeiten denken. Aus dem, was Sie bisher erzählten, scheint es mir aber eher so zu sein, daß Hegel in seinem, sicherlich sich etwas wandelnden, Konzept der Naturphilosophie lediglich unterschiedliche Plazierungen der Sinne vornimmt.

Posch: Sie versuchen zwar, die Frage sukzessive so zu formulieren, daß ich sie gar nicht mehr verneinen kann. Aber ich muß doch an einem Punkt, welcher das Gehör betrifft, widersprechen. Denn an diesem Punkt war Hegel, würde ich sagen, einer bestimmten Vorstellung, wie die Sinne verfaßt sind, verhaftet. Er glaubte, daß die Innerlichkeit des Gehörs, die ihm schon sehr früh ganz wichtig war und die dann natürlich auch später, in der Ästhetik, eine große Rolle spielt, es verbiete, etwa den Klang auf einer Stufe mit der Wärme zu nennen. Das vermute ich. Und das wäre schon eine Gegenposition zu dem, was Sie formuliert haben. Natürlich haben Sie völlig recht, daß Hegel nicht etwa eine bloß empiristische, sondern eine logisch fundierte Analyse der Sinne immer schon vor Augen hat, daß er also anders vorgeht als Helmholtz oder Fechner.

Aber es sind ja jetzt noch zwei wichtige Zusatzfragen offen. Die dritte betraf die $\mu\epsilon\tau\acute{\alpha}\beta\alpha\sigma\iota\varsigma$, wie ich es sinngemäß ausgeführt habe, die Frage, ob Hegel das auch damals so erschienen ist, in der Jenaer Zeit. Ich würde Ihnen zustimmen: *Damals* hat er es wahrscheinlich nicht so gesehen. Aber seine spätere Naturphilosophie, seine dortigen Äußerungen über Analogien, zwingen zu der These, daß die mechanischen Kategorien in der "Mechanik der Wärme" nicht mehr gut vereinbar mit dem Standpunkt sind, den Hegel sukzessive entwickelt hat. Aus der reifen Sicht erscheinen sie fast als reduktionistisch. Denn später ist es ja so bei Hegel, daß die *Physik*, der Mittelteil der Naturphilosophie, im wesentlichen etwas über die Mechanik Erhabenes ist.

Wahsner: Ja, nun redet er aber im dritten Jenaer Entwurf von "Mechanik der Wärme".

Posch: Ich glaube, da sind wir einer Meinung, daß diese Formulierung sich nur aus der Perspektive der Endgestalt der Hegelschen Naturphilosophie als eine Gebietsüberschreitung darstellt. Aber es ist durchaus legitim, diese Perspektive einzunehmen.

Nun zur vierten Frage. Ich habe schon bei der Vorbereitung des Vortrags die Rolle des Hebels im zweiten Jenaer Entwurf zur Kenntnis genommen, das haben Sie nämlich auch in einer Fußnote in Ihrem Buch hervorgehoben.

Wahsner: Es war nur eine Anregung bezüglich eines Problems, das man untersuchen könnte.

III.

Ernst: Ist es richtig, daß Sie gemäß der Hegelschen Auffassung in diesem Entwurf das Gefühl als *einen Sinn* zitiert haben?

Posch: Ja.

Ernst: Also Gefühl als einer der Sinne Gefühl, Gesicht, Geruch, Gehör ...

Posch: Ja. Tastgefühl.

Ernst: Meint er tatsächlich nur Tastgefühl oder gibt es einen Bezug zu seinem Begriff der Sinnlichkeit, den er später verwirft? Reduziert er seine Verwendung des Begriffs Gefühl tatsächlich auf den Tastsinn?

Posch: Das kann man natürlich wiederum nicht sagen. Es ist schon richtig, daß das Wort "Gefühl" an anderen Stellen in einer weiter gefaßten Bedeutung auftritt. Aber nirgends so, daß eine explizite Äquivokation gegeben wäre, daß man also schließen könnte: hier schillert der Begriff zwischen einer engeren Bedeutung als Tastsinn und einer weiteren als Sinnlichkeit

Schwabe: In der damaligen Zeit kann Gefühl natürlich "inneres Gefühl" bedeuten. – So haben wir bei Kant das sinnliche Gefühl von Lust und Unlust, das ästhetische Gefühl des Schönen oder Erhabenen und das ethisch-geistige Gefühl der Achtung. Bei Goethe bezeichnet "Gefühl" auch ein nicht-rationales, aber subjektiv sehr gewisses Erkennen: "Ergriffen, fühlt er tief das Ungeheure." (Faust)

Richli: Oder das Gefühl der Abhängigkeit im Sinne Schleiermachers.

Posch: Ja, das ist klar. Aber mein Standpunkt ist, daß in bezug auf die Sinnesorganisation, von der hier die Rede war, diese Bedeutung nicht mitschwingt.

IV.

Marmasse: Spricht Hegel in den Jenaer Systementwürfen vom Unterschied zwischen Pflanze und Tier in bezug auf die Wärme? Nach der *Enzyklopädie* kommt dem Tier animalische Wärme und inneres Erzittern zu.

Posch: Es ist sehr interessant, daß Hegel in der *Organik* sowohl Klang als auch Wärme wiederkehren läßt und sagt: Das Tier hat Stimme *und* animalische Wärme. Die Pflanze hat beides nicht. In den Jenaer Systementwürfen kann das noch nicht in dieser Differenziertheit gesagt werden, weil Hegel da den Zusammenhang von Klang und Wärme noch nicht im Blick hat. Die animalische Wärme als solche wird aber im Jenaer Systementwurf III (in der Meiner-Taschenbuchausgabe auf S. 144) schon erwähnt. Und zwar heißt es hier: "Die animalische Wärme ist überhaupt dadurch gesetzt, daß es Gestalten, einzelne überhaupt, sind, welche durch sie aufgehoben werden; ein organisches Eins als Einheit von Einzelheiten." Also bezüglich der Wärme ist es so, daß sie schon in den Jenaer Systementwürfen auch auf den Organismus als Bestimmung angewandt wird. Und sogar so, daß eine gewisse Engführung vorliegt zu dem Gedankengang in der *Mechanik der Wärme*. Denn auch dort ist das, was er an der zitierten Stelle sagt: "Negation der Gestalten", schon für den anorganischen Bereich hervorgehoben; die Wärme ist als das die Gestalt Aufhebende, nämlich die Gestalt in ihrer Unmittelbarkeit Aufhebende, bestimmt. Man kann sich beispielsweise anschaulich vorstellen, daß ein Festkörper durch die Wärme aus seiner scharf konturierten Form herausgelöst wird. Diesen Zusammenhang von Gestalt und Wärme – Wärme als Negation der Gestalt, Wärme auch schon als Freimachen für eine Selbstbestimmung der Gestalt – hat Hegel hier bereits andeutungsweise gesehen.

Marmasse: Ich würde außerdem sagen, daß die Wärme in der Geologie in den Jenaer Systementwürfen eine größere Rolle spielt als in der *Enzyklopädie*.

Posch: Ja, es ist interessant, den Gegensatz, oder das Zusammenspiel, von Schwere und Wärme zu beobachten, in seiner weiteren Entwicklung nach der *Mechanik der Wärme* zu beobachten, zu sehen, wie auch das Gegeneinander von Erde und Sonne tatsächlich ein anderes wird, nachdem Hegel die Wärme als formbestimmenden Faktor eingeführt hat. Da heißt es dann nämlich (in *Jenaer Systementwürfe III*) einmal sinngemäß: Die Erde steht der Sonne nicht mehr bloß als schwer gegenüber, sondern als der erwärmte Kristall. Sozusagen als Keim eines Subjekts. Das geht in die Richtung Ihres Hinweises.

V.

Schwabe: Wie *erklärt* sich Hegel eigentlich die Wärme? Einerseits haben Sie vorgeführt, daß er im dritten Jenaer Entwurf nicht Stellung nimmt zur Theorie eines Wärmestoffs, andrerseits, daß er diese anscheinenden Analogien bringt, zum Stoß, zum Wurf usw. Das deutet doch auf eine kinetische Wärmetheorie hin.

Posch: Diese Frage ist sehr schwierig. Man könnte es sich einfach machen und sagen: Die Frage ist unzulässig aus Hegels Sicht. Es gibt aus Hegels Sicht keine "Erklärung" der Wärme. Denn erklären würde heißen, die Wärme zum Prädikat herabzusetzen. Im Sinne Bacons: Wir müssen eine Stoffsammlung machen, wir müssen schauen, unter welchen Umständen die Wärme welchen Körpern *zukommt*. Übrigens erläutert Bacon seine Methode genau anhand des Beispiels der Wärme und versucht anhand von zahlreichen Phänomenen, die er zusammenstellt, das Wesen der Wärme zu ergründen. Auf diesem Wege kommt er dann zu einer Vorform einer kinetischen Theorie der Wärme. Aber gerade so machte es Hegel eben nicht. Für Hegel ist Wärme nicht ein Prädikat zu einem schon vorausgesetzten Subjekt, sondern sie ist selbst Subjekt. Genau in dem Sinne wie Sie [R. W.] am Schluß Ihres ersten Vortrags gesagt haben, daß die Bewegung ganz allgemein für Hegel Subjekt ist und nicht Prädikat. Also, so schlechterdings zu fragen, *wie* denn etwas warm wird, *was* passieren muß, *welche Bedingungen* vorhanden sein müssen, das ist für Hegel keine naturphilosophische Vorgehensweise. Haering, übrigens, hat das schon herausgestrichen.

Wahsner: Dies ist so, weil in Hegels Werk die Naturwissenschaften als etwas Vorgegebenes betrachtet werden; Hegel versucht nicht, sie zu verbessern. Er rezipiert sie so, wie er sie versteht, die Frage ist dann nur, wie richtig er sie versteht.

Posch: Im Sinne dieser These, die Sie immer wieder urgieren, ist mein Resultat bezüglich der Wärme nicht uninteressant. Nämlich, daß Hegel sich in der *Mechanik der Wärme* gar nicht die Finger damit schmutzig macht, die Wärmestofftheorie als die schlechtere oder die kinetische als die bessere zu erweisen. Das macht er hier nicht. Freilich macht er das dann in der *Enzyklopädie*. Und da kann dann im Zusammenhang mit anderen Partien der *Enzyklopädie* der Eindruck entstehen, den ich früher auch sehr stark hatte, daß Hegel sehr wohl die Naturwissenschaften verbessern möchte. Aber aus meiner jetzigen Sicht würde ich das etwas anders darstellen und auch Ihnen [G. M.] Recht geben, daß es bei Hegel gar nicht möglich ist, die einzelwissenschaftlichen Debatten – Sie haben das an der Materialität oder Immaterialität der Seele festgemacht – so, d.h. im Sinne einer Parteinahme, aufzunehmen. Das geht aus prinzipiellen Gründen nicht.

Wahsner: Es war nicht sein Verständnis, obwohl es ihm gelegentlich unterläuft. Aber dann muß man untersuchen, warum es ihm unterläuft.

Schwabe: Hier könnte man also wieder eine Parallele zu Aristoteles sehen. Denn Aristoteles weiß auch nicht, was eigentlich der Wärme zugrundeliegt. Allerdings vermerkt er das als einen Erkenntnismangel. Beim Ton ist er sich sicher, daß er bewegte Luft sei, die Luftsäule, die angestoßen wurde; die Bewegung wird zum Ohr übertragen. Er hat auch die Vorstellung, daß hohe Töne eine schnellere Bewegung sind als niedrige. Aber bei den Qualitäten des Tastsinnes, deren ja mehrere sind, nicht nur warm und kalt, sondern auch feucht und trocken, da gesteht er (im 2. Buch von *De anima*, wo er den Tastsinn bespricht) ein, was eigentlich das ὑποκείμενον für diese verschiedenen Qualitäten sei, das wisse er nicht. – Aristoteles hat durchaus zwischen primären und sekundären Qualitäten

Das scheint bei Hegel irgendwie verlorenzugehen, der Unterschied ~~ren~~ und sekundären Qualitäten.

Posch: Ja, weil Hegel einfach die atomistische Vorstellung verwirft, die dieser Unterscheidung zugrundeliegt. Er schaltet diese Unterscheidung sozusagen schon im Ansatz, weiter unten, aus. Da kann es dann gar nicht mehr zu dieser Unterscheidung kommen. Aber es ist immer leicht, das so hegelianisierend zu deklarieren. Ein anderes ist es, ob man da nicht doch in gewisser Weise ein Defizit sehen kann, so wie Sie eben jetzt mit einem gewissen Recht Aristoteles dafür loben, daß er nicht nur sagt, er wisse nicht, was das der Wärme Zugrundeliegende ist, oder: das sei eine falsche Frage, sondern daß er dieses Nichtwissen auch als Defizit erkennt. Einerseits ist dieser Standpunkt vielleicht ein Vorzug des Aristoteles, andererseits ist natürlich Hegels Ablehnung dieser Frage einem differenzierteren Subjektbegriff geschuldet. Denn für Hegel ist das Subjekt nicht einfach ein Zugrundeliegendes, das da festgeschrieben wird und sich dann so und so artikuliert, sondern die Artikulationsweise, die Bewegung, ist das Subjekt selbst. Es geht um die Selbstmanifestation des Begriffs. Diese Selbstmanifestation kann nur dadurch geschehen, daß Hegel keinen Subjektbegriff hat, zu dem die Prädikate nur so hinzukommen. Die Weise, wie die Wärme erscheint, ist die Wärme. Hegel würde ja auch nicht fragen, warum sich die Planeten bewegen. Er würde nicht sagen: Jetzt kritisiere ich zwar Newton, aber dann muß ich eine eigene Erklärung dafür anbieten, *warum* sich die Planeten um die Sonne bewegen. Das geht prinzipiell nicht bei Hegel.

Schwabe: Er bietet also keine Erklärung der Planetenbewegung?

Posch: Naja, er sagt, das sei die Manifestation einer Figur – einer begrifflichen Struktur –, die er schon in der Logik entwickelt habe. In der enzyklopädischen Logik betrifft das den dichtgedrängten Paragraphen 198, in dem Hegel die Relevanz des Schlusses für den Staat auf der einen Seite und für das Sonnensystem auf der anderen Seite erörtert. Hier gibt es für Hegel auch nicht die Frage: Wie müssen sich die Subjekte verhalten, damit ein Staat zustandekommt? Man kann sogar an seiner Rechtsphilosophie zeigen, daß er auf diese Weise gewisse Aporien des modernen Denkens sowie des Verstandesdenkens, gewisse, bis zur Lächerlichkeit hin gehende Versuche, durch äußerliche Maßnahmen einen Staat zustandezubringen, als Unfug durchschaut. Also, die ganze Frage reicht sehr weit.

Wahsner: Vielleicht noch eine kurze Bemerkung. Aristoteles war ja in einer anderen Situation als Hegel. Das, was Hegel als Naturwissenschaft vorlag, gab es für Aristoteles noch nicht, denn in der Antike gab es nur Naturphilosophie, und natürlich war Aristoteles für Naturphilosophie zuständiger als Hegel für die Naturwissenschaften.

Schwabe: Aristoteles war gewissermaßen sein eigener Naturwissenschaftler.

Von der logischen *Idee* zur *Natur* in Hegels Systemkonzept

Hans-Dieter Klein

Hegel hat die Natur bekanntlich als *Idee in ihrem Anderssein* bezeichnet und hat dieses Anderssein auch dahingehend charakterisiert, daß die Modalkategorien *Notwendigkeit* und *Zufälligkeit* in der Natur auseinanderfallen. In der Natur gibt es vielerlei Zufälliges, was man sich nach Hegels Auffassung nicht bemühen sollte, bis ins letzte Detail auf den Begriff zu bringen, wenngleich es Spuren des Begriffs auch in diesen Zufälligkeiten der Natur gibt. Hegel spricht in diesem Zusammenhang auch von der *Ohnmacht der Natur* und erwähnt in einer berühmten Passage das Argument eines Zeitgenossen, des Herrn Traugott Krug, der die Naturphilosophen wissen ließ, daß er z.B. die Position Schellings viel eher akzeptieren könnte, wenn es diesem gelänge, auch nur seine Schreibfeder zu deduzieren.

Hegel mokiert sich über Krugs Forderung mit dem interessanten Argument, daß die Deduktion der Schreibfeder dann nachgeholt würde, wenn man eines Tages nichts Wichtigeres mehr zu tun hätte.[1] Unerachtet seiner Bekanntheit ist dieses Problem m.E. eines der interessantesten im Umkreis der Hegelschen Naturphilosophie. Denn man kann sich fragen: Wie hätte beispielsweise Leibniz auf die Aufforderung reagiert, die Schreibfeder des Herrn Krug zu deduzieren? Seine Reaktion ist sehr leicht zu rekonstruieren. Leibniz hätte gesagt, daß die Schreibfeder des Herrn Krug tatsächlich in allen ihren einzelnen Bestimmungen im Prinzip *deduziert ist*, das heißt, daß ihre Notwendigkeit in allen Einzelheiten bestimmt ist – für Gott. Für unser endliches Denken ist das Ganze zu komplex, und daher sind wir nicht in der Lage, die einzelnen Dinge im Detail zu deduzieren – also mit Notwendigkeit abzuleiten –, sondern wir sind darauf angewiesen, daß uns die Dinge in der Erfahrung gegeben seien. So hätte Leibniz geantwortet.

Nun kann man sich aber die weitere Frage stellen: Wie hätte Hegel auf die Reaktion von Leibniz reagiert? Er hätte gesagt, daß diese Position von Leibniz eine Stufe innerhalb der Wesenslogik, gegen deren Ende zu, darstellt, wo – ich möchte mich hier nicht auf die einzelnen Bestimmungen einlassen – der Zusammenfall von Zufälligkeit und Notwendigkeit in einer Welt der Substanzen als

---

[1] Vgl. G.W.F. Hegel, Enzyklopädie der philosophischen Wissenschaften im Grundrisse (1830), Zweiter Teil. Die Naturphilosophie, mit den mündlichen Zusätzen, in: Werke in 20 Bdn., auf der Grundlage der Werke von 1832-1845 neu edierte Ausgabe, Frankfurt a.M. 1986, Bd. 9, S. 35. Hier schreibt Hegel: "Herr *Krug* hat in diesem und zugleich nach anderer Seite hin ganz naiven Sinne einst die Naturphilosophie aufgefordert, das Kunststück zu machen, *nur* seine Schreibfeder zu deduzieren. Man hätte ihm etwa zu dieser Leistung und respektiven Verherrlichung *seiner* Schreibfeder Hoffnung machen können, wenn dereinst die Wissenschaft so weit fortgeschritten und mit allem Wichtigeren im Himmel und auf Erden in der Gegenwart und Vergangenheit im Reinen sei, daß es nichts Wichtigeres mehr zu begreifen gäbe."

Durchgangsstadium erreicht, aber dann auch überwunden wird. Nur der Vollständigkeit halber sei erwähnt, daß man sich im Zusammenhang mit der Schreibfeder des Herrn Krug natürlich auch an den § 76 der *Kritik der Urteilskraft* erinnert. Darin spricht Kant davon, daß die Differenz der Modalkategorien lediglich für ein endliches Denken Bedeutung hat, während ein göttliches Subjekt, das über eine intellektuelle Anschauung bzw. einen anschauenden Verstand verfügt, nicht der Getrenntheit der Modalkategorien ausgeliefert ist, sondern für ein solches eine *coincidentia oppositorum* eintritt, so daß in diesem Sinne die Zufälligkeit und Einzelheit der Schreibfeder des Herrn Krug von Gott so erzeugt werden kann, wie es für uns in der reinen Anschauung möglich ist, aus den Peano-Axiomen die einzelnen natürlichen Zahlen zu erzeugen.[2]

Nun hat Hegel ganz offensichtlich in der *Logik des Begriffs* einen aus seiner Sicht über diese Leibnizsche, aber auch über die Kantsche Position hinausgehenden höheren Standpunkt erreicht, der dann zu Beginn der Naturphilosophie in der *Enzyklopädie* auf eine etwas saloppe Weise in der eingangs zitierten, Krug betreffenden Passage mit dem Unterschied des *Wichtigen* und des *Unwichtigen* charakterisiert wird. Nochmals: Der Gedanke Leibnizens – und im Grunde genommen ist Kants Position hier nicht allzu weit von derjenigen Leibnizens entfernt –, ist der, daß die Schreibfeder des Herrn Krug prinzipiell deduziert werden kann, wenn auch nur für Gott. Aus der Sicht Hegels aber ist das noch ein untergeordneter Standpunkt, von dem ausgehend das Bewußtsein die irrtümliche und falsche Intention verfolgt, auch alles Unwichtige – ich verwende jetzt den Sprachgebrauch des Anfangs der Naturphilosophie – in die Koinzidenz von Notwendigkeit und Zufall einbeziehen zu wollen. Es hängt dies mit der grundsätzlichen Struktur des Hegelschen Systems zusammen, mit den Grundentscheidungen, die Hegel trifft, und man kann dies interpretieren, wenn man sich auf den weiteren Verlauf des Systems konzentriert und feststellt: Wenn zu Beginn der Naturphilosophie, durch das Sich-Entäußern der Idee die Modalbestimmungen wieder auseinanderfallen, dann wird ja dieses Auseinanderfallen, dieses Sich-Entäußern der Idee, sukzessive überwunden, und die letzte Stufe, die Hegel hier vorsieht, ist der absolute Geist bzw. die Religion und die Philosophie. Man kann sich damit näher auseinandersetzen, wenn man den Gottesbegriff Leibnizens mit jenem Hegels vergleicht. Bei Leibniz' Gottesbegriff haben wir es mit einer unbeschränkten Vernunft zu tun, die für unsere endliche Vernunft transzendent ist – und genau das ist der Punkt, den Hegel in seinem Gottesbegriff *nicht* anerkennen will. Es gehört, wie wir wissen, zu Hegels Zentralanliegen, Gott nicht als transzendenten Gott zu konzipieren. Das bedeutet, wie z.B. am Anfang der *Vorlesungen über die Philosophie der Religion* gezeigt wird, daß Gott Selbstbewußtsein ist, daß aber das göttliche Selbstbewußtsein ein Selbstbewußtsein in dem endlichen Selbstbewußtsein ist. Anders gewendet: Wir sind uns unserer selbst insofern bewußt, als wir uns unserer selbst bewußt sind als Einheit des Endlichen und Unendlichen. Unser Bewußtsein von

---

[2] Vgl. I. Kant, Kritik der Urteilskraft, in: Immanuel Kant, Werke in 12 Bdn., hg. von W. Weischedel, Frankfurt a.M. 1968, Bd. X, S. 355.

uns selbst als unendlich ist zugleich das Selbstbewußtsein Gottes. Diese Konzeption bedeutet aber, daß es nicht möglich ist, so wie es beispielsweise Leibniz wollte – und wie es auch im Sinne des *mainstream* der philosophischen Tradition versucht wird – über einen transzendenten Gott die Schreibfeder des Herrn Krug zwar nicht für uns, aber an und für sich deduzierbar zu denken. Es muß also von Hegel, damit er diese Konzeption vertreten kann, angenommen werden, daß der Zusammenfall der Modalkategorien in *der* Form, wie das auch Kant für seinen transzendenten Gott als intellektuelle Anschauung und anschauenden Verstand konzipiert, nicht die eigentliche Position der Wahrheit darstellt, sondern daß man zu dem Standpunkt zurückkehren muß, daß die Einzelheiten in ihrer Zufälligkeit in gewissem Sinne zufällig bleiben. Möglich ist das jedoch offenbar nur durch die Differenz des *Wichtigen* und des *Unwichtigen*.

Damit sind wir bei einer – wie man sagen könnte – Gretchenfrage für die systematische Philosophie überhaupt angelangt. Denn es läßt sich auch die von Hegel ins Auge gefaßte Lösung unterschiedlich einschätzen, je nachdem, ob man annimmt, daß die Differenz des Wichtigen und des Unwichtigen, anders als Hegel es beansprucht, ihrerseits vielleicht wieder so etwas wie eine Reflexionsdifferenz ist. Hegel beansprucht doch, mit dem Übergang von der *Lehre vom Wesen* in die *Lehre vom Begriff* die Sphäre der Reflexionsdifferenzen überwunden zu haben, und in dem Augenblick, wo die Sphäre der Reflexionsdifferenzen überwunden ist, besteht auch nicht mehr das Bestreben, jede unwichtige Einzelheit als im Prinzip deduzierbar zu imaginieren.

Ich möchte kurz auf dieses Problem der Reflexionsdifferenzen und ihrer Überwindung eingehen, wobei ich auch hier allzu Bekanntes in Erinnerung rufe. Die Bestimmungen der *Lehre vom Wesen* sind Bestimmungen, die insofern nicht unmittelbar sind, als sie jeweils relativ zueinander sind; es handelt sich um Relationsbestimmungen, aber nicht nur Relationsbestimmungen, sondern um Beziehungen auf sich selbst – das besagt ja der Ausdruck Reflexion –, und diese Beziehungen auf sich selbst sind zugleich selbstwidersprüchlich. Mit dieser Position bewegt sich Hegel in einem Problemhorizont, der auch für andere Philosophen des Deutschen Idealismus zentral war, namentlich für Fichte und seinen Umkreis; mit Wirkung auf Hegel wird hier auch besonders die Bedeutung Hölderlins hervorgehoben. Im Umkreis Fichtes wurde zu Recht das Problem diskutiert, daß die selbstwidersprüchliche Reflexivität, die auch für das Ich zentral ist, nur dann gedacht werden kann, wenn man eine ursprüngliche Einheit voraussetzt, die Hegel als Unmittelbarkeit bezeichnet, für die dann die verschiedenen Philosophen gleichsam verschiedene Karrieren ins Auge gefaßt haben. Während nämlich in der späteren Philosophie Fichtes von einer Einheit von Unmittelbarkeit und Reflexion so ausgegangen wird, daß im Ich Unmittelbarkeit unter dem Titel von Sein, Einheit usw. als transzendentes Absolutes – freilich im Ich – angesetzt wird, versucht Hegel, die der Reflexivität vorausgesetzte Unmittelbarkeit als ein Moment unseres endlichen Ich zu begreifen, welches aber zugleich in dieser Weise als unendlich gedacht wird, sodaß auch im dritten Teil der *Wissenschaft der Logik* (im Begriff) diese Einheit von Unmittelbarkeit und Reflexivität gedacht werden kann, aber so, daß sich dabei die Form des endlichen Ich in ihren Momenten als solche entwickelt. Wenn ich sage "die Form des endlichen Ich" – für Hegel ist das gerade die wahre Unendlichkeit –, dann ist der Begriff *Endlichkeit* hier aus der Perspektive derjenigen formuliert, die meinen, daß die Transzendenz des Absoluten *nicht* aufgegeben werden kann, wie vor allem der späte Fichte oder die vorkritischen Philosophen – jeweils natürlich in anderer Weise.

Nun würde es den Rahmen des vorliegenden Beitrags sprengen, eine eigene Stellungnahme zu diesem Problem eingehend zu *begründen*. Um aber nicht mit verdeckten Karten zu spielen, so kann ich klarstellen, daß ich mich in diesem Problem letzten Endes nicht auf Hegels Seite schlage, sondern eher auf die des späten Fichte, oder auch auf die Seite Kants. Es wäre hierzu vieles zu überlegen, was in den Diskussionen des Deutschen Idealismus zur Sprache gekommen ist, z.B., welche Rolle der sogenannte unendliche Progressus und das unendliche Sollen bei der Aufhebung des dialektischen Selbstwiderspruchs spielen kann. Aber jedenfalls ist das ein entscheidendes Problem, und es ist ganz klar, daß eine Stellungnahme zu diesem Problem darüber mit entscheidet, wie man die Konzeption der Hegelschen Naturphilosophie insgesamt beurteilt, nämlich in dem Sinn, wie weit man sich selbst entschließen kann, sie zu übernehmen oder nicht zu übernehmen – nicht in der Behandlung der einzelnen Probleme, z.B. der Gravitation oder des Lichts – wohl aber in der Konzeption der Naturphilosophie als eines Systems. Ich begnüge mich damit, das Problem als Problem skizziert zu haben und schließe, indem ich nochmals versuche, den wesentlichen Grundgedanken zusammenzufassen.

Ich habe in Anknüpfung an die Polemik Hegels gegen Krug die Frage erörtert, inwieweit es möglich ist, ein Zusammenfallen der Kategorien der Modalität im Absoluten so zu konzipieren, daß dabei jedes zufällig Einzelne zugleich ein Notwendiges ist. Hier haben wir verschiedene Optionen, die alle auch heute noch in Rechnung gestellt werden müssen, und zwar *erstens* die, wenn man es so sagen darf, vorkritische Version – ich habe Leibniz erwähnt, man könnte natürlich auch über Spinoza sprechen –, *zweitens* die Kantische Version in einer Koexistenz von Anschauen und Denken im Absoluten, *drittens* die Position des späten Fichte. Dies sind lauter unterschiedliche Varianten, die sich aber alle darin einig sind, daß sie die spezifische Weise, wie bei Hegel das absolute Selbstbewußtsein und unser wahres Selbstbewußtsein zusammenfallen, nicht akzeptieren können. Auf der anderen Seite steht eben die Hegelsche Variante. All diese Positionen ergeben unterschiedliche Konsequenzen für das Problem – sagen wir es jetzt mit einem mittelalterlichen Begriff – der *haecceitas*. Die Frage, inwieweit wir das systematische Grundkonzept von Hegels Naturphilosophie akzeptieren und übernehmen können, und inwiefern das nicht möglich ist, entscheidet sich nicht zuletzt an dem Problem, wie man das Konzept der sich entäußernden Idee oder der Idee in ihrem Anderssein bewerten muß.

Diskussion

I.

Grimmlinger: Ich glaube, es ist wichtig, sich klarzumachen, was *"deduzieren"* in bezug auf Hegel eigentlich bedeuten soll – insbesondere in der Naturphilosophie, aber nicht nur dort. Was soll es heißen, eine Schreibfeder zu deduzieren: einen wirklichen Gegenstand, der zwar nicht ausschließlich Naturgegenstand ist, weil er vom Menschen hergestellt ist, der aber jedenfalls in irgendeiner Weise natürliches Sein ist? Heißt deduzieren hier die Vollständigkeit der Bestimmungen, auch der natürlichen Bestimmungen, die dem Material zugrunde liegen, einsichtig machen, oder heißt es, daß die prinzipielle Existenz der Schreibfeder einsichtig gemacht werden soll?

Klein: Ich bin historisch und philologisch nicht genügend bewandert, um zu wissen, wie die intellektuelle Biographie des Herrn Krug aussieht. Ich glaube, er war eigentlich Kantianer. Aber man muß jedenfalls ein Problembewußtsein vor Augen haben, das noch aus dem 18. Jahrhundert stammt – auch bei Hegel. Man denke etwa an die *Theodizee* von Leibniz. Da gibt es Beispiele wie die Analyse des Hebens der Hand. Das Heben der eigenen Hand ist ein Ereignis, das zunächst einmal physikalisch begründet ist, wobei es nach Leibniz nur die klassischen physikalischen Gesetze gibt, keine Ermäßigungen einer strikten deterministischen Kausalität wie in der Quantentheorie. Wenn ich die Hand hebe, so ist dieses Ereignis also determiniert durch Zustände, die das Universum vorher gehabt hat, und durch die Gesetze der Physik. Das heißt: Nur der Anfangszustand des Universums bleibt zufällig. Und hierfür gibt es für Leibniz wieder andere Auswahlprinzipien. Es gibt eine unendliche Menge physikalisch möglicher Welten, aus denen Gott nach den Gründen der *Zwecke* dann eine bestimmte Welt auswählt. Wenn man also die Vernunftwahrheiten – die Gesetze der Logik und Mathematik und die Grundprinzipien der Ontologie, die der göttliche Verstand weiß – voraussetzt und dann die unendliche Menge der möglichen Welten, so gibt es nach Leibniz ein eindeutiges Ergebnis nach den Prinzipien der Wahl des Besten. Daraus resultiert die Welt, in der wir leben. Das heißt: Für Leibniz ist es ganz klar, daß sich alles – ob das nun die Schreibfeder des Herrn Krug ist oder der Zustand des Planeten Merkur – mit strikter Notwendigkeit ableiten läßt. Das faktisch Existierende und das Notwendige fallen für ihn im Absoluten zusammen. Aber für unser endliches Wissen ist aus der Perspektive von Leibniz dieses Zusammenfallen nicht immer realisierbar, weil wir die Unendlichkeit nicht bewältigen. Wir können nur dort Notwendigkeiten erzeugen, wo wir mit einer endlichen Menge von Elementen operieren. Das ist zum Beispiel bei den Axiomen der Logik und Mathematik und – bei Leibniz – auch in der Ontologie der Fall. Für den endlichen Geist ist das, was Gott genauso erzeugt, wie wir die Zahlen erzeugen können, dann eben bloß empirisch gegeben. Ich glaube, das muß man als Hintergrund voraussetzen.

Dagegen gibt es dann die verschiedenen kritischen Revolten, beginnend mit Kant, der eine Differenz von Anschauungs- und Denkformen ansetzt, die bei Leibniz nicht existiert, so daß die Leibnizsche Überlegung transponiert wird in einen Gottesbegriff, der als intellektuelle Anschauung bzw. als anschauender Verstand konzipiert wird. Aber das sind aus der Sicht Hegels lauter Reflexionsbegriffe.

Wenn man nun einen Dialog fingiert, kann man aus der Sicht der vorhegelianischen Philosophie an Hegel die Frage richten: "Was ist, wenn du das (das Unwichtige, etwa die Schreibfeder) aber nicht deduzieren kannst? Und wenn du auch behauptest, daß es nicht nur für uns, sondern daß es *überhaupt nicht* deduzierbar ist, da das gerade das Wesentliche an der Natur ist, daß sie die Ohnmacht des Begriffs ist – was ist dann?" Das ist ja gerade das Entscheidende, daß für Hegel, wie man sagen könnte, das Begrifflose auch für Gott nicht deduzierbar ist! Das ist ja einer der Aspekte der Aussage, daß die Natur "das Andere der Idee" ist. Das ist ein Gedanke, der in der vorkritischen Metaphysik nicht vorgesehen ist.

II.

Hashi: Sie haben von der Differenz zwischen dem "Wichtigen" und dem "Unwichtigen" bei Hegel gesprochen. Wo liegt der Maßstab für die Unterscheidung von Wichtigem und Unwichtigem? Die Grenze kann man ja nicht willkürlich ziehen. Ich glaube, das Unwichtige, das ist für Hegel nichts anderes als die einzelnen Seienden, die nur auf der Erfahrungsebene bleiben und nicht aus dem reinen Begriff abgeleitet werden können. Aber dazu hätte ich gerne eine genauere Erklärung.

Klein: Ich kann nur sagen, wie ich es lese. Hegel hat sich an einer gewissen Ansicht orientiert, die er jedenfalls bei Aristoteles findet, nämlich daß die höchste Form des Bewußtseins und Selbstbewußtseins der $\beta\iota\sigma\varsigma$ $\theta\epsilon\omega\rho\eta\tau\iota\kappa\acute{o}\varsigma$ ist. Das ist das menschliche Selbstbewußtsein, das als philosophisches die allgemeinen Ideen denkt. Da ist es unwichtig, ob ich Schnupfen habe oder nicht. Doch stellt sich nun sofort die Frage: Wenn wir nicht zumindest das regulative Prinzip einer prinzipiellen Deduzierbarkeit der Schreibfeder haben, was ist dann (im Bereich der regulativen Prinzipien) der Unterschied zwischen einem Traumbild und einer wirklichen Existenz? Was ist ontologisch der Begriff des Existierenden zum Unterschied vom bloß Möglichen? So wie man im Jesuitentheater Dialoge im Paradies oder im Hades fingiert, könnte man Leibniz sich mit dieser Frage an Hegel wenden lassen. Aber Hegel müßte dem Leibnizianischen Konzept einer Koinzidenz von Existierendem und Notwendigem im Absoluten entgegenhalten, daß dies wiederum nur *unsere Konzeption* ist. Das heißt also, daß wir uns damit nur im endlichen Bewußtsein, in den Reflexionsdifferenzen bewegen. Wenn man Hegel kritisieren möchte, müßte man ihm nachweisen, daß es einfach nicht möglich ist, über die Reflexion hinauszukommen.

III.

Wahsner: In der Nachschrift von Bernhardy zu der Naturphilosophie-Vorlesung von 1820 kommt der Satz vor: "Wenn der Geist nicht wäre, so wäre die Natur doch, was sie ist." War das ein Ausrutscher? Oder gibt es Ihrer Auffassung nach eine logische Vorbereitung dieses Standpunktes, der sich sonst in dieser Form bei Hegel nicht findet?

Klein: Ich kenne diese Stelle nicht. In welchem Zusammenhang steht das?

Wahsner: Am Anfang der Naturphilosophie, wo Hegel den Begriff der Natur erklärt.

Klein: Aber es ist doch für Hegel so, daß die Nichtexistenz des Geistes eine völlig undenkbare Option ist.

Wahsner: Ja, eben!

Klein: Nehmen wir einmal an, daß das kein Irrtum des Nachschreibers ist. Wenn Hegel das gesagt hat, so ist die Frage, was er damit hat sagen wollen. Ich kann eigentlich damit nichts verbinden, es sei denn, daß er vielleicht meint, daß seine Sicht der Natur dem normalen Bewußtsein gegen den Strich geht, welches dann eben durch diesen Satz charakterisiert werden soll.

Schwabe: Meine Vermutung geht auch in diese Richtung. Es könnte ein Satz ausgefallen sein, der zum Beispiel lautet: "Im gewöhnlichen Bewußtsein denkt man sich ...", nämlich eben: "Die Natur existiert doch unabhängig vom Menschen."

Klein: Ja, was soll das auch heißen: "Die Natur wäre, was sie ist"? Es kann aber doch sicher nicht eine materialistische Position gemeint sein, die die Logik gewissermaßen wegstreicht.

Wahsner: Nein, eben deswegen ist das Ganze auch so problematisch.

Schwabe: Lücken sind doch in Mitschriften die Regel. Dann wäre es einfach die Gegenposition ...

Wahsner: Nein, das ist hier schon seine Auffassung.

IV.

Richli: Sie knüpfen Ihre Kritik daran, daß Hegel bestimmte, für ihn zufällige Einzelheiten als nicht deduzierbar betrachtet. Aber in der Tradition hat man im großen und ganzen doch höchstens in bestimmten Bereichen die eidetischen Momente als deduzierbar betrachtet, also zum Beispiel die Arten der Dreiecke, während die Einzelheit als solche nach Aristoteles als das galt, was εἰς ἄπειρον ἐμπίπτει. Hegel war eigentlich der Einzige, auch gegenüber Fichte, der einen Begriff von Einzelheit hatte, also eine eidetische Bestimmung der Einzelheit, allerdings nur auf den höheren Stufen des Geistes. Das ist eigentlich viel herausfordernder als die These über die Schreibfeder Krugs.

Zu der Schreibfeder möchte ich aber noch etwas anderes sagen. Das eigentliche Problem ist doch das, das Sie auch angesprochen haben, nämlich die Theodizee, das Problem der Ungerechtigkeiten in der Welt. Sind diese kontingent oder nicht? Sind sie von Gott gewollt? Nach meiner Auffassung – das ist jetzt kein logisches Argument, sondern ein weltanschauliches – sind die diesbezüglichen Positionen Fichtes, Hegels und diejenige von Leibniz in erster Linie eine Ungeheuerlichkeit. Und ich halte es auch für unzulässig, daß man über diese Schreibfeder diskutiert, ohne diese ungeheuer relevanten Aspekte des Problems der Notwendigkeit und der Kontingenz in Betracht zu ziehen. Denn da bricht der ganze deutsche Idealismus zusammen. Ich bin der Überzeugung, daß man heute aus *diesem* Grunde schlechthin nicht mehr Hegelianer sein kann; daß es eine Blasphemie ist, wenn man heute noch Hegelianer ist, in diesem Sinne.

Klein: Mir sind das zu schnelle Schlüsse. Aber weil Sie das Theodizeeproblem ansprechen: Der "Erfinder" dieses Problems ist ja Platon. Und bei Platon ist es mit der Schreibfeder des Herrn Krug eigentlich fast ähnlich wie bei Hegel. Platon hat – interpretieren wir ihn tübingerisch – mit seinem zweiten Prinzip eine Instanz, die verhindert, daß das Eine voll durchdringt. Und da gibt es dann auch eine "Ohnmacht der Natur", und es gibt dann den Zufall, der nicht leibnizianisch in eine Koinzidenz aufgesaugt wird.

V.

Posch: Eine Bemerkung und eine Frage. Die Bemerkung bezieht sich darauf, daß Sie gesagt haben, die Unterscheidung zwischen dem Wesentlichen und dem Unwesentlichen, die als ein Regulativ dafür dient, was man in der Naturphilosophie zu behandeln hat und was man auslassen kann, sei nicht haltbar, oder sei zumindest eine ungerechtfertigte Anwendung von Reflexionskategorien. Das halte ich für sehr untersuchenswert.

Nun zu meiner Frage. Sie sagen, Sie folgen bezüglich der Transzendenz des Absoluten eher dem späten Fichte und eher Kant als Hegel. Ist es nicht so, daß das zu einem Problem für die Naturphilosophie werden könnte? Es ist ja offensichtlich, daß Kant zu einer eigentlichen Naturphilosophie nicht kommen konnte, noch weniger aber Fichte. Das hängt doch sicher damit zusammen, daß beide das Absolute als transzendent konzipieren. Zwar wird man vielleicht nicht sagen können: Immer dann, wenn das Absolute als transzendent konzipiert wird, ist eine Naturphilosophie unmöglich gemacht. Aber man könnte vielleicht fragen: Ist eine nachkantische Philosophie noch in der Lage, eine Naturphilosophie zu liefern, wenn sie die Transzendenz des Absoluten behauptet, und ist nicht für Hegel das entscheidende Konstruktionsprinzip der Naturphilosophie die Darstellung der Manifestation des Absoluten in der Natur?

Klein: Können Sie bitte die Zentralfrage wiederholen?

Posch: Ist eine Naturphilosophie konstruierbar unabhängig davon, ob das Absolute als transzendent begriffen wird?

Klein: Zunächst möchte ich sagen: Fichte hat tatsächlich aus meiner Sicht zur Naturphilosophie nicht besonders viel beigetragen. Die paar Bemerkungen über das Licht, die er gemacht hat, sind so okkasionell und auch nur anthropozentrisch, daß das nicht vergleichbar ist mit dem, was andere zur gleichen Zeit gemacht haben. Aber ich würde nicht sagen, daß Kant keine Naturphilosophie geschrieben hat – und schon gar nicht, daß man von Kant her keine Naturphilosophie machen könnte. Man kann Kants Meinung sein oder auch nicht, aber in der historischen Bilanz muß man doch sagen, die *Metaphysischen Anfangsgründe der Naturwissenschaft* und auch das, was man im *Opus posthumum* noch ahnen kann, gehören zu den wichtigsten Beiträgen zur Naturphilosophie. Die Frage, die aber meiner Vermutung nach hier zugrunde liegt, ist, frühschellingianisch gestellt, ob ein *Transzendentalismus* eine Naturphilosophie ausschließt. Dazu möchte ich sagen, daß man, wenn man die Transzendenz des Absoluten aufrechterhält, so wie das Leibniz gemacht hat – indem er dem Ich das Prinzip einer Monade, welche nicht Ich ist, beigesellte –, dennoch eine Naturphilosophie konzipieren kann. Die Bestimmung des Absoluten als transzendent bedeutet also nicht *eo ipso* den Verzicht auf eine Naturphilosophie, zumal auch bei Schelling das noch nicht so eindeutig ist mit dem Verzicht auf die Transzendenz des Absoluten.

Türel: Ich möchte hieran noch eine Frage anknüpfen. Wir dürfen ja nicht vergessen, daß in der Kritik der teleologischen Urteilskraft Leben und Zweckmässigkeit ein Als-Ob sind. Wieviel bleibt da von einer Naturphilosophie wirklich übrig? Die *Metaphysischen Anfangsgründe* kommen ja nicht bis zum Leben ...

Grimmlinger: Kants ursprüngliches Projekt einer *Metaphysik der Natur* wurde nie zur Ausführung gebracht!

Klein: Es fragt sich, was Kant unter Metaphysik versteht. Kant versteht unter Metaphysik eine Theorie, die strikt aus Prinzipien a priori abgeleitet ist. Das muß keine Ontologie sein, denn es gibt ja auch eine *Metaphysik der Sitten*. Aber die Frage war die nach dem Als-Ob ...

Türel: Ja, wieviel von der Naturphilosophie übrig bleibt, wenn Leben ein Als-Ob ist.

Klein: Dem liegt eine Kant-Interpretation zugrunde, die das Als-Ob sehr stark unterstreicht und fast in die Nähe einer fiktionalistischen Auffassung des Begriffs der Zweckmäßigkeit rückt. Es ist aus meiner Sicht so, daß Kant den Begriff der Zweckmäßigkeit als einen Begriff verwendet, der nicht für die Dinge an sich, sozusagen für deren interne Perspektive, konzipiert ist. Das bedeutet aber auf der anderen Seite nicht, daß die Naturzweckmäßigkeit bei Kant eine bloße Fiktion wäre.

Ich vermute, daß man bei Kant sagen kann, daß die Naturzweckmäßigkeit ein methodisches Prinzip der Biologie und überhaupt der Naturbetrachtung ist, auf das nicht verzichtet werden kann, das nicht die Dinge an sich, intern, angemessen charakterisiert, das aber doch *per analogiam* zutrifft. Ich glaube, wenn man die Naturzweckmäßigkeit bei Kant nur auf das Fiktionalistische herabspielt und nur als methodisches Prinzip ohne jede ontologische Relevanz versteht, so interpretiert man das zu stark. Kant sagt zwar in der *Kritik der reinen Vernunft*: Die Dinge an sich können wir nicht *erkennen*. Das heißt, wir können sie nicht empirisch verifizieren; das heißt aber nicht, daß wir sie nicht *denken* können. Es gibt ja ausgebreitete Definitionen der Dinge an sich in der *Kritik der reinen Vernunft*. Dann kommt aber in der *Kritik der Urteilskraft* noch das Analogie-Konzept hinzu. Das kann Kant brauchen, weil es so ist, daß wir die Dinge an sich nicht nur denken können, sondern auch denken müssen (wir müssen den Begriff eines unbedingten Subjekts in der Subjekt-Prädikat-Relation bilden, wir müssen die Idee einer Welt, die Idee Gottes bilden). Aber nachdem die Dinge an sich betrachtet eigentlich so sind, wie sie aus der Perspektive Gottes betrachtet werden, bedeutet das, daß man, um sie an sich zu betrachten, der intellektuellen Anschauung bzw. des anschauenden Verstandes fähig sein muß, und das wiederum bedeutet, daß das uns schon irgendwie zugängliche *Denken* der Dinge an sich doch noch mehr erläutert wird denn als ein Denken in Begriffen, die nur analoge Bedeutung haben.

Türel: Ich habe noch eine methodische Frage. Gott ist ja bei Kant transzendentales Ideal bzw. Konstruktion der praktischen Vernunft. Nun haben Sie schon mehrmals die Formulierung gebraucht: "aus der Perspektive Gottes ...". Was heißt hier noch Perspektive?

Klein: Wenn man sagt: Gott ist transzendentales Ideal und: Gott ist Postulat der praktischen Vernunft – dann spricht man auf zwei verschiedenen Ebenen. Wenn man Gott von der *Kritik der reinen Vernunft* her als transzendentales Ideal bestimmt, dann ist die Frage die: Wie ist der Begriff *Gott* zu definieren und warum sind wir sozusagen durch die Struktur des Denkens selbst genötigt, diesen Begriff notwendigerweise zu bilden? Es ist ja ein Begriff, der sich mit Notwendigkeit aus dem Denken ergibt, indem man nämlich das Unbedingte bildet nach der disjunktiven Relation, und da ergeben sich dann verschiedene Bestimmungen: Schrankenlosigkeit usw. Die Frage, die besteht, und bei der dann das Problem der Postulate relevant wird ist: Wir müssen diesen Begriff bilden, aber *existiert* ontologisch gesehen etwas, das diesem Begriff entspricht? Das ist ja das, was sich in der *Kritik der reinen Vernunft* nicht entscheidet, und da gibt es dann von der *Kritik der praktischen Vernunft* her Gründe, die jedes vernünftig denkende endliche Wesen dazu veranlassen müssen, die Existenz des transzendentalen Ideals auch anzunehmen. Diese Gründe sind, daß das höchste Gut in der empirischen Welt als nicht realisierbar erscheint und daß daher die Existenz Gottes postuliert werden muß, wenn wir nicht annehmen sollen, daß das Sittengesetz absurd ist.

Türel: Mein Problem ist, wie man von einer Perspektive Gottes sprechen kann, wenn doch Gott transzendent und nur transzendent sein soll. Wir können ja die Perspektive Gottes nicht kennen, wenn wir konsequent bleiben.

Klein: Für mich hat die Argumentation Kants hier zwei Phasen. Die eine in der *Kritik der reinen Vernunft*, und die andere in der *Kritik der Urteilskraft*. In der *Kritik der reinen Vernunft* wird das Hauptgewicht darauf gelegt, daß wir nicht alles, was wir denken können und müssen, auch empirisch nachweisen können. Es ist nicht ganz richtig, wenn in der unmittelbaren nachkantischen Diskussion gegen Kant eingewendet wurde, daß wir z.B. die Kategorie der Kausalität in der transzendentalen Affektion nicht anwenden dürfen. Denn Kant hat keineswegs behauptet, daß wir nichts denken können, was über die Erscheinungen hinausgeht, sondern nur, daß wir diesbezüglich keine Existenzbehauptungen aufstellen können. In der *Kritik der Urteilskraft* ist Kant dann offenbar etwas aufgefallen, was in der Tradition schon längst diskutiert war, daß nämlich die *Begriffe* über das Absolute Begriffe eigener Art sind. Da hat er dann das Analogiekonzept wiederentdeckt, das mindestens bis in den Neuplatonismus weiterreicht, jedenfalls bis in die Scholastik. *Per analogiam* können wir dann sicher von der göttlichen Perspektive sprechen.

Türel: Das weicht dann aber den Begriff der Transzendenz auf.

Klein: Das ist richtig. Das hat sich dann Hegel zunutze gemacht. Darum ist auch die Alternative "Kant oder Hegel" sehr subtil.

VI.

Grimmlinger: Zunächst eine Bemerkung. Du hast gesagt, man müßte Hegel nachweisen, daß es nicht möglich ist, über die Reflexionsdifferenz hinauszugehen. Ich betrachte die Denkbemühung Hegels bezüglich Sein, Wesen und Begriff noch als diesseits der Entscheidungsfrage nach der Transzendenz des Absoluten. Erst in der *absoluten Idee* wird es dann vielleicht problematisch. Nun meine Frage: Hängt die Einschätzung dessen, was Hegel in der *Mechanik* darlegt – von den Kategorien Raum und Zeit bis hin zu der sich bewegenden Materie –, wirklich von dem von Dir so genannten "Regulativ der prinzipiellen Deduzierbarkeit des Wirklichen" ab? Ich würde einmal die These aufstellen: Das hängt davon überhaupt nicht ab.

Klein: Ja, da gebe ich dir recht. Ich glaube, daß man Einzelüberlegungen *immer* aus einem System herauslösen und separat diskutieren kann. Was Hegel zum Gattungsprozeß, zum Licht usw. ausgeführt hat, das muß alles in sich erwogen werden. Das ist etwas anderes als das Systemkonzept im ganzen, auf das ich mich konzentriert habe.

Ich möchte aber im Anschluß an mein Referat noch eines sagen. Es ist nicht nur die Frage, wie man aus der Reflexion *herauskommt*, und ob man aus der Reflexion überhaupt in den Begriff kommen kann, sondern man muß auch überlegen, wie man in die Reflexion *hineinkommt*. Und da sind, glaube ich, Probleme zu bearbeiten – heute –, die Hegel nicht im Blick haben konnte, nämlich die Fragen der mathematischen Antinomien und der logischen Paradoxien und damit auch die Fragen der Differenz von exakten Sprachen und Normalsprachen. Es ist möglich, daß, wenn man auf eine andere Weise in das Problem der Reflexivität hineinkommt, sich auch andere Perspektiven für den Ausgang ergeben.

Der wahrhafte Punkt

Bemerkungen zu Hegels Bestimmung der Zeit als selbstbezüglicher Negation

Urs Richli

Augustinus über die Zeit: "Sed unde et qua et quo praeterit, cum metitur? [...] Ex illo ergo, quod nondum est, per illud, quod spatio caret, in illud, quod iam non est." [1]

Einleitung

Hegel führt in § 257 der *Berliner Enzyklopädie* den Begriff der Zeit folgendermaßen ein: "Die Negativität, die sich als Punkt auf den Raum bezieht und in ihm ihre Bestimmungen als Linie und Fläche entwickelt, ist aber in der Sphäre des Außersichseins ebensowohl *für sich* [...]. So für sich gesetzt ist sie die Zeit."[2] Wegen seiner Ausdehnungslosigkeit interpretiert Hegel den Punkt als Negation des Raums. In diesem erscheine er jedoch bloß als äußere Grenze, seine Negativität sei – wie es in einer von Wolfgang Bonsiepen veröffentlichten Vorlesungsnachschrift heißt – "paralysiert in der Gleichgültigkeit des räumlichen Bestehens".[3] Erst als Zeit komme die dem Wesen der Negativität eigene Unruhe zur Geltung. In der zweiten von Bonsiepen präsentierten Nachschrift ist das Diktum festgehalten: "Die Zeit ist also erst der wahrhafte Punkt." [4] Hegel faßt den wahrhaften Punkt als sich abstoßende Negation. Der innere Zusammenhang von Punktualität und Unruhe ist plastisch in folgender Stelle aus der *Ästhetik* ausgedrückt: "Die Zeit aber [...] ist nicht wie der Raum das positive Nebeneinanderbestehen, sondern im Gegenteil die *negative* Äußerlichkeit: als aufgehobenes Außereinander das Punktuelle und als negative Tätigkeit das Aufheben *dieses* Zeitpunktes zu einem anderen, der sich gleichfalls aufhebt, zu einem anderen usf." [5] Die Formulie-

---

[1] Augustinus, Confessiones, hg. von J. Bernhart, 2. Aufl., München 1960, XI/21/26 ff.
[2] G.W.F. Hegel, Enzyklopädie der philosophischen Wissenschaften im Grundrisse (1830). Zweiter Teil. Die Naturphilosophie, mit den mündlichen Zusätzen, in: Werke in 20 Bden., auf der Grundlage der Werke von 1832-1845 neu edierte Ausgabe, Redaktion E. Moldenhauer und K. Markus Michel, Frankfurt a.M. 1986, Bd. 9, S. 47 f. (§ 257).
[3] G.W.F. Hegel, Vorlesung über die Natur 1821/22, Nachschrift A (anonym), in: W. Bonsiepen, Hegels Raum-Zeit-Lehre. Dargestellt anhand zweier Vorlesungs-Nachschriften, in: Hegel-Studien, Bd. 20, Bonn 1985. S. 49.
[4] G.W.F. Hegel, Vorlesung über die Philosophie der Natur 1821/22, Nachschrift von Boris v. Uexküll, in: W. Bonsiepen, Hegels Raum-Zeit-Lehre, a.a.O., S. 69.
[5] G.W.F. Hegel, Vorlesungen über Ästhetik III, in: Werke, a.a.O., Bd. 15, S. 164.

rung "als aufgehobenes Außereinander das Punktuelle" hebt auf den Sachverhalt ab, daß die Zeit als Gegenwart eine in einen Punkt zusammengezogene Ausdehnung ist. In dieser Punktualität liegt ein Doppelsinn, der der im Text selbst eigens artikulierten Differenzierung in zwei Aspekte noch vorgelagert ist. Die als Punktualität akzentuierte Negativität ist erstens das, dem nach einer Formulierung von Augustinus die Räumlichkeit mangelt: illud, quod spatio caret. Sie ist privative Absenz. Zweitens ist diese Absenz selbst die aktuelle Negation des Raumes. Sie ist also in einem Negat und Negation oder mit anderen Worten: in einem Grenze und Begrenzendes. Dieser Doppelsinn, der den Kern der spekulativen Negation betrifft, ist von einem weiteren Doppelsinn überlagert: Die Negativität ist in einem auch das erzeugende Prinzip dessen, was ihr mangelt.[6]

Ich will im Folgenden die hier nur angedeutete Komplexität der Negativität präziser artikulieren und die ihr zugrundeliegende Logizität offenlegen. In einem ersten Schritt werde ich versuchen, die Darstellung des Andern an ihm selbst in der *Wissenschaft der Logik* als Interpretament der Tiefenstruktur der Zeit fruchtbar zu machen. Dazu ist vorgängig festzuhalten, daß Hegel die Zeit als selbstbezügliche Negation faßt, aber in keinem Text als Anderes an ihm selbst kennzeichnet. Die Figur des Andern an ihm selbst wird sowohl in der *Wissenschaft der*

---

[6] Zu Hegels Deutung der Zeit als Negativität sind vor allem zu beachten die luziden Ausführungen von Rainer Lambrecht in seinem Aufsatz "Die Zeit – ein Begriff der Naturphilosophie?" in: Naturphilosophie im Deutschen Idealismus, hg. von K. Gloy und P. Burger, Stuttgart-Bad Cannstatt 1993. Lambrecht zeigt u.a., inwiefern Hegels Darstellung der Zeit eine Explikation anonymer Voraussetzungen der Darstellung des Raumes ist. Er schreibt: "Die Negativität des spekulativen Entwickelns ist somit für die Raum-Bestimmungen konstitutiv, ohne in ihnen gesetzt zu sein." (306 f.) Analoge Überlegungen finden sich in den Jenaer Systementwürfen III zur Naturphilosophie. So heißt es hier z.B., der aus dem Raum herausgefallene Unterschied, als der sich die Zeit erweist, sei "das Selbst des Meinens, wohin wir ihn fallen sahen". (G.W.F. Hegel, Jenaer Systementwürfe III. Naturphilosophie und Philosophie des Geistes, neu hg. von R.-P. Horstmann, Hamburg 1987, S. 9 f.) In diesem Sinne ist auch im Werden der zunächst nur gemeinte Unterschied von 'Sein' und 'Nichts' gesetzt. Lambrecht erwähnt die Ausführungen aus den Jenaer Systementwürfen nicht, hat sie aber vermutlich im Blick. Mir scheint, er bringe den von Hegel intendierten Sachverhalt noch prägnanter auf den Punkt als dieser selbst.
Wichtig erscheint mir auch der Hinweis von Brigitte Falkenburg, Hegel gelinge es mit seiner Definition der Zeit, den Zirkel, in dem sich die Definition der Zeit als Aufeinanderfolge bewegt, zu durchbrechen: "Um zeitliche Beziehungen von räumlichen zu unterscheiden, benötigt man den Begriff der *Veränderung*, der impliziert, daß etwas durch ein Anderswerden hindurch mit sich identisch bleibt. Hegel bestimmt die Zeit deshalb im Gegensatz zu Leibniz und Kant als (negative) Selbstbeziehung und nicht als Beziehung der Aufeinanderfolge." (B. Falkenburg, Die Form der Materie. Zur Metaphysik der Natur bei Kant und Hegel. Frankfurt a.M. 1987, S. 195.)
Renate Wahsner thematisiert in ihrer nicht nur in Sachen Hegel, sondern auch in Sachen Naturwissenschaft kenntnisreichen Schrift *Zur Kritik der Hegelschen Naturphilosophie. Über ihren Sinn im Lichte der heutigen Naturerkenntnis* (Frankfurt a.M.–Berlin–Bern–NewYork–Paris–Wien 1996), besonders in Teil II, der unter dem Titel "Zur logischen Struktur des Hegelschen Verfahrens" steht, wesentliche Aspekte der logischen Tiefenstruktur der Zeit, mit denen sich mein Beitrag beschäftigt.

Logik wie in § 247 der *Enzyklopädie* als der logische Ausdruck der Grundverfassung der Natur angeführt. In dieser Hinsicht tangiert sie auch die Zeit. Ich will jedoch anders als Hegel an dieser Figur spezifische Aspekte der als Negativität bestimmten Zeit sichtbar machen.

In den folgenden Teilen behandle ich das Theorem der Einheit von konträrem und kontradiktorischem Gegensatz, Hegels Definition der Zeit als angeschautes Werden und Hösles These, die Kategorien der Naturphilosophie seien anders als die der Logik nicht selbstbezüglich.

Das Andere an ihm selbst

Die Kategorie 'Anderes' ist Korrelat der Kategorie 'Etwas'. Hegel bezieht diese Kategorien in einem ersten Schritt der Darstellung auf beliebige durch Variable repräsentierte Instanzen. In dieser Form der Darstellung ist die Kategorie 'Anderes' eine Negation, die in die vergleichende Reflexion fällt und der durch die Kategorie 'Etwas' bestimmten Instanz äußerlich ist: "Es erscheint somit das Anderssein als eine dem so bestimmten Dasein fremde Bestimmung oder das Andere *außer* dem einen Dasein; teils, daß ein Dasein erst durch das *Vergleichen* eines Dritten, teils, daß es nur um des anderen willen, das außer ihm ist, als Anderes bestimmt werde, aber nicht für sich so sei."[7]

Die spekulative Darstellung der Kategorie 'Anderes' leitet Hegel folgendermaßen ein: "Drittens ist daher das *Andere* zu nehmen als isoliert, in Beziehung auf sich selbst; *abstrakt* als das Andere; τὸ ἕτερον des Platon, der es als eines der Momente der Totalität *dem Einen* entgegensetzt und *dem Anderen* auf diese Weise eine eigene *Natur* zuschreibt. So ist das *Andere*, allein als solches gefaßt, nicht das Andere von Etwas, sondern das Andere an ihm selbst. – Solches seiner Bestimmung nach Andere ist die *physische Natur*; sie ist das *Andere des Geistes*; diese ihre Bestimmung ist so zunächst eine bloße Relativität, wodurch nicht eine Qualität der Natur selbst, sondern nur eine ihr äußerliche Beziehung ausgedrückt wird. Aber indem der Geist das wahrhafte Etwas und die Natur daher an ihr selbst nur das ist, was sie gegen den Geist ist, so ist, insofern sie für sich genommen wird, ihre Qualität eben dies, das Andere an ihm selbst, das Außer-sich-Seiende (in den Bestimmungen des Raums, der Zeit, der Materie) zu sein."[8] Die Darstellung des Andern *sans phrase* ist verwirrend: Einerseits soll die Beziehung des 'Anderen' auf sein Korrelat gekappt und die Bestimmung "isoliert" genommen werden, andererseits wird sie ausdrücklich dem εἶδος 'Etwas', das im Text durch das Eine des Platon und den Geist repräsentiert wird, entgegengesetzt. Die Pointe der spekulativen Darstellung liegt indessen gerade darin, daß die isolierte Position, die Hegel auch als Ansichsein kennzeichnet, und die Beziehung auf das

---

[7] G.W.F. Hegel, Die Wissenschaft der Logik, Erster Teil, in: Werke, a.a.O., Bd. 5, S. 126.
[8] Ebd., S. 126 f.

Korrelat, das Sein-für-Anderes, identifiziert werden. Ich exemplifiziere diesen Sachverhalt zunächst an der Bestimmung 'An und für sich Negatives', da er hier besonders leicht faßbar ist. Das an und für sich Negative ist das kontradiktorische Negat des an und für sich Positiven. Das an und für sich Positive ist die Reflexion in sich der Reflexion in anderes, also ein Modus der Identität. Sein Negat muß deshalb als ein Modus der Nicht-Identität gefaßt werden. Das Negative ist zunächst die für sich gesetzte Reflexion in anderes, also ein nicht-identisches Gesetztsein oder Akzidenz, das aber, insofern es an ihm selbst betrachtet wird, negativ auf sich bezogen ist: "Das Gesetztsein *als in die Ungleichheit mit sich reflektiert*, das Negative als Negatives. Aber das Negative ist selbst das Ungleiche, das Nichtsein eines Andern; somit ist die Reflexion in seine Ungleichheit vielmehr seine Beziehung auf sich selbst." [9] Die Identität wird hier nicht damit begründet, daß die doppelte Negation einer Affirmation entspricht, sondern aus der Gleichheit der Glieder.[10] Am Ende des Abschnittes wiederholt Hegel diese Argumentation: "Indem nun ferner aber ebensosehr jedes dasselbe ist, was das Andere, so ist diese Beziehung der Ungleichen ebenso sehr ihre identische Beziehung."[11] Das an und für sich Negative ist vollständig realisiert, insofern es, wie im nächsten Schritt gezeigt wird, als Negation seiner eigenen Identität gefaßt werden kann. Der Springpunkt ist, daß diese Identität, die es als Moment seiner eigenen Binnenstruktur konstituiert und negiert, dasjenige Positive ist, dem es zunächst als externem Glied entgegengesetzt ist. Es ist somit in derselben Hinsicht Negation und Negat, an sich und auf anderes bezogen. Wenn man die Darstellung des εἶδος 'Anderes' im Lichte dieser reflexionslogischen Rekonstruktion der Seinslogik betrachtet, treten die entscheidenden Gelenkstellen, an denen sich die Darstellung orientiert, deutlich hervor, zumal Hegel selbst Reflexionskategorien einsetzt: "Das Andere für sich ist das Andere an ihm selbst, hiermit das Andere seiner selbst, so das Andere des Anderen, – also das in sich schlechthin Ungleiche, sich Negierende, das sich *Verändernde*. Aber ebenso bleibt es identisch mit sich, denn dasjenige, in welches es sich veränderte, ist das *Andere*, [...]. So ist es gesetzt als in sich Reflektiertes mit Aufheben des Anderssein, mit sich *identisches* Etwas, [...]."[12] Das Andere an ihm selbst ist als "das in sich schlechthin Ungleiche" die Flucht vor seiner potentiellen Identität mit sich. Wenn man berücksichtigt, daß in der Hegelschen Logik Identität mit sich *Sein* bedeutet, Nicht-Identität mithin Nichtsein, muß man folgern, daß das Andere an ihm selbst

---

[9] G.W.F. Hegel, Die Wissenschaft der Logik, Zweiter Teil, in: Werke, a.a.O., Bd. 6, S. 66.
[10] Man wird sehen, daß es sich beim Andern an ihm selbst ebenso verhält. Hegel kennt auch die Form der doppelten Negation. Für meine Konstruktion des Selbstbezugs, die ich im letzten Teil dieser Abhandlung vornehme, ist jedoch der Sachverhalt, daß sich die Negation auf sich bezieht, der aus der Gleichheit der Glieder resultiert, relevant. Im übrigen meine ich, das Rätsel der selbstbezüglichen Negation beruhe nicht darin, daß sie anders als die formallogisch doppelte nicht in einer abstrakten Identität terminiert, sondern darin, daß sie nicht als reine Negativität zerfließt.
[11] G.W.F. Hegel, Die Wissenschaft der Logik II, a.a.O., S. 66.
[12] G.W.F. Hegel, Die Wissenschaft der Logik I, a.a.O., S. 127.

ein Modus des Nichtseins, des nihil privatum ist. In Hegels Logik gilt jeder Modus der Negation als Nichtsein und umgekehrt jeder Modus des Nichts als einer der Negation. Bereits das unmittelbare Nichts des Anfangs kennzeichnet Hegel in der ersten Anmerkung als "die abstrakte, unmittelbare Negation, das Nichts rein für sich, die beziehungslose Verneinung, – was man, wenn man will, auch durch das bloße *Nicht* ausdrücken könnte."[13] Auch in der 1. Auflage der Seinslogik unterstellt Hegel die Identität von Negation und Nichtsein im Sinne der privativen Absenz: "Die Negation ist nicht bloß das Nichts überhaupt, sondern reflektierte, auf das Ansichsein bezogene Negation; der Mangel als von etwas oder die *Schranke*; die Bestimmtheit, gesetzt als das, was sie in Wahrheit ist, als Nichtsein."[14]

In der ersten Explikation der Kategorien 'Etwas' und 'Anderes' werden die Weisen, wie diese Kategorien auf beliebige Instanzen angewendet werden, thematisiert. Man könnte den spekulativen Diskurs von dieser Form der Präsentation dadurch abheben, daß in ihm die Bestimmungen 'Etwas' und 'Anderes' an die Stelle der Instanzen des außerkategorialen Applikationsbereichs treten. Indessen nährt diese Auslegung zwei Mißverständnisse, die den Skopus der Thematisierung, die Hegel als Betrachtung der Kategorien "wahrhaft an ihnen selbst"[15] bezeichnet, nivellieren und zur Unkenntlichkeit entstellen. Verfehlt ist erstens die Unterstellung, die Kategorien würden in ihren eigenen Applikationsbereich projiziert und dann wie vulgäre Instanzen aufeinander bezogen. 'Etwas' und 'Anderes' werden dann genau so behandelt wie Tisch und Stuhl. Das zweite Mißverständnis resultiert gerade aus dem Versuch, die Intention, die spekulative Applikationsweise von der verständigen abzuheben, zu berücksichtigen. Man interpretiert die spekulative Darstellung als Selbstanwendung der Kategorien und folgert aus dem Sachverhalt, daß die Beziehung eine grundsätzlich andere ist als die auf Stuhl und Tisch, daß die thematischen Kategorien durch operative ersetzt werden: Der Tisch ist ein anderes Etwas als der Stuhl, aber das Andere *tale quale* ist dem Etwas *tale quale* entgegengesetzt. Diese Annahme ist ein Mißverständnis, weil die Identität von Ansichsein und Sein-für-anderes die Unterscheidung von Meta- und Objektebene innerhalb des Selbstbezugs ausschließt: Die thematischen Kategorien stellen ihren eigenen kategorialen Status und damit auch ihre wechselseitige Beziehung durch sich selbst dar. Daraus folgt m.E., daß die als Anderssein thematisierte Form, insofern sie an ihr selbst betrachtet wird, im Unterschied zu ihrer vulgären Bedeutung ein Modus des Gegensatzes ist, und die Bestimmung 'entgegengesetzt', die Hegel in den zitierten Texten verwendet, das Wesen des Andersseins ausdrückt und keine operative Metakategorie ist.[16]

---

[13] Ebd., S. 184.
[14] G.W.F. Hegel, Die Wissenschaft der Logik. Das Sein (1812), neu hg. von H.-J. Gawoll, Hamburg 1986, S. 88.
[15] G.W.F. Hegel, Die Wissenschaft der Logik I, a.a.O., S. 30.
[16] Zu Michael Theunissens gründlicher Mißdeutung der spekulativen Darstellung der Bestimmung 'Anderes' vgl. meinen Beitrag: Michael Theunissens Destruktion der

Es scheint mir offensichtlich, daß die Differenz zwischen dem Auftreten des Anderen im verständigen Diskurs und seinem Auftreten im spekulativen Diskurs der Differenz zwischen dem Punkt als Moment des Raumes und dem Punkt als Grundgestalt der Zeit entspricht. Wie die Kategorie 'Anderes' als äußere Negation den Horizont des Daseins nicht überschreitet, so ist der Punkt in seiner geometrischen Funktionsweise selbst noch räumlich. Oder wie es in der Uexküll-Nachschrift heißt: "[...] alle Negativität erscheint an ihm [dem Raume – U.R.] als Seiendes." [17] Das Wesen der Negativität wird erst freigesetzt, wenn sie als das 'Andere' dem Dasein selbst, d.h. dem Etwas und als wahrhafter Punkt oder Zeit dem Raum als solchem entgegengesetzt wird.

Der Begriff *Bestimmte Negation*

Hegel setzt in den Operationen in der Logik und in der Naturphilosophie die Geltung des Theorems der bestimmten Negation voraus, demzufolge ein konträres Glied als kontradiktorischer Gegensatz seines Korrelats, bzw. ein kontradiktorisches Negat als konträres gedacht werden muß.[18]

Renate Wahsner führt in ihrem Buche *Zur Kritik der Hegelschen Naturphilosophie* eine Passage aus Trendelenburgs Kritik am Theorem der bestimmten Negation an, die ausdrücklich auf Hegels Darstellung der Kategorien 'Etwas' und 'Anderes' in der Logik Bezug nimmt. Diese Passage endet mit dem Satze: "Hier greift zunächst die umfassendere Anschauung hinein und sodann die reflektierende Vergleichung, die das Etwas jenseits der Grenze mit dem ersten Etwas zusammenstellt und als Anderssein bezeichnet." Wahsner kommentiert: "De facto erweist sich das, was Trendelenburg 'die Anschauung des vollen Seins' nennt" als der schon angezeigte Rückgriff auf die Wissenschaft und die Philosophiegeschichte."[19] Ich gehe hier nicht auf das Versäumnis Trendelenburgs ein, die von

---

Einheit von Darstellung und Kritik in Hegels "Wissenschaft der Logik", in: Archiv für Geschichte der Philosophie *63* (1981), 61-79.

[17] G.W.F. Hegel, Vorlesung über die Philosophie der Natur 1821/22, Nachschrift von Boris v. Uexküll, a.a.O., S. 69.

[18] Hegels *Theorem* der bestimmten Negation beinhaltet auch die These, der Widerspruch habe ein bestimmtes Resultat. Obgleich auch das horizontale Verhältnis des thetischen zum antithetischen Glied in einem Widerspruch des thetischen Gliedes gründet, was z.B. gerade am Verhältnis des Raumes zur Zeit nicht zu übersehen ist, blende ich das Problem des Widerspruchs aus.
Zu Michael Wolffs Rekonstruktion des Theorems der bestimmten Negation vgl. meinen Beitrag "Dialektik im Sinn der Betrachtung der Denkbestimmungen an und für sich. Kritische Bemerkungen zu Michael Wolffs Rekonstruktion der Kategorie 'Widerspruch' in Hegels *Wissenschaft der Logik*", in: Allgemeine Zeitschrift für Philosophie *14.2* (1989), 37-44.

[19] Vgl. die in Anmerkung. 6 angeführte Schrift von Renate Wahsner, S. 93. Das Zitat von Trendelenburg, das ich ihrem Text entnehme, lokalisiert sie folgendermaßen: F.A. Trendelenburg, Logische Untersuchungen, Bd. I, Leipzig 1862, S. 45.

Hegel selbst vorgenommene, wenngleich manchmal verwischte, Unterscheidung zwischen realen und logischen Prozessen zu berücksichtigen, sondern skizziere eine abgeschwächte Fassung des Theorems der bestimmten Negation, die m.E. gegen die Kritik von Trendelenburg immun ist. Hegel unterstellt, daß z.b. die Bestimmung 'Anderes' Resultat der logischen Veränderung der Kategorie 'Etwas' ist. Dieser Sachverhalt ist im verständigen Gebrauch der Kategorie 'Anderes' nicht nur nicht vorausgesetzt, sondern ausdrücklich ausgeblendet. Erst wenn die Kategorie 'Anderes' an ihr selbst betrachtet wird, muß sie als Nicht-Etwas gedacht werden. Die Identität von Ansichsein und Sein-für-anderes bedeutet nämlich: B ist das, was es an sich ist, nur insofern und weil es nicht A ist und vice versa: B ist nicht A, nur insofern und weil es B ist. Setzt diese logische Konstellation voraus, daß B als Konstitut der Selbstnegation von A gefaßt wird?

Man muß zwar einräumen, daß in der spekulativen Darstellung 'das Andere' sogar als diese Selbstnegation selbst, nämlich als substratlose Veränderung, in der 'das Etwas' verschwunden ist, erscheint. Dieser Sachverhalt steht jedoch nicht im Widerspruch dazu, daß der bestimmte Inhalt, d.h. das konträr entgegengesetzte Glied, vorausgesetzt und aufgegriffen wurde. Indem die Hegelsche Logik verborgene Konstitutionsprozesse verständiger Formen in den Blick rückt, bestreitet sie weder das Vorhandensein dieser Formen, noch das Faktum, daß diese vorhandenen Formen den Ausgangspunkt ihrer Darstellung bilden. Es ist im übrigen zu beachten, daß ich in meiner Darstellung der Identität der beiden Gegensatzformen eine Wechselbestimmung von Ansichsein und Sein-für-anderes zugrundelege, das Ansichsein also keineswegs als bloßes Resultat der Negation stipuliere. Man hat an Hegels Identifikation der beiden Gegensatzformen immer wieder Anstoß genommen. Seltsam scheint mir, daß man dagegen an Hegels Interpretation des konträren Gegensatzes als bloße Verschiedenheit keinen Anstoß genommen hat. Hegel bestreitet selbstverständlich nicht, daß das verständige Denken eine innere Negation intendiert, wenn es konträre Prädikate als Reflexe ihrer Substrate vorstellt, aber er weiß, daß diese Intention ins Leere greift: propositio facto contrario. Was die Identifikation der Gegensätze betrifft, haben übrigens nicht nur die Kritiker, sondern auch die Verteidiger des Theorems dessen Pointe übersehen: daß das antithetische Glied selbst eine Form der Negation, bzw. des 'gegen' ist.

Die logische Tiefenstruktur: Das Werden

In § 258 der Enzyklopädie heißt es: "Die Zeit [...] ist das Sein, das, indem es *ist*, *nicht* ist, und indem es *nicht* ist, *ist*; [...]."[20] Diese Bestimmung der Zeit kann zunächst durch die Darstellung des Zeitflusses im Zitat aus der *Ästhetik* erläutert werden. Dort hieß es: "[...] als negative Tätigkeit das Aufheben dieses

---

[20] G.W.F. Hegel, Enzyklopädie II. Die Naturphilosophie, a.a.O., S. 48 (§ 258).

Zeitpunktes zu einem anderen, der sich gleichfalls aufhebt, zu einem anderen wird [...]". In der Uexküll-Vorlesungsnachschrift findet sich eine Stelle, in der Hegel ein naheliegendes Mißverständnis einer derartigen Illustration antizipiert und kritisiert: "Man muß sich nicht vorstellen, als ob in der Zeit eine Aufeinanderfolge von Sein und Nichtsein gesetzt wäre; es sind nicht zwei Zeiten, ein Sein und ein Nichtsein. Was aufeinander folgt, das sind die Jetzt, ein solches Sein, das nicht ist, indem es ist, und das ist, indem es nicht ist [...]. Es folgen also lauter Jetzt aufeinander, lauter Seiende, die ebensogut Nichtseiende sind."[21] In der *Enzyklopädie* bezieht Hegel die angeführte Stelle auf die Definition der Zeit als angeschautes Werden. Die Dialektik von Sein und Nichtsein ist ein adäquater Ausdruck der Einheit der Momente der Reflexion, nämlich Reflexion in sich und Reflexion in anderes. Die Reflexion *ist*, insofern sie sich auf sich bezieht, sie *ist nicht*, insofern sie sich *negativ auf sich bezieht*. Das Werden ist die Reflexion im Modus der Unmittelbarkeit. Der Reflexion in sich entspricht das Entstehen, der Reflexion in anderes das Vergehen. Die Schwierigkeit ist nur die, daß das logische Werden im Gegensatz zu dem Bild des Zeitflusses wie die Reflexion eine in sich bleibende Wechselbeziehung ist, also dem Bild des Kreises und nicht dem Bild der Linie entspricht. Ich meine jedoch, daß das logische Werden die Tiefenstruktur des allgemeinen Jetzt ist, das Hegel als Dauer und schließlich als Begriff der Zeit deutet. Denn der Begriff der Zeit ist nicht das abstrakt Allgemeine, sondern die dem Vergehen entnommene absolute Negativität. Wie der Fortriß der einzelnen Jetzt und das logische Werden zusammenhängen, kann vielleicht durch folgende Stelle aus der Logik verdeutlicht werden: "Das Quantum wird ein Anderes; es kontinuiert sich aber in sein Anderssein; das Andere ist also auch ein Quantum. Aber dieses ist das Andere nicht nur *eines* Quantums, sondern des Quantums selbst, das Negative seiner als eines Begrenzten, somit seine Unbegrenztheit, *Unendlichkeit*."[22] Hegel definiert die Zeit als das *angeschaute* Werden. Ich halte es aber nicht für angemessen, den Prozeß der einzelnen Jetzt ausschließlich der *äußeren* Anschauung zuzurechnen. Das Verhältnis von Begriff und Anschauung in Hegels Naturphilosophie ist von kaum zu überschätzender Bedeutung, aber, soweit ich sehe, noch ungeklärt. Ich versuche, so gut es eben geht, mich auf diesem glitschigen Boden voranzutasten. Wenn man die Grundlage der Seinssphäre als eine Form der *logischen* Anschauung versteht, kann man sagen, das Werden sei die angeschaute Reflexion. In der Unmittelbarkeit des logischen Anschauens gründet z.B., daß anders als das Positive und Negative in der Reflexionssphäre das Andere an ihm selbst und das aus diesem wiederhergestellte Etwas auseinanderfallen. Indessen scheint der Übergang vom Fluß der einzelnen Jetzt in

---

[21] G.W.F. Hegel, Vorlesung über die Philosophie der Natur 1821/22, Nachschrift von Boris v. Uexküll, a.a.O., S. 71.
[22] G.W.F. Hegel, Die Wissenschaft der Logik I, a.a.O., S. 260. Es ist im übrigen zu beachten, daß auch in der Dialektik der dritten Position der sinnlichen Gewißheit die Bewegung des Jetzt als rückläufig dargestellt wird. Vgl. G.W.F. Hegel, Phänomenologie des Geistes, in: Werke, a.a.O., Bd. 3, S. 88.

das allgemeine Jetzt dem vom vulgären Anderen zum spekulativen Anderen zu entsprechen. Mit dem Anderen an ihm selbst ist zwar noch nicht das "Vergehen des Vergehens"[23] oder gar die Unendlichkeit erreicht. Aber es repräsentiert doch bereits die Grenze des Daseins als solchen. Man könnte auch sagen: Etwas und Anderes begrenzen einander wechselseitig derart, daß das Ganze kein Außerhalb mehr hat. Faßt man die beiden Bestimmungen im Bilde von Kreisen, dann könnte man die damit erreichte Struktur durch das paradoxe Bild von zwei Kreisen, die einander wechselseitig einschließen, symbolisieren. Ich werde im letzten Teil meines Vortrages zeigen, daß diese paradoxe Figur auch auf das logische Werden anwendbar ist.

In der Uexküll-Vorlesungsnachschrift steht der Satz: "[...] das Verändern der Dinge selbst, abstrakt aufgefaßt, ist die Zeit selbst."[24] Veränderung *tale quale* ist nach Kant das Vergehen und Entstehen von Akzidenzen. Faßt man die Aristotelische Substanz selbst als eine Art Akzidenz und die Substanz *sensu strictu* als Materie oder Masse, ist auch das Vergehen und Entstehen eine Form der Veränderung. Soll man nun sagen, die Zeit sei der nackte Wechsel, d.h. der für sich gesetzte Umschlag von Vergehen und Entstehen, die Dinge, von denen die Zeit als reine Veränderung abstrahiert sei, repräsentierten dagegen das bleibende Substrat? Wenn dies zuträfe, könnte die Zeit nicht begriffen werden, ohne daß gleichzeitig das Substrat vorgestellt wird. Denn der reine Wechsel kann nicht ohne das Moment der Substantialität gedacht werden. Diese wird jedoch nicht durch die Dinge repräsentiert, sondern ist ein Konstitut der zeitlichen Negativität, das sich zunächst als Dauer und Vergangenheit ankündigt. Freilich ist die Positivität nur verschwindendes Moment: "Dies ist überhaupt der Mangel der Zeit. Sie ist das Wesenlose, weil sie nur das reine Verzehren ist; [...]."[25]

Ich nenne die zwei wesentlichen Aspekte des spekulativ gedachten Werdens, die wir festhalten müssen und die die Definition der Zeit als Werden in den zuvor erläuterten Zusammenhang rücken. Erstens ist wesentlich, daß Wechsel und Substrat und entsprechende Glieder wie Akzidenz und Substanz, Nichts und Sein, Diskretion und Kontinuität identifiziert werden. Diese Konzeption setzt voraus und begründet zweitens die Annahme eines absoluten Nichts. Wenn man das Nichtsein nur als relative Bestimmung faßt, also letztlich als ein Prädikat mit dem die vergleichende Reflexion seiende Entitäten qualifiziert, endet man m.E. unweigerlich bei folgendem Diktum Nicolai Hartmanns, der die Kategorie 'Nichts' aus seiner Naturphilosophie verbannt, obgleich er an der des Vergehens festhalten will: "[...] der Prozeß ist überhaupt nicht etwas zwischen Sein und Nichtsein hin und her Pendelndes und folglich auch nicht ein aus beiden Gemischtes. Der Prozess also bewegt sich rein im Seienden."[26] Eine wichtige, bis-

---

[23] Ebd., S. 141.
[24] G.W.F. Hegel, Vorlesung über die Philosophie der Natur 1821/22, Nachschrift von Boris v. Uexküll, a.a.O., S. 72.
[25] Ebd., S. 77.
[26] N. Hartmann, Philosophie der Natur, Berlin 1950, S. 261.

her nicht geleistete Aufgabe ist, den inneren Zusammenhang des Theorems der bestimmten Negation und der Meontologie Hegels zu rekonstruieren und zu zeigen, daß beide Ansätze einander wechselseitig bedingen. Ich habe bereits auf die Identität von Negation und Nichtsein hingewiesen. Meine Darstellung des Theorems der bestimmten Negation ist freilich unzulänglich, weil sie im Grunde nur die prädikative Funktion von 'ist' und 'ist nicht' berücksichtigt.[27]

Einheit von Gedanke und Sache

Kant hat erklärt, die Zeit verändere sich nicht, weil sie selbst Bedingung der Möglichkeit von Veränderung sei. Dieses Argument leuchtet auch dann ein, wenn man es nicht am Begriff des transzendentalen Apriori festmacht. Es genügt die Annahme, daß jede Veränderung einen Bezugspunkt voraussetzt, der jedenfalls relativ zu ihr absolut gelten kann. In der spekulativen Logik ist dieser Bezugspunkt Moment der Veränderung selbst. Kant zufolge vertritt bekanntlich die Substanz die unsichtbare Zeit. Darauf, daß im spekulativen Begriff der Veränderung das substantiale Moment Ingrediens der Veränderung selbst ist, habe ich schon hingewiesen. Dies steht übrigens nicht im Widerspruch zur These, das Andere an ihm selbst müsse als substratlose Veränderung gedacht werden. Denn dies bedeutet nur, daß das substantiale Moment von selbst hervortritt, wenn die Veränderung absolut gesetzt wird. In der *Phänomenologie des Geistes* hat Hegel das Verschwinden auf ein subjektives Bewußtsein bezogen: "Es wird das *Jetzt* gezeigt, *dieses Jetzt. Jetzt*; es hat schon aufgehört zu sein, indem es gezeigt wird; das *Jetzt*, das ist, ist ein anderes als das gezeigte, und wir sehen, daß das *Jetzt* eben dieses ist, indem es ist, schon nicht mehr zu sein."[28] In der Logik ist die hier noch herrschende Differenz von Bewußtsein und Objekt jedenfalls ihrem Anspruch zufolge aufgehoben. Wie steht es in der Naturphilosophie? Hegel erklärt in § 258 der *Enzyklopädie*: "Die Zeit ist wie der Raum eine reine Form der *Sinnlichkeit* oder des *Anschauens*, das unsinnliche Sinnliche, – aber wie diesen, so geht auch die Zeit der Unterschied der Objektivität und eines gegen dieselbe sub-

---

[27] In seiner Schrift *Grundzüge einer Theorie der Dialektik in der Philosophie Hegels* (Stuttgart 1995) interpretiert Dieter Wandschneider die Bestimmung 'Nichts' als Substantiierung des prädikativen "ist nicht". Konsequenterweise subsumiert er deshalb beide Bestimmungen des Anfangs unter das Prädikat 'Sein' und ist so gezwungen, die von Hegel angesetzte nur-Verschiedenheit von 'Sein' und 'Nichts' in den Wind zu schlagen. Daß Hegel das Nichts primär als existentielle Negation faßt, geht eindeutig aus der eingefügten Paranthese in der Darstellung des Nichts hervor: "[...] so ist (existiert) Nichts in unserem Anschauen oder Denken; [...]". (G.W.F. Hegel, Wissenschaft der Logik I, a.a.O., S. 83.) Wandschneiders Fehldeutung des Nichts schlägt sich auch in seiner Rekonstruktion der spekulativen Negation nieder. Vgl. dazu meinen Beitrag "Semantische und ontische Aspekte reiner Gedanken – Kritische Bemerkungen zu Dieter Wandschneiders *Grundzüge einer Theorie der Dialektik*", in: Philosophisches Jahrbuch *105* (1998), 124-133.

[28] G.W.F. Hegel, Phänomenologie des Geistes, in: Werke, a.a.O., Bd. 3, S. 88.

jektiven Bewußtseins nichts an."²⁹ Es ist indessen nicht klar, ob diese Erklärung auf die für die Logik maßgebende Identität von Gedanke und Sache abhebt. Die Klärung dieser Frage ist eine Sache des langen Atems, zumal auch der Sinn der Identitätsthese der Logik von einem Wust von Deutungen überwuchert ist, die aus der Feder eines Karl Popper stammen könnten, auch wenn sie von gestandenen Hegel-Interpreten erdacht wurden. Ich mache hier nur auf eine Zweideutigkeit aufmerksam, die schon an der Oberfläche faßbar wird. Die Identitätsthese ist einerseits auf die thematisierte Sache selbst bezogen und ist insbesondere gegen die Auslegung der Zeit als subjektiver Anschauungsform im Sinne Kants gerichtet. Andererseits muß man sie m.E. auch auf das Verhältnis von thematisierender Reflexion und thematisierter Sache beziehen. Brigitte Falkenburg berücksichtigt in ihrem Buch *Die Form der Materie* nur die erste Bedeutungsdifferenz von 'subjektiv' und 'objektiv', wobei sie unterstellt, die Formen 'Raum' und 'Zeit' seinen als objektive Bestimmungen zu nehmen. Vom Raume gilt jedenfalls nach ihr: "[...]; schließlich ist er auch keine subjektive Form der Anschauung wie für Kant, sondern die objektive Form der Äußerlichkeit der Natur"³⁰. Ich meine jedoch, daß Hegel in beiden Hinsichten, in denen die Identitätsthese verstanden werden kann, keineswegs die Objektivität gegen die Subjektivität privilegiert, sondern die spekulative Identität beider Seiten im Auge hat. Da Hegel die in der Naturphilosophie thematisierten Begriffe als logische Kategorien versteht, die von ihrer Darstellung in der Logik nur durch eine andere Kombination unterschieden sind, muß man doch vermuten, die naturphilosophischen Formen seien im selben Sinne wie die logischen Kategorien Einheit von Gedanke und Sache.

Ich will das Problem des Maßstabes und dessen Extrapolation zur Subjekt-Objekt Problematik noch unter einem anderen Gesichtspunkt zur Sprache bringen, in der Absicht zu zeigen, inwiefern der Status der logischen naturphilosophischen Kategorien durch die Einheit von Gedanke und Sache bestimmt ist. Vittorio Hösle hat die These vorgelegt, eine wesentliche Differenz zwischen den Kategorien der Logik und denen der Naturphilosophie bestehe darin, daß jene selbstbezüglich sind, diese nicht: "Wie mir scheint, gibt es nun noch eine weitere Eigenschaft logischer Kategorien, die von Hegel in der 'Wissenschaft der Logik' ständig benutzt wird, wenn sie auch von ihm nicht explizite als Differenzpunkt logischer und realphilosophischer Kategorien angeführt wird. Ich meine die *Selbstreferenz logischer Kategorien*. In der Tat läßt sich unschwer begreifen, warum diese Eigenschaft logischen Kategorien wesentlich sein muß. Wenn es wirklich *allgemeine* Kategorien sind, so kann es nichts geben, was nicht unter sie fällt; also müssen sie auch von sich selbst ausgesagt werden."³¹ Die Kategorien der Naturphilosophie sind nicht selbstbezüglich, weil ihre Thematisierung sie nicht voraussetzt: "Wer etwa den *Begriff* von Raum oder Zeit verwendet, setzt

---

[29] G.W.F. Hegel, Enzyklopädie II. Die Naturphilosophie, a.a.O., S. 48 (258 A).
[30] Vgl. die in Anmerkung 6 angeführte Schrift von B. Falkenburg, S. 231 f.
[31] V. Hösle, Hegels System, Hamburg 1988, Bd. 1, S. 72 f.

nicht den *Raum* oder die *Zeit* voraus; der *Begriff* des Raumes ist ja ebensowenig räumlich, als der *Begriff* der Zeit zeitlich ist."[32] Hösle zufolge sind nur die Bestimmungen der Begriffslogik aktuell auf sich bezogen, die der objektiven bloß an sich. Ich will im folgenden die These skizzieren, daß erstens in der Logik die Kategorien in allen Sphären selbstbezüglich sind und daß dies zweitens auch auf die Bestimmungen der Naturphilosophie, jedenfalls auf die Bestimmungen 'Raum' und 'Zeit' zutrifft. Ich verwende dabei allerdings einen Begriff des Selbstbezugs, der sich von demjenigen Hösles grundsätzlich unterscheidet. Der Selbstbezug, wie ich ihn verstehe, ist durch zwei Merkmale gekennzeichnet, die einander bedingen, aber scharf auseinandergehalten werden müssen. Ich führe diese Merkmale in zwei Schritten ein.

Erstens: Wenn man den Selbstbezug so versteht wie Hösle, beziehen sich die Kategorien in derselben Weise auf sich, wie sie sich auf beliebige Entitäten beziehen. Dies gründet darin, daß sie sich nicht auf ihre spezifische Bedeutung beziehen, sondern auf ihren kategorialen Status. Die Kategorie 'Sein' *ist* nicht qua 'Sein', sondern qua Bestimmung. Die Bestimmung 'Begriff' ist ein Begriff, aber nicht qua 'Begriff', sondern als Bestimmung der subjektiven Logik. Ich behaupte nun, daß die Kategorien der Logik das sind, was sie bedeuten. Mit anderen Worten: Sie sind im Modus der Wesensallgemeinheit instantiiert und zwar derart, daß diese ausgezeichnete Instantiierung ihr Wesen gewissermaßen konstituiert. Diese Identität von Bedeutung und Sein ist ein wesentlicher Aspekt der von Hegel in der Vorrede als Voraussetzung exponierten Einheit von Gedanke und Sache. Es ist festzuhalten, daß diese Identität von Bedeutung und Sache nicht in einer Selbstprädikation gründet. Alle diesbezüglichen Vorstellungen, die sich etwa im Blick auf die Diskussion der Selbstprädikation in der Platonischen Ideenlehre einstellen könnten, sind strikt auszuschließen. Es ist also ratsam, das bisher entwickelte Merkmal nicht als Selbstbezug zu bezeichnen. Es ist, wie sich zeigen wird, eine notwendige Voraussetzung für das zweite Merkmal, das erst die von mir gemeinte Form der Selbstbezüglichkeit erfüllt. Ich will die allgemeine Kennzeichnung durch ein Beispiel illustrieren: In der Darstellung des 'Nichts' hat Hegel in Parenthese eine äußere Reflexion eingefügt, die zeigen soll, daß das Nichts existiert: "Nichts Anschauen oder Denken hat also eine Bedeutung; beide werden unterschieden, so *ist* (exisitiert) Nichts in unserem Anschauen oder Denken; [...]."[33] In dieser transzendentalpragmatischen Rekonstruktion des Umschlags des Nichts ins Sein ist m.E. vorausgesetzt, daß die Bestimmung 'Sein' das ist, was sie bedeutet. Das Prädikat 'ist' (existiert), das die Identität von 'Nichts' und 'Sein' begründen soll, bezeichnet offensichtlich keine bloße Bedeutung, sondern eine Instantiierung von Sein. Im übrigen ist, wie mir scheint, auch unterstellt, daß der Sachverhalt, der für das 'Nichts' eigens ausgewiesen werden muß, sich vom 'Sein' von selbst versteht. Die eingefügte Reflexion schließt mit folgender

---

[32] Ebd., S. 73.
[33] G.W.F. Hegel, Wisssenschaft der Logik I, a.a.O., S. 83.

Feststellung: "oder vielmehr ist es das leere Anschauen oder Denken als das reine Sein". Darin liegt, daß die Bestimmung 'Sein' nicht noch eigens von sich selbst prädiziert werden kann oder muß, wie Hösle postuliert.[34]

Zweitens: Wie Hegel den Umschlag des 'Nichts' ins 'Sein' in einer äußeren Reflexion rekonstruiert, so auch den des 'Seins' ins 'Nichts': "Eben diese *Unbestimmtheit* ist aber das, was die Bestimmtheit dessen ausmacht; denn die Unbestimmtheit ist der Bestimmtheit entgegengesetzt; sie ist somit als Entgegengesetztes selbst das Bestimmte oder Negative, und zwar das reine, ganz abstrakt Negative. Diese Unbestimmtheit oder abstrakte Negation, welche so das Sein an sich selbst hat, ist es, was die äußere wie die innere Reflexion ausspricht, indem sie es dem Nichts gleichsetzt, [...]."[35] Wenn man die spekulative Darstellung des wechselseitigen Umschlags von 'Sein' und 'Nichts' im Lichte der angeführten transzendentalpragmatischen Rekonstruktionen in der äußeren Reflexion interpretiert, gilt: das 'Sein' ist das Sein des 'Nichts' und das 'Nichts' ist die Bestimmtheit des 'Seins'. Dieses Wechselverhältnis bedeutet, daß jede Bestimmung in derselben Hinsicht Prädikat und Subjekt ihres Anderen ist. Formal könnte dieses Wechselverhältnis vielleicht so dargestellt werden:

$$S_2 (N_1) \land N_2 (S_1), \text{ wobei } S_2 = S_1 \land N_1 = N_2.[36]$$

Es handelt sich genau um die Konfiguration, von der ich oben sagte, sie sei durch zwei Kreise, die einander wechselseitig einschließen, symbolisierbar.[37] Die Identifikation des externen Etwas und des Etwas, das aus dem Selbstbezug des Andern resultiert, entspricht der Gleichung $S_1 = S_2$. Wenn man die komplexe logische Konstellation auf ein einfaches Subjekt-Prädikat-Verhältnis reduziert, trennt man die Sache von der Bewegung des Denkens und eliminiert die Wechselseitigkeit des Bestimmens und Übergehens. Die Pointe des Wechsels besteht darin, daß *letzte* Hinsichten unter ihrer eigenen Bestimmtheit aufeinander bezogen werden.

Hösle begründet seine These, der Begriff der Zeit sei selbst nicht zeitlich, mit einer Stelle aus dem Zusatz zu § 258 der Enzyklopädie: "Aber die Zeit selbst ist in ihrem Begriffe ewig; denn sie, nicht irgendeine Zeit, noch Jetzt, sondern die Zeit als Zeit ist ihr Begriff, dieser aber selbst, wie jeder Begriff überhaupt, das

---

[34] Auch in meiner Auslegung des Anderen an ihm selbst ist die Identiät von Gedanke und Sache vorausgesetzt.

[35] G.W.F. Hegel, Wisssenschaft der Logik I, a.a.O., S. 103 f.

[36] Der Index 1 bezeichnet die Subjektstelle, der Index 2 die Prädikatstelle. $S_2 (N_1)$ bedeutet also: Das *Nichts* ist. $N_2 (S_1)$ bedeutet: Das *Sein* ist bestimmt, und zwar in dem Sinne, wie Hegel dies in der Anm. 3 zum Anfang a.a.O. versteht.

[37] Der Chiasmus von Subjekt und Prädikat entspricht der Wechselbedingung, die voraussetzt, daß beide Glieder, bzw. das wechselseitige Übergehen oder Setzen, also z.B. Entstehen und Vergehen zugleich gesetzt werden. Der Nachvollzug dieser begrifflichen Operation ist ebenso unmöglich wie der der räumlichen Symbolisierung. Da ich meine Ausführungen als exegetische verstehe, will ich die desaströsen Konsequenzen, die dieses Handicap für die spekulative Logik hat, auf sich beruhen lassen.

Ewige."[38] Ist aber die Zeit nicht das Vergehen des Vergehens? Und setzt diese Selbstabbildung der Zeit nicht voraus, daß ihre Erscheinung selbst Vergehen ist? In der Darstellung der Antinomien Zenons schreibt Hegel: "In der Philosophie wird gezeigt, daß der einfache Begriff, das Allgemeine das einfache Wesen der Unendlichkeit ist oder des reinen Erscheinens, - sie seine Bewegung."[39] Das Allgemeine, d.h. das einfache Wesen ist das Erscheinen als Erscheinen oder die Bewegung als Bewegung, also das Vergehen des Vergehens. In diesem Sinne heißt es in der *Phänomenologie des Geistes*: "Das Übersinnliche ist also die *Erscheinung* als *Erscheinung*."[40, 41] Diese Hinweise zeigen jedoch nur, daß Hegel die Zeitform auf sich selbst bezieht, aber keineswegs, daß dieser Selbstbezug in dem von mir erörterten Sinne als chiastische Verschränkung zu verstehen ist. Offensichtlich handelt es sich um eine selbstbezügliche Negation, die dem Selbstbezugsmodell entspricht, das man üblicherweise bei der Analyse semantischer und logischer Antinomien verwendet, insofern diese in einer negativen Selbstbezüglichkeit gründen, und das auch in der Hegelliteratur eine unbestrittene Geltung hat. Indessen: Die selbstbezügliche Negation im spekulativen Diskurs muß als Einheit zweier gegenläufiger Bewegungen, nämlich einer Reflexion in sich und einer Reflexion in anderes, gefaßt werden, und zwar im Sinne der von mir gekennzeichneten Verschränkung. Nimmt man die Reflexion in sich nicht als Bewegung, sondern als ruhendes Sein, dann folgt aus dieser Interpretation, daß Begriff und Vollzug einander wechselseitig bestimmen, entgegen der Auffassung des Verstandes, derzufolge der Vollzug einsinnig durch den Begriff vermittelt ist.

Nimmt man die positive Selbstbeziehung als Bewegung, muß man die Einheit als Reflexion oder Werden bestimmen. Wenn meine Interpretation des Anfangs der Logik dessen verborgene Bewegung angemessen artikuliert, dann ist das logische Werden der realisierte oder sich realisierende Chiasmus von 'Sein' und 'Nichts'. Weil 'Raum' und 'Zeit' anders als 'Sein' und 'Nichts' ihr Anderes als Moment enthalten, ist die logische Tiefenstruktur der Zeit nicht das Nichts, sondern das Werden. Ich habe deshalb das Werden bereits als eine erste Stufe der Zeit als Zeit gedeutet. Das impliziert, daß im Werden sich die Zeit selbst als Zeit abbildet. Im Zusatz zu § 258 der *Enzyklopädie* stellt Hegel die Zeit als den sich realisierenden Chiasmus ihrer logischen Momente dar: "Das Nichtsein des Seins, an dessen Stelle das Jetzt getreten ist, ist die Vergangenheit; das Sein des Nichtsein, was in der Gegenwart enthalten ist, ist die Zukunft." Die *implicatio* dieser *explicatio*, die eigentlich erst dem Bewußtsein angehört, ist der wahrhafte Punkt.

---

[38] V. Hösle, Hegels System, a.a.O., Anmerkung 37.
[39] G.W.F. Hegel, Vorlesungen über die Geschichte der Philosophie I, in: Werke, a.a.O., Bd. 18, S. 309.
[40] G.W.F. Hegel, Phänomenologie des Geistes, a.a.O., S. 118.
[41] Das 'als' in der Formel 'Die Zeit als Zeit' entspricht dem 'an ihm selbst'.

Diskussion[*]

I.

Grimmlinger: Ich habe mir einen zentralen Satz aus deinem Vortrag notiert, nämlich die These, daß der Fortgang in der Naturphilosophie durch die Thematisierung *des Gedankens* bestimmt ist – durchaus in einer gewissen Entsprechung zur *Wissenschaft der Logik* – und daß damit, zumindest im Blick auf den genuinen Fortgang in der Naturphilosophie, der Rekurs auf die *Vorstellung* ausgeschlossen ist.

Wahsner: Ich glaube schon, daß das der zentrale Gedanke des Vortrags ist, möchte aber trotzdem zuvor etwas sagen, das vielleicht mehr am Rande liegt. Sie sagten, daß in meinem Buch die Rede sei vom Verschwinden des Subjekts im Prädikat. Das steht aber nirgends. Diesen Terminus habe ich nie gebraucht.

Richli: Den Terminus nicht; das war mein Terminus.

Wahsner: Ich habe es auch nicht so dargestellt, sondern ich spreche entweder von einer *Verkehrung* von Subjekt und Prädikat – wobei ich darauf hinweise, daß das nichts Besonderes ist, daß es das schon bei Aristoteles gab – oder von der *Erhebung* des Prädikats zum Subjekt. Und insgesamt stelle ich das als Hegels Reflexion des neuzeitlichen Denkprinzips dar, ich stelle es als etwas Progressives und Positives dar ...

Richli: Ja ...

Wahsner: ... und will nur zeigen, daß dieser großartige Gedanke Hegels von ihm nicht hinreichend differenziert wird, oder, grob gesprochen, daß er auch dann so verfährt, wenn es nicht zulässig ist. Manchmal kann man das Prädikat zum Subjekt erheben, unter bestimmten Bedingungen, aber an manchen Stellen ist es nur ein Formalismus, der nicht hinreichend die Bedingungen, die diesen Formalismus ermöglichen, berücksichtigt. Damit ist vermutlich auch schon die Differenz zwischen Ihrer und meiner Herangehensweise bestimmt. Es ist ganz zweifellos richtig, daß man zunächst einmal, in der eigenen Rezeption oder auch in der Darstellung, den Hegelschen Gedankengang, so wie er von Hegel gemeint und gewollt ist, zu verstehen versuchen muß (was ja schon schwer genug ist). Daraus geht auch hervor, daß Logik und Naturphilosophie nicht irgendwie nebeneinander bestehen, sondern in einer ganz bestimmten Weise einander zugeordnet sind. Und daß Hegel es so darstellen *wollte*, wie Herr Grimmlinger sagte, das ist ohne Frage der Fall. Meine Darlegungen beruhen mehr darauf, daß ich Zweifel daran habe, *daß das überall machbar ist.* Dies ist es, was ich im wesentlichen dargestellt

---

[*] Der vorstehende Beitrag ist nicht mit dem gehaltenen Vortrag identisch. Der Kern der in diesem und jenem behandelten philosophischen Problematik stimmt jedoch überein. Die protokollierte Diskussion bezieht sich selbstredend auf den Vortrag. Insbesondere wurde in dem vorstehenden Beitrag ein Abschnitt, in dem Kernthesen der in Anmerkung 6 zitierten Schrift von Renate Wahsner referiert wurden, weggelassen, die Rekonstruktion der Hegelschen Darstellung dagegen stark erweitert.

habe. Ich habe dann versucht, Stellen aufzuweisen, an denen sich klar zeigt, daß das Verfahren nicht geht. Es soll mir einmal jemand vorführen, wie man vom *Raum* zur *Mechanik* kommt. Das kann niemand, auch nicht Hegel. Hegel kommt nur deshalb zur Mechanik, weil er mehr einbezieht, als er angibt. Er bezieht die ihm vorliegende Wissenschaft, so wie er sie rezipiert hat, ein, und er bezieht die philosophische Vorgeschichte ein, ohne das in jedem Falle zu nennen. Gegen diese Kritik könnte man nur etwas vorbringen, wenn man zeigt, daß man vom Raum, der das absolute Außereinander ist, durch *diesen* von Hegel entwickelten Gedankengang über die verschiedenen Schritte zu den so genannten mechanischen Erscheinungen kommt. Das geht meines Erachtens nicht: nicht, weil ich nicht begriffen hätte, daß Hegel es so tun will, daß er keinen Rückgriff auf die Vorstellung braucht, sondern weil es sich nicht durchführen läßt. Man kann auf die im Vortrag kritisierte Weise herausfinden, was Hegel über das von ihm Vorgegebene hinaus noch einbezogen hat, und das sind mitunter sehr wohl seine Vorstellungen gewesen, die ihm als solche, als Vorstellungen, gar nicht bewußt waren, wo er meinte, Raum *ist* eben so, aber der Raum ist eben nicht schlechthin so. Der mechanische Raum ist etwas viel Komplizierteres und etwas sehr Spezifisches. Doch Hegel kommt ohne diese "illegitimen" Rückgriffe auch nicht auf das, was für ihn der mechanische Raum ist.

Wenn man schlechthin über das Verhältnis von Mensch und Natur spricht, so kann man mit gutem Grunde sagen: Die Natur ist das Andere des Menschen, nicht *ein* Anderes, sondern *das* Andere. Aber von dieser Bestimmung her kann man eigentlich weiter nichts machen. Da ich ja nicht meine, eine aufgehobene Hegelsche Naturphilosophie vorstellen zu können, habe ich nur Punkte herausgegriffen, an denen man vielleicht Gründe hat, etwas zu ändern, um die genannten Mängel zu beheben.

Nicht nur weil es so schön ist, habe ich mich auf die Natur als die entäußerte Rippe bezogen. Hegel vergleicht das Verhältnis von Natur und Geist mit dem von Adam und Eva. Er sagt, der Geist hat die Gewißheit – gemeint ist, daß die Natur Geist ist –, die Adam hatte, als er Eva sah: "Das ist Fleisch von meinem Fleisch und Gebein von meinem Gebein." Das ist der Vergleich, den Hegel für angemessen hält – was auch zutrifft, zutrifft dafür, wie er das Verhältnis von Natur und Geist darstellt. An diesem Hegelschen Beispiel kann man zugleich aber auch sehr gut sehen, was in dem von Hegel gedachten Geist-Natur-Verhältnis steckt. Es steckt darin, daß Eva nichts anderes sein kann als die entäußerte Rippe. Doch dies folgt nicht aus der festgestellten Gleichheit. Wenn ich erkenne, das Andere ist Fleisch von meinem Fleisch und Gebein von meinem Gebein – das bin *ich*, dann kann diese Gleichheit, im Prinzip, außerhegelsch gedacht, auf verschiedene Weisen hervorgebracht worden sein, nicht nur durch die Entäußerung der Rippe, sondern auch durch ein *Gegeneinander* der beiden Pole oder durch einen gleichen Ursprung oder noch anders. Das sind aber Beziehungsweisen, die man sich auch als Beziehungsweisen zwischen Mensch und Natur zunächst einmal denken könnte und die man dann durchspielen muß – was m.E. Sinn hat, weil es ja gewiß Mängel in der Hegelschen Naturphilosophie gibt.

Der ganze Streitpunkt ist eine Frage der Herangehensweise. Will man darstellen, wie die einzelnen Elemente des Hegelschen Gedankensystems ineinandergreifen, so ist das das Eine. Ein anderes ist es, wenn man die Hegelsche Naturphilosophie zum Ausgangspunkt für eine moderne Naturphilosophie nehmen will. In diesem Falle muß man auch untersuchen, was an dieser Naturphilosophie nicht stimmt und warum.

Wie Sie sagten, geht es für Hegel in der Naturphilosophie darum, die als notwendig erwiesene Begriffsbestimmung – die schon von der *Logik* her gegeben ist – als irgendeine natürliche Existenz aufzuzeigen. Und das Wort "irgendeine" schreibt Hegel sogar gesperrt. Das ist völlig konsistent, das ist genau das, was er macht. Aber *dagegen* habe ich dann schon den Einwand, daß das nicht genügt. Es genügt nicht, aufzuweisen, daß eine logische Bestimmung in der Natur *vorkommt*, sondern man muß auch prüfen, ob es nicht andere Existenzen gibt, die mit der notwendigen Begriffsbestimmung übereinstimmen. Wäre es so, muß man fragen, ob vielleicht an der logischen Zwangsläufigkeit etwas zu ändern ist, ob die nicht vollständig ist, oder ob vielleicht die "natürliche Existenz" falsch gewählt war. Das alles muß man nicht tun, wenn es nur um die Darstellung des Gedankengangs innerhalb des Hegelschen Systems geht, wohl aber, wenn die Hegelsche Naturphilosophie als Ausgangspunkt für eine heute gültige Naturphilosophie genommen werden soll. Dann muß man schon die Einwände bringen, die aus heutiger Sicht zu erheben sind. Dieser Notwendigkeit nachzukommen hat nichts zu tun beispielsweise mit einer Verwechslung der Hegelschen Negation und der logischen Negation.

Beim "Anderen an ihm selbst" habe ich nicht immer die Möglichkeit, vom Etwas zu diesem Anderen überzugehen. Deshalb habe ich das Beispiel des Punktes gewählt. Die Hegelsche Begriffsentwicklung funktioniert da nur, wenn man die genannten Bestimmungen gleichsetzt: "Der Punkt negiert den Raum", "Der Punkt ist eine Negation des Raumes", "Der Punkt ist *die* Negation des Raumes", "Das Negiert-Sein des Raumes ist der Punkt". All diese Aussagen müssen dasselbe sein, sonst funktioniert Hegels Verfahren nicht. Sie können aber nicht dasselbe sein. Allerdings – und das ist auch wichtig – gilt *manchmal* eine solche Identität. Man muß klar bestimmen, wann das der Fall ist. Ein Beispiel (das zwar weit unter spekulativem Niveau ist) kann das verdeutlichen. Wenn ich sage "Das Wehen ist der Wind", dann ist das ein durchaus sinnvoller Satz – und zwar deswegen, weil der Wind *nichts weiter* ist, als die Substantivierung des Wehens. Wenn ich aber sage "Das Laufen ist Emil", dann ist das unsinnig – würde jeder normale Mensch erst einmal denken. Aber *warum* empfindet man das als unsinnig? Man empfindet es so, weil Emil noch sehr viel mehr Verhaltensweisen hat als nur die zu laufen. Würde man alle Verhaltensweisen dieses Individuums kennen, dann könnte man (unterstellt, man listete sie alle auf) so sprechen. Aber was sind *alle* Verhaltensweisen? Hier trifft man eben auf das Kantsche Problem: Wie gelangt man zum absoluten Ganzen? Was "alle Verhaltensweisen" sind, kann man klar und deutlich sagen, wenn es um ein Kunstprodukt geht. Denn in ihm hat man nur das, was man hat hineinlegen wollen. Da weiß man ganz genau, was "alle

Verhaltensweisen" sind, und kann daher jene Umkehrung fehlerfrei vollziehen. Eine solche Situation hat Hegel auch im Hinterkopf gehabt, in irgendeiner Weise. Es ist ihm m.E. lediglich nicht deutlich genug gewesen, daß eine solche Situation nur in manchen Fällen vorliegt, in anderen nicht. Dort, wo die in Rede stehende "Umkehr" nicht geht, muß man eben neu überlegen, was zu tun ist, um dahin zu kommen, daß sich der Fortgang in der Naturphilosophie durch ein klares Prinzip bestimmt.

II.

Posch: Sie haben ja jetzt ein Koreferat gehalten, und daher möchte ich Sie etwas fragen. Sie haben zuletzt unter Hinweis auf Kant gesagt, daß bei dem, was der Mensch macht, das Hegelsche Verfahren eher funktioniere.
 Wahsner: Bei dem, was der Mensch macht?
 Posch: Ja, bei dem, was er herstellt, einerseits, aber auch bei seinen geistigen Tätigkeiten.
 Wahsner: Ich habe gesagt, die Hegelsche Umkehrung funktioniert problemlos bei Kunstprodukten.
 Posch: Ja, daran knüpfe ich jetzt an. Und zwar mit der Frage: Wenn man die Geistesphilosophie gegen die Naturphilosophie hält, kann man dann sagen, das, was Hegel beansprucht und was Herr Richli speziell auch für die Naturphilosophie geltend gemacht hat – leitend für den Fortgang sei allein das den Kategorien Immanente –, das klappt bei der Geistesphilosophie eher als bei der Naturphilosophie?
 Wahsner: Man müßte das im einzelnen untersuchen. Aber eines ist klar: die Geistesphilosophie ist nicht unabhängig von der Naturphilosophie. Zudem gibt es auch in dem Bereich, den die Geistesphilosphie behandelt, Objektivitäten; auch dort ist nicht alles vom Menschen gemacht, und Hegel ist gerade derjenige, der das dargestellt hat.

III.

Richli: Ich sage keineswegs, der Anspruch Hegels, in der Naturphilosophie nicht auf die Vorstellung zurückzugreifen, sei realisierbar. Ich bin nicht bereit, in diesem Punkt meinen Kopf für Hegel hinzuhalten.

IV.

Grimmlinger: Du hast einerseits von einem immer wieder vorkommenden Wechsel der Bewegung des Begriffs selbst und der realen Bewegung gesprochen. Andrerseits hast du gesagt, es geht nur um die Bewegung des Begriffs. Was soll

das heißen? Ist der Blick auf die reale Bewegung nur ein Beiwerk oder ein Anstoß, um der Begriffsbewegung auf die Sprünge zu helfen?
Wahsner: Oder eine Ausrede?
Grimmlinger: In der *Endlichen Mechanik* z.b. ist es doch so, daß man den Unterschied von Ruhe und Bewegung von irgendwoher haben muß, oder dann beim Stoß: die Mitteilung der Bewegung muß man haben. Wie ist es da möglich, ohne den Blick auf reale Bewegung den Gehalt thematisch in die Begriffsbewegung aufzunehmen?
Richli: Ich habe da tatsächlich auch eine Schwierigkeit. – Die Kategorien in der Naturphilosophie sind nicht einfach identisch mit den Kategorien in der Logik, weil die Naturphilosophie beansprucht, Phänomene wie die reale Bewegung zu bestimmen. Wahrscheinlich liegt hier eine Unklarheit bei Hegel selbst. Meines Erachtens hat er das Verhältnis von Logik und Realphilosophie nie befriedigend geklärt. Diesen Punkt betrifft auch die Kritik von Marx, derzufolge es mitunter einen Sprung von einer begrifflichen Struktur zu einer Anschauung gibt. Das gilt natürlich auch in der Geistesphilosophie. Zuerst haben wir eine kategoriale Beschreibung, und dann heißt es etwa: das ist Herr und Knecht. Das ist ein Sprung! Da ist eine Unklarheit bei Hegel. Die Eigenständigkeit der realen Bereiche ist bei Hegel nicht genügend berücksichtigt, und zwar deshalb, weil bei ihm alles aus dem reinen Logos hervorgeht, so daß es für ihn schon eine Inkonsequenz wäre, irgendwelche Strukturen oder sogar apriorischen Momente zu akzeptieren, die nicht aus der Logik folgen. Bei Hegel ist tatsächlich schon in seiner spekulativen Logik das Denken überfordert. Ich würde sagen, ohne Anschauung geht es in vielen Fällen nicht.

Ich komme jetzt aber zu einem anderen Thema, nämlich zu Ihrer [R. W.s] These, daß das Ganze bei Hegel eigentlich eine konsequente Entwicklung des neuzeitlichen Denkprinzips ist. Ich würde dem grundsätzlich beistimmen, aber ich weiß nicht, wie das bei der Interpretation Hegels fruchtbar gemacht werden kann. Bei Fichte kommt das auch vor. Fichte sagt einmal, Schelling sei nicht einmal fähig, eine Tätigkeit ohne Täter zu denken. Schon in Fichtes *Wissenschaftslehre* von 1794 kommt der Begriff einer reinen Relation ohne irgendwelche Träger vor. Das ist ungeheuer schwierig zu denken. Wenn man nun bezüglich Fichtes und Hegels sagen würde, das sei im Grunde genommen einfach das Prinzip der neuzeitlichen Naturwissenschaft, dann reichte das nicht aus. Man müßte schon weiter ausholen und zeigen, wie sich in dieser ganzen Konzeption geschichtliche Tendenzen durchsetzen, die das neuzeitliche Denken durchgängig bestimmen.

Jetzt bin ich aber vom Thema abgerückt. Ich würde meinen, daß bei Hegel tatsächlich schon in der Logik die Anschauung vorausgesetzt ist, daß das endliche Denken sonst überfordert ist.
Grimmlinger: Dafür gibt es auch ein Indiz. In der Logik der Qualität und der Quantität werden die Beispiele hauptsächlich in den Anmerkungen angeführt. Aber in der Maßlogik, da stehen dann die Beispiele (Fallgesetz usw.) schon im

Haupt–text! Das heißt, daß die Entfaltung des Logischen dort *uno actu* im Blick auf das Wirkliche erfolgt.

Betrachten wir jetzt aber den Anfang der Naturphilosophie, den § 254, wo es um den Raum geht. Das sind nur fünf Zeilen im Haupttext: "Die erste oder unmittelbare Bestimmung der Natur ist die abstrakte *Allgemeinheit* ihres Außersichseins ...". Hier könnte man noch sagen, das sei noch die reine Kategorie als solche, obwohl es beim Außersichsein schon problematisch wird. Nun heißt es weiter, nach einem Gedankenstrich: "... dessen vermittlungslose Gleichgültigkeit, *der Raum*. Er ist das ganz ideelle *Nebeneinander*, weil er das Außersichsein ist, und schlechthin *kontinuierlich*," – das wäre jetzt wieder die reine Kategorie, eine der Quantität – "weil dies Außereinander noch ganz *abstrakt* ist und keinen bestimmten Unterschied hat." Muß man nicht wirklich sagen, wenn hier das Wort "der Raum" kommt, das die erste naturphilosophische Kategorie bezeichnet, daß da doch *erstens* die ganze *Phänomenologie des Geistes*, in deren letztem Abschnitt die Bestimmung des Raumes auftritt, mit impliziert ist und *zweitens* die ganze Begriffsgeschichte von "Raum"? Ist das alles nicht in diesem kurzen Abschnitt mit enthalten und erforderlich für die kategoriale Entwicklung?

Richli: Ja. Wahrscheinlich schon.

V.

Posch: Sie [U. R.] haben eine abgeschwächte Interpretation der bestimmten Negation vorgeschlagen, in dem Sinne, daß die bestimmte Negation nicht eigentlich einen Deduktionsanspruch impliziert, sondern daß sie sehr wohl Bestimmungen, Kategorien, *aufgreifen* darf, z. B. den *Punkt* usw., daß es dann aber darauf ankomme, diese zunächst aufgegriffenen Kategorien begreifend einzuholen.

Wahsner: Wie geht das?

Posch: Ich glaube, das ist zunächst einmal nur ein Programm. Als solches erscheint es mir interessant, weil es einen Irrweg abschneidet, nämlich den, daß man Notwendigkeiten in der Naturphilosophie sucht, die es gar nicht geben kann, z.B. eine Begründung, warum an einer bestimmten Stelle die Materie stehen muß. Das wäre, wie ich Ihre Konzeption verstehe, gar nicht das Entscheidende, sondern: *wie ich sie denke*, in Relation zu dem, was vorher steht.

Richli: Ja, wenn man das Prinzip der bestimmten Negation so interpretiert, dann ist es immunisiert gegen die Einwände von Trendelenburg und anderen. Es ist nicht in allen Fällen anwendbar auf eine immanente Interpretation, aber ich glaube, daß Hegel in vielen Fällen nicht zeigen will, daß die Negation etwas, das vorher gar nicht da war, *erzeugt*, sondern er sagt, wir haben diese Bestimmung "Punkt" schon, und jetzt denken wir sie an und für sich. Man muß aber sehen, daß sich damit diese Bestimmung *verwandelt*. Der Punkt selber ist bei Hegel keine gedankliche Kategorie, sondern das ist die Vorstellung, die einer ganz bestimmten logischen Struktur entspricht.

VI.

Schwabe: Von Platon herkommend, sehe ich bezüglich des Verhältnisses von Natur und Logos ähnliche Probleme. Auch Platon hat eine Betrachtung der Kategorien an ihnen selbst angestrebt: die Kategorien sind die Ideen.

Richli: Im *Staat* bestimmt Platon die Dialektik in der Abhebung von der Geometrie durch zwei Kennzeichen. Erstens: Im Unterschied zur Geometrie verwendet die Dialektik – und das kennzeichnet für ihn gleichzeitig das Wesen der Philosophie – *keine Bilder*. In der Geometrie sind natürlich auch nicht die Bilder gemeint, die in den Sand gezeichnet werden, sondern die allgemeinen räumlichen Bestimmungen, aber die Bilder sind notwendige Stufen der Einbildungskraft. Das Zweite ist, daß die Geometer Hypothesen bilden (man kann sie auch Axiome nennen), auch das tun die Dialektiker nach Platon nicht; sie suchen das ἀνυπόθετον. Bei Platon sieht man also mindestens eine ähnliche Intention wie bei Hegel.

Schwabe: Was sich von Platon her zum Thema "Verhältnis von reiner Ideenlehre und Naturlehre" aufdrängt, ist die Frage nach der Entstehung der Welt. Hier hat Platon Zuflucht genommen zum Bild des Demiurgen, einer Form des Mythos. – Hegel hat dieses Problem wohl auch nicht gelöst. – Bei diesem Thema erinnere ich mich an eine Stelle einer Vorlesung von Ernst Bloch in Tübingen, wo er gesagt hat, der Übergang von der Logik zur Natur sei ein ganz heikler Punkt bei Hegel. In der Logik herrscht ja der reine Geist, die völlige Helle des Intellekts, alles ist rein und herrlich – und dann kommt die Natur, und da gibt es Ratten und Schaben und Ungeziefer, da finden Kämpfe statt, da gibt es auch das gegenseitige Fressen. Ich glaube, das hat er richtig gesehen, daß dies ein ganz heikler Punkt des Übergangs ist.

Wahsner: Blochs Urteil gründet aber auch in seiner Einstellung zur Naturwissenschaft überhaupt. Er konnte sich da nur Ratten und Läuse vorstellen.

Grimmlinger: Ich sehe aber nicht, warum *das* der heikle Punkt sein soll. Denn wenn es in der Natur, im organischen Bereich, das gegenseitige Auffressen gibt, dann ist das doch kein Problem für die Philosophie, denn sie ist der Blick auf das, was ist, wie es in Wahrheit ist.

Wahsner: Das Unschöne hat Bloch schon gestört.

Grimmlinger: Aber das darf den Philosophen nicht stören! Er muß auf das blicken, was ist.

Schwabe: Ist die Welt nicht?

Grimmlinger: Selbstverständlich ist die Welt, von Hegel her gesehen als Welt des Geistes *und* als Natur.

Richli: Die eigentliche Schwierigkeit liegt ja darin, warum sich die Idee überhaupt in die Natur entläßt. Das ist ein logischer Übergang, und der ist sehr schwierig.

Mechanismus und *Organismus* als Thema von Hegels *Phänomenologie* und *Philosophie der Natur*

Renate Wahsner

Wollte man das genannte Thema einigermaßen gründlich behandeln, müßte man einen zweiten Seminarkomplex wie diesen veranstalten. Denn man kann dieses Thema nicht behandeln, ohne Hegels Begriffe *Zweck, Mittel, Werkzeug* ins Spiel zu bringen, was bedingt, sich auch auf die *Rechtsphilosophie,* die *Logik* und die *Jenaer Systementwürfe III* (1805/06) zu beziehen.

Bekanntlich löst Hegel mit dem Begriff des Mittels, des Werkzeugs und dessen Implikationen das philosophische Grundproblem des Zusammenschlusses von Subjektivität und Objektivität (oder bietet zumindest einen Ansatz dafür).

Vor dem Erreichen dieses anvisierten Zusammenschlusses, mit Blick auf diesen angestrebten Zusammenschluß zeigt er, daß die Objektivität, die selbsterzeugte "unorganische Natur des Ich"[1], die Seite hat, durch unmittelbare Gegenstände konstituiert zu sein, die als solche mannigfaltig und voneinander unabhängig sind; daß diese Gegenstände aber, insofern die Objektivität durch die Subjektivität geprägt ist, auch Teile, Bestimmungsstücke eines Ganzen bilden. Dieser noch bestehende Widerspruch muß gelöst werden.

Die Lösung als Rückkehr zur Einheit der Idee geht bekanntlich durch die drei Momente: den *Mechanismus,* den *Chemismus* und die *Zweckmäßigkeit (Teleologie),*[2] die die jeweiligen *Formen des Verhältnisses der Gegenstände zueinander*

---

[1] Vgl. G.W.F. Hegel, Jenaer Systementwürfe III. Naturphilosophie und Philosophie des Geistes, hg. von R.-P. Horstmann, Hamburg 1987, S. 205.

[2] Explizit schreibt Hegel: "Der Zweck hat sich als das *Dritte* zum Mechanismus und Chemismus ergeben; er ist ihre Wahrheit. Indem er selbst noch innerhalb der Sphäre der Objektivität oder der Unmittelbarkeit des totalen Begriffs steht, ist er von der Äußerlichkeit als solcher noch affiziert und hat eine objektive Welt sich gegenüber, auf die er sich bezieht. Nach dieser Seite erscheint die mechanische Kausalität, wozu im allgemeinen auch der Chemismus zu nehmen ist, noch bei dieser *Zweckbeziehung,* welche die *äußerliche* ist, aber als *ihr untergeordnet,* als an und für sich aufgehoben. Was das nähere Verhältnis betrifft, so ist das mechanische Objekt [...] gegen sein Bestimmtsein und damit dagegen, ein Bestimmendes zu sein, gleichgültig. Dies äußerliche Bestimmtsein ist nun zur Selbstbestimmung fortgebildet und damit der im Objekte nur *innere* [...] Begriff nunmehr *gesetzt;* der Zweck ist zunächst eben dieser mechanischen äußerliche Begriff selbst. So ist der Zweck [...] das Selbstbestimmende, welches das äußerliche Bestimmtwerden [...] zur Einheit des Begriffs zurückbringt. – Die Natur der Unterordnung der beiden vorherigen Formen des objektiven Prozesses ergibt sich hieraus; das Andere, das an ihnen in dem unendlichen Progreß liegt, ist der" (ihnen zunächst als äußerlich gesetzte) Begriff, welcher Zweck ist; nicht nur der Begriff ist ihre Substanz, sondern auch die Äußerlichkeit ist das ihnen wesentliche, ihre Bestimmtheit ausmachende Moment. "Die mechanische oder chemische Technik bietet sich also durch ihren Charakter, äußerlich bestimmt zu sein, von selbst der Zweckbeziehung dar [...] ." (G.W.F. Hegel, Wissenschaft der Logik. Zweiter Teil, in:

und der Gegenstände zum Subjekt bestimmen.
Die drei Stufen der Objektivität begriffslogisch entwickelnd führt Hegel das von Kant begründete Verhältnis von *Mechanismus* und *Organismus* auf eine spekulativ andere Ebene und bietet einen Ansatz, um die vormalige Entgegensetzung von *Kausalität* und *Finalität* aufzuheben. Der dabei entscheidende Gedanke ist eben der des *Werkzeugs als Mittel* bzw. des Mittels als Werkzeug.

Indem Hegel den Zweck als das Dritte, das sich zum Mechanismus und Chemismus ergeben hat, als ihre Wahrheit darstellt, will er mit dem Zweckmäßigkeitsgedanken die Mängel des mechanistischen Denkens und die Unzulänglichkeiten eines nur analytischen Vorgehens aufheben. Läßt man einmal die Kritik beiseite, die zeigt, daß die Naturwissenschaften nicht auf ein analytisches Vorgehen reduziert werden und die Mechanik nicht mit dem mechanistischen Weltbild identifiziert werden kann, so deckt Hegels Entwicklung zum einen den Sachverhalt auf, daß – profan gesprochen – über die "reine" Objektivität nichts zu sagen ist ohne Begriffe, daß aber auch der scheinbar absolute Gegensatz der Subjektivität (das, was als reine Objektivität erscheint) Produkt der zweckgerichteten Lebenstätigkeit des Menschen ist.

Im besonderen enthält diese Aufdeckung aber die verdrillte Rezeption der Tatsache, daß der Mechanik, der Newtonschen Mechanik, in der Tat der Zweckgedanke inhärent ist – und zwar insofern, als diese Mechanik die Synthese von $\tau\acute{\epsilon}\chi\nu\eta$ und $\phi\acute{\upsilon}\sigma\iota\varsigma$ darstellt,[3] die Synthese von antiker Mechanik – verstanden als Kunst, als Technik, als ein Wissen von den Gründen des Tuns – und antiker Naturphilosophie – verstanden als ein Wissen von den Gründen des Seins. Es ist dies eine Synthese, die die neuzeitliche Physik als Wissenschaft von der Natur erst ermöglichte.

Dieses hochinteressante Konzept, mit dem Hegel den Status der Naturphilosophie veränderte, kann hier leider nicht diskutiert werden. Wir werden uns hier darauf beschränken müssen, das Mechanismus-Organismus-Thema an Hegels Gesetzesbegriff in der *Phänomenologie* darzustellen. Trotz dieser Einschränkung bleibt es m.E. dennoch interessant genug. Denn wie ein Protokoll eines an der Wiener Universität durchgeführten Seminars zeigt, wurde dort heftig darüber diskutiert, ob man resp. wie man vom mechanischen Objekt zum Leben kommen könne. Diese Frage enthält viele Aspekte, die hier nur in Stichpunkten genannt werden können:

- Das mechanistisch bestimmte Objekt ist nicht identisch mit dem Objekt der physikalischen Theorie "Mechanik". Es wäre zu bestimmen, wodurch sie

---

Werke in 20 Bdn, auf der Grundlage der Werke von 1832-1845 neu edierte Ausgabe, Frankfurt a.M. 1986, Bd. 6, S. 444 f.)

[3] Siehe H.-H. v. Borzeszkowski und R. Wahsner, Die Natur technisch denken? Zur Synthese von $\tau\acute{\epsilon}\chi\nu\eta$ und $\phi\acute{\upsilon}\sigma\iota\varsigma$ in der Newtonschen Mechanik oder das Verhältnis von praktischer und theoretischer Mechanik in Newtons Physik, in: Zur Kultur der Moral. Praktische Philosophie in der posttraditionalen Gesellschaft, hg. von M. Weingarten, Berlin (im Druck), auch: Preprint 87 des MPI für Wissenschaftsgeschichte, Berlin 1998, sowie die darin zitierte Literatur.

sich voneinander unterscheiden.
- Vom mechanistisch bestimmten Objekt kann man nicht zum Leben kommen.
- Ersetzt man es durch das von der Naturwissenschaft "Mechanik" bestimmte, könnte die Frage lauten: Kann man von der Wissenschaft "Mechanik" zu einer Wissenschaft vom Leben gelangen? Oder: Sind aus der Wissenschaft "Mechanik" Prinzipien ableitbar, die auch einer Wissenschaft vom Organischen zugrunde gelegt werden müssen/wurden, ohne die organischen Objekte auf mechanische zu reduzieren?
- Wie falsch oder nicht falsch war Kants Verfahren, die Newtonsche Mechanik als Modell für die Naturwissenschaft schlechthin zu wählen?

Soweit die Vorbemerkung, die bezweckt, den Umfang des Mechanismus-Organismus-Thema schwach anzudeuten.

Nun zu der angegebenen eingeschränkten Behandlung, der Betrachtung des Mechanismus-Organismus-Verhältnisses unter dem Aspekt der Bestimmung, die Hegel dem naturwissenschaftlichen Gesetz in der *Phänomenologie* gibt – wobei implizit die geistesgeschichtliche Bedeutung der Naturwissenschaft thematisiert wird.[4]

Das Reich der Gesetze als Wahrheit des Verstandes

Wenn die "Phänomenologie des Geistes" die Aufgabe hat, das Werden der völligen Übereinstimmung von Gewißheit und Wahrheit darzustellen, den Gang zur vollkommenen Deckung des Wissens mit seinem Gegenstand,[5] müßte als eine der notwendigen Stufen die wissenschaftliche Naturbetrachtung untersucht, also die Methode bzw. der Status der neuzeitlichen Naturwissenschaft charakterisiert werden. Ob dies zu fordern ist hängt allerdings schon davon ab, wie man die *Phänomenologie* liest. Meint man, daß Hegels Philosophie andere Philosophien nicht nur so verdrängen kann, daß sie sie zugleich in sich einschließt, "sondern auch, daß Philosophie als solche ihre Wahrheitsansprüche nur dadurch rechtfertigen kann, daß sie diejenigen *nicht-philosophischen* Formen von Erfahrung ein-

---

[4] Die nachfolgenden Ausführungen beruhen maßgeblich auf dem auf dem XXIII. Kongreß der Internationalen Hegel-Gesellschaft (August 2000) gehaltenen Vortrag "Das naturwissenschaftliche Gesetz. Hegels Rezeption der neuzeitlichen Naturbetrachtung in der *Phänomenologie des Geistes* und sein Konzept von Philosophie als Wissenschaft" sowie auf der Arbeit: R. Wahsner, "An seinen Werkzeugen besitzt der Mensch die Macht über die äußere Natur ...". Hegels Rezeption des $\tau \acute{\epsilon} \chi \nu \eta$-Begriffs in seiner Logik, Jahrbuch für Hegelforschung 2002, hg. von H. Schneider, (im Druck), auch: Preprint 131 des MPI für Wissenschaftsgeschichte, Berlin 1999.

[5] Vgl. z.B. J.E. Erdmann, Versuch einer wissenschaftlichen Darstellung der Geschichte der neuern Philosophie, Faksimile-Neudruck der Ausgabe Leipzig 1834-1853 in sieben Bänden, Stuttgart 1982, Bd. 7, S. 415-420; E. Cassirer, Das Erkenntnisproblem in der Philosophie und Wissenschaft der neueren Zeit, Darmstadt 1994, Bd. III, S. 310-328.

schließt, die einen Anspruch auf die Wahrheit erheben",[6] so muß eine solche Stufe zweifellos betrachtet werden. Sieht man Hegels Darstellung als eine solche der Folge der verschiedenen *philosophischen* Konzepte des Wahren bzw. des Verhältnisses von Wissen und seinem Gegenstand, so kann man durchaus meinen, daß Hegel nicht verpflichtet war, dieses Thema zu behandeln. Denn Naturwissenschaft ist maßgeblich von Philosophie unterschieden. Allerdings könnte man auch dann Verschiedenes einwenden: (1) Naturwissenschaft beruht auf bestimmten philosophischen Voraussetzungen. Die Betrachtung der Folge ausschließlich philosophischer Konzepte müßte diese also auch in ihrer Bedeutung für die Naturwissenschaft charakterisieren. (2) Das Endziel, das absolute Wissen, ist ohne Analyse der Stellung des naturwissenschaftlichen Gedankens zur Objektivität nicht zu erreichen (wie man aus heutiger Sicht klar sagen kann). (3) Hegels Konzept von Philosophie als Wissenschaft deutet darauf hin, daß Hegel die Philosophie als ein System begreift, das im Unterschied zur Religion auf den neuzeitlichen Wissenschaften (Fachwissenschaften) beruht. Insofern genügt es nicht, sich zu merken, daß Hegel mit "Wissenschaft" die wahre Philosophie meint, sondern diese Terminologie hat einen tieferen Hintergrund; sie verweist – bei aller notwendigen Unterscheidung – auf die fundierende Bedeutung der Naturwissenschaft für das neuzeitliche Denken als solches. Da nun aber die neuzeitliche Naturwissenschaft auf einem, vom antiken qualitativ unterschiedenen, neuartigen Denkprinzip beruht, einem, das explizit das Subjekt-Objekt-Verhältnis betrifft,[7] kann – gerade mit Blick auf die Aufgabenstellung der *Phänomenologie des Geistes* – die Charakterisierung der wissenschaftlichen Naturbetrachtung eigentlich nicht ausgelassen werden. Hegel scheint dies nicht rigoros anders beabsichtigt zu haben. Eine – hier notgedrungen sehr knappe – Skizze des in der "Phänomenologie" entwickelten Gesetzesbegriffs soll das prüfen.

Das Gesetz faßt Hegel hier – im wesentlichen in Übereinstimmung mit der *Logik*[8] und der *Enzyklopädie*[9] – als *das ruhige Abbild der Erscheinungen*, als *das Bleibende des Wechsel* der Erscheinungen, gleichbedeutend mit *Kraft*.[10]

"Dem Bewußtsein" – schreibt Hegel – "ist in der Dialektik der sinnlichen Gewißheit das Hören und Sehen usw. vergangen, und als Wahrnehmen ist es zu Ge-

---

[6] M. Westphal, Hegels Phänomenologie der Wahrnehmung, in: Materialien zu Hegels "Phänomenologie des Geistes", hg. von H. F. Fulda und D. Henrich, Frankfurt a.M. 1973, S. 83, insbes. auch Anmerkung 3.
[7] Vgl. H.-H. v. Borzeszkowski und R. Wahsner, Die Natur technisch denken?, a.a.O.; R. Wahsner, Zur Kritik der Hegelschen Naturphilosophie. Über ihren Sinn im Lichte der heutigen Naturerkenntnis, Frankfurt a.M.–Berlin–Bern–NewYork–Paris–Wien 1996, insbes. S. 3-20, 217-221; dies., Naturwissenschaft, Bielefeld 1998.
[8] Vgl. G.W.F. Hegel, Wissenschaft der Logik II, a.a.O., S. 147-164.
[9] Vgl. G.W.F. Hegel, Enzyklopädie der philosophischen Wissenschaften im Grundrisse (1830). Dritter Teil. Die Philosophie des Geistes, in: Werke, a.a.O., Bd. 10, S. 210-212 (§§ 422, 423); siehe auch ders., Enzyklopädie der philosophischen Wissenschaften im Grundrisse. Zweiter Teil. Die Naturphilosophie, in: Werke, a.a.O., Bd. 9, S. 85-106 (§ 270).
[10] Vgl. G.W.F. Hegel, Phänomenologie des Geistes, in: Werke, a.a.O., Bd. 3, S. 107-136.

danken gekommen, welche es aber erst im Unbedingt-Allgemeinen zusammenbringt".[11] Dieses Unbedingt-Allgemeine erweist sich im Fortgang als Kraft.[12] Denn das Ding kann, was es ist, gar nicht anders offenbaren, ausdrücken, als darin, wie es sich *verhält*. Sein absolutes Fürsichsein, also die absolute Aufhebung jedes Verhältnisses zu anderen, würde – in dem Bestreben, das Wesen des Dinges rein darzustellen – dieses gerade vernichten. Der Gegenstand zeigt sich so nicht mehr in zwei verschiedenen Beziehungen (*ein* Ding, *viele* Eigenschaften), sondern in ein und derselben Rücksicht als das Gegenteil seiner selbst. Er ist nunmehr für sich, *indem* er für anderes, und er ist für anderes, *indem* er für sich ist. Dies kennzeichnet Hegel als Übertritt vom Bereich der Wahrnehmung in das Reich des *Verstandes*: Der Standpunkt des Verstandes beginnt dort, wo man den Gegensatz *als* Gegensatz versteht und auf sich nimmt, statt ihn durch eine stete Verschiebung der Standpunkte der Betrachtung vor sich zu verbergen und von sich abzuwehren (einerseits – andererseits). Sobald dies geschieht – urteilt Cassirer –, steht man vor einer neuen Ansicht der Objektivität überhaupt, einer, die in neuen Kategorien ihren Halt und ihren Ausdruck sucht.[13] *Das Verhalten wird Gegenstand*, Naturwissenschaft im eigentlichen Sinne wird hierdurch erst möglich.[14]

Im Gang der *Phänomenologie* zeigt sich dies als Übergang vom Reich der *Dinge* ins Reich der *Kräfte*. In der Kraft wird das Wesen gedacht, insofern es unmittelbar in seiner Äußerung ist und besteht. Nachdem zunächst diese Äußerung derart vorgestellt wird, daß sie, um zu erscheinen, des Anstoßes (von einem Anderen) bedarf, wird klar, daß – insofern das Wirken der Kraft ihr Sein ausmacht, Sein und Wirken nur miteinander gedacht werden können – die Kraft das, was anfangs ein Anderes zu sein schien, an sich selbst hat.[15] Damit geht *das Unbedingt-Allgemeine als Inneres der Dinge* oder als Ungegenständliches hervor.[16]

Hegel stellt dieses Zusammen von Sein und Wirken zunächst als zwei Kräfte vor: "Es sind aber zugleich zwei Kräfte vorhanden, der Begriff beider zwar derselbe, aber aus seiner Einheit in die Zweiheit herausgegangen."[17] Er entwickelt, was es mit dieser Zweiheit auf sich hat, indem er schreibt: "Das Spiel der beiden Kräfte besteht hiermit in diesem gegenseitigen Bestimmtsein beider, ihrem Füreinandersein in dieser Bestimmung und der absoluten unmittelbaren Verwechslung der Bestimmungen, – einem Übergange, wodurch allein diese Bestimmungen sind, in denen die Kräfte *selbständig* aufzutreten scheinen."[18] Hegel legt großen Wert darauf darzutun, daß dies ein Schein ist. (Siehe auch seine spätere Kritik des Kantschen Kräftekonzepts, wobei unverkennbar Kant hier auch positiv

---

[11] Ebd., S. 107.
[12] Vgl. ebd., S. 109 f.
[13] Vgl. E. Cassirer, Das Erkenntnisproblem, Bd. III, a.a.O., S. 318 f.
[14] Näheres darüber in den unter Anmerkung 7 zitierten Arbeiten.
[15] Vgl. G.W.F. Hegel, Phänomenologie des Geistes, a.a.O., S. 110-112.
[16] Vgl. ebd., S. 111, siehe auch 112-115.
[17] Ebd., S. 112.
[18] Ebd., S. 113.

aufgenommen wird.) Er zeigt, "daß der Begriff der Kraft durch die Verdopplung in zwei Kräfte *wirklich* wird", daß sie nicht als Extreme sind, sondern daß sie, was sie sind, "nur in dieser Mitte und Berührung" sind. Und so erhält sich der *Begriff* der Kraft als das Wesen in seiner Wirklichkeit selbst.[19]

Einige Autoren sehen hier die Stufe der *wissenschaftlichen* Naturansicht erreicht. Dies allerdings durchaus in verschiedener Weise. So interpretiert Gadamer Hegels Forderung an das philosophische Bewußtsein einzusehen, daß der Standpunkt nicht ausreicht, demzufolge die Zersetzung des Dinges in viele Dinge verstehen lassen soll, was eigentlich die Wirklichkeit ist, in der die Dinge mit ihren Eigenschaften wirklich sind, sondern man erkennen muß, daß hinter diesen Eigenschaften in Wahrheit Kräfte stehen, die aufeinander wirken, als Einsicht in das Ungenügen einer, z.B. mit den Mitteln der modernen chemischen Analyse vollzogenen Untersuchung. Auf diese Weise könne man nicht verstehen, was ein Ding ist oder was seine Eigenschaften sind. Er schreibt: "Die Konstitutionsformel des Chemikers sagt die Konstitution eines Stoffes aus. Aber was dieser in Wahrheit ist, das ist, wie gerade die moderne Entwicklung und Verwandlung der Chemie in Physik bestätigt hat, ein Spiel von Kräften."[20]

Nun ist nicht zu bestreiten, daß das philosophische Bewußtsein durch die chemische Analyse nicht befriedigt werden kann. Aber auf der kategorialen Grundlage von Ding und Eigenschaften gibt es die Wissenschaft Chemie noch gar nicht, gibt es keine Naturwissenschaft im neuzeitlichen Sinne. Um diese überhaupt zu ermöglichen, bedurfte es des Übergangs vom Reich der Dinge in das Reich der Kräfte.

Den Übergang als Bedingung der Naturwissenschaft zu erkennen ist eine grundlegende Einsicht, um Hegels Philosophie zu begreifen und um zu einem Ansatz für eine moderne Naturphilosophie zu gelangen.

Dies hat bislang insbesondere Cassirer in seinen Schriften dargetan. Speziell über die in Rede stehende Entwicklungsstufe des Geistes schreibt er: "Denn eben dies charakterisiert diese Stufe und unterscheidet sie von der der sinnlichen Gewißheit, daß in ihr sich alle Objektivität in ein derartiges Verhältnis wechselseitiger funktionaler Bestimmtheit auflöst. Der Begriff der *Kraft* ist demgemäß nichts anderes, als der Ausdruck für den Begriff des *Gesetzes*, der ihn ablöst, indem er die Aufgabe, die jener sich gestellt hatte, zur Vollendung bringt. Die Wahrheit des Sinnlichen und Wahrgenommenen wird im Gesetz erreicht und fixiert, das aber selbst nicht wiederum sinnlich ist, sondern eine übersinnliche Bedeutung gewonnen hat."[21] Wissenschaftliches Erklären heißt in der Tat, Zurückführung der sinnlichen Erscheinung auf ein Gesetz als ein Bleibendes, als ein nicht ohne Denken erfaßbares Bleibendes, auf ein ideiiertes, mithin durch bestimmte Handlungen erzeugtes, Beziehungsgefüge. Kraft und Gesetz haben den-

---

[19] Vgl. ebd., S. 115.
[20] H.-G. Gadamer, Die verkehrte Welt, in: Materialien zu Hegels "Phänomenologie des Geistes", a.a.O., S. 109, siehe auch 115, 117.
[21] E. Cassirer, Das Erkenntnisproblem, Bd. III, a.a.O., S. 319.

selben Inhalt,[22] begreift man *Kraft* nach dem Muster der Newtonschen Gravitation als ein irreduzibles Gegeneinander –[23] bestimmt durch ein kompliziertes theoretisches, Messung und Berechnung ermöglichendes, Gefüge.[24]

Die so entwickelte übersinnliche Welt soll die wahre Welt sein. Sie ist das Bleiben im Verschwinden. Doch die Beständigkeit verharrt nicht als bloßer Gegensatz zum Verschwinden, sondern sie wird selbst die Wahrheit des Verschwindens. Es erweist sich, daß gerade das das Bleibende ist, also das, was wirklich ist, daß alles immerfort verschwindet.[25] (Erinnert sei hier an das Zitat aus den Jenaer Systementwürfen: "Die Bewegung ist das Selbst ... ."[26])

Hegels Darstellung im Kapitel "Kraft und Verstand" kann aufgefaßt werden als Genese des Begriffes *Gesetz* von dem antiken Gedanken der $\dot{\alpha}\rho\chi\dot{\eta}$,[27] über die Gesetzesauffassung des mechanistischen Weltbildes, das Kräftekonzept Kants zum wahren Hegelschen Begriff. Wie wahr dieser ist soll nachfolgend betrachtet werden.

Der Mangel des Gesetzes, mithin des Mechanischen – nach Hegel

Wenn Hegel das Reich der Gesetze als die Wahrheit des Verstandes entwickelt, so fügt er zugleich hinzu, daß es nur dessen erste Wahrheit ist, denn das Gesetz füllt die Erscheinung nicht aus.[28] Das naturwissenschaftliche Gesetz ist in der Tat nicht das Konkret-Allgemeine oder das Allgemeine, das das Besondere in sich darstellt. Jede Erscheinung ist reicher als das Gesetz. Es bleibt der Erscheinung *für sich* eine Seite, die nicht im Innern ist. Das Gesetz ist nicht *das* Gesetz, sondern *ein* Gesetz. Daher müssen – so Hegels Argumentation – viele Gesetze sein. Diese Vielheit ist ein Mangel, einer, der dem Prinzip des Verstandes widerspricht, dem als Bewußtsein des einfachen Innern die an sich allgemeine *Einheit*

---

[22] Vgl. G.W.F. Hegel, Phänomenologie des Geistes, a.a.O., S. 125.
[23] Vgl. H.-H. v. Borzeszkowski und R. Wahsner, Einleitung zu: Voltaire, Elemente der Philosophie Newtons/ Verteidigung des Newtonianismus/ Die Metaphysik des Neuton, hg., eingeleitet und mit einem Anhang versehen von R. Wahsner und H.-H. v. Borzeszkowski, Berlin 1997, insbes. S. 29-76; R. Wahsner, Zur Kritik der Hegelschen Naturphilosophie, a.a.O., insbes. S. 42 f., 185-189.
[24] Ausführlicher dazu H.-H. v. Borzeszkowski und R. Wahsner, Physikalischer Dualismus und dialektischer Widerspruch. Studien zum physikalischen Bewegungsbegriff, Darmstadt 1989; dies., Nachwort zu: E. Mach, Die Mechanik in ihrer Entwicklung. Historisch-kritisch dargestellt, hg. von R. Wahsner und H.-H. v. Borzeszkowski, Berlin 1988.
[25] Vgl. H.-G. Gadamer, Die verkehrte Welt, a.a.O., S. 106-130.
[26] Siehe Anmerkung 48 von S. 31.
[27] Vgl. A. Griese und R. Wahsner, Raum, Zeit und Gesetz, in: Gesetz – Erkenntnis – Handeln, hg. von A. Griese und H. Laitko, Berlin 1972; R. Wahsner, Das Aktive und das Passive. Zur erkenntnistheoretischen Begründung der Physik durch den Atomismus – dargestellt an Newton und Kant, Berlin 1981, S. 7-46.
[28] Vgl. G.W.F. Hegel, Phänomenologie des Geistes, a.a.O., S. 120-122.

das Wahre ist. Die vielen Gesetze muß der Verstand daher in ein Gesetz zusammenfallen lassen. Als exemplarischen Fall für dieses Vorgehen nennt Hegel die Synthese der Keplerschen Planetengesetze mit dem Galileischen Fallgesetz. Diese Vereinigung charakterisiert er so, daß "mit diesem Ineinanderfallen" "die Gesetze ihre Bestimmtheit" verlieren; das Gesetz immer oberflächlicher wird, und damit in der Tat nicht die Einheit *dieser bestimmten* Gesetze, sondern ein ihre Bestimmtheit weglassendes Gesetz gefunden ist.[29]

Dies nun aber ist in der Tat ein Urteil, das nur bedingt zutrifft, nur insofern, als sich die Gesetze Keplers und das Gesetz Galileis erst als Sonderfälle des Newtonschen Gesetzes ergeben (die sie als solche aber durchaus exakt ausdrücken). Im ganzen ist es ein falsches Urteil. Denn Newtons Gesetz ist nicht nur reicher als seine Quellen, als die Keplerschen und Galileischen Gesetze für sich, ist nicht nur das "Ineinanderfallen" der genannten Ausgangsgesetze, sondern Newton begründete damit eine *neue Art von Gesetz*, eine neue Art von Allgemeinem, charakterisierbar als Physikalisch-Allgemeines,[30] ein Allgemeines, das auf der Synthese von $\tau\acute{\epsilon}\chi\nu\eta$ und $\phi\acute{v}\sigma\iota\varsigma$ gründet, ein Allgemeines, dem ein neuartiges Verhältnis von Mathematik und Empirie inhärent ist.

Hegels Sicht ist der mechanizistischen Rezeption der Newtonschen Mechanik seiner Zeit geschuldet.[31] Daher sieht Hegel in der genannten Vereinigung nur die Entwicklung des Gedankens der sogenannten *allgemeinen Attraktion*.

In diesem Gedanken meint der Verstand, der mechanistische Verstand, ein allgemeines Gesetz gefunden zu haben, welches die allgemeine Wirklichkeit als solche ausdrückt. (Man erinnere sich in diesem Zusammenhang an den Newtonianismus Voltaires!) Hiergegen zeigt Hegel, daß der Verstand nur den *Begriff des Gesetzes* selbst gefunden habe, aber immerhin so, daß er zugleich damit aussagt, daß alle Wirklichkeit an sich selbst gesetzmäßig ist. Der Ausdruck der allgemeinen Attraktion ist mithin, obzwar er nach Hegel das Gesetz oberflächlicher macht, zugleich gegen die gedankenlose Vorstellung gerichtet, der die Bestimmtheit die Form der sinnlichen Selbständigkeit, der die Erscheinung die Gestalt der Zufälligkeit hat. Hegel nimmt so die Weltsicht der Aufklärung – trotz der notwendigen Kritik an ihr – progressiv auf. Allerdings läßt seine Formulierung "die Vereinigung *aller* Gesetze in der allgemeinen Attraktion"[32] die Kantsche Einsicht, daß die totale Erkenntnis der Natur uns nie gegeben, sondern stets aufgegeben ist, verlorengehen.

---

[29] Vgl. ebd., S. 121.
[30] Vgl. dazu H.-H. v. Borzeszkowski und R. Wahsner, Physikalischer Dualismus und dialektischer Widerspruch, a.a.O.; dies., Die Natur technisch denken?, a.a.O.; R. Wahsner, Die Newtonsche Vernunft und ihre Hegelsche Kritik, Deutsche Zeitschrift für Philosophie *43* (1995), 789-800; dies., "An seinen Werkzeugen besitzt der Mensch die Macht über die äußere Natur ...", a.a.O.
[31] Zum Problem der Mechanisierung der Mechanik siehe H.-H. v. Borzeszkowski und R. Wahsner, Einleitung zu: Voltaire, Elemente der Philosophie Newtons, a.a.O., sowie die darin zitierte Literatur.
[32] G.W.F. Hegel, Phänomenologie des Geistes, a.a.O., S. 121 (Hervorhebung – R.W.).

"*Alle* Wirklichkeit ist *an ihr selbst* gesetzmäßig" –[33] sagt Hegel –, wogegen nichts zu sagen ist, aber es gibt nicht *das* Naturgesetz (die Weltformel). Doch selbst wenn Hegel ein solches – wie es scheint – für forderbar hielt, belegte er, daß das Naturgesetz nicht die Wahrheit der Wirklichkeit sein kann. Das Naturgesetz als Wahrheit der Wirklichkeit gibt es nicht und *kann* es nicht geben. Dies folgt aus dem Charakter des Naturgesetzes. Daher kann man die Nichtidentität von Gesetz und Erscheinung nicht – wie Gadamer vorschlägt –[34] durch ein jeweiliges Gegengesetz kompensieren, kann man nicht die Tatsache, daß beim Galileischen Fallgesetz vom Luftwiderstand abstrahiert wird, durch ein Bremsgesetz kompensieren. Die große Leistung von Galilei bestand gerade darin zu fragen: Wie würden die Körper fallen, wenn es keinen Luftwiderstand gäbe. Heisenberg erläutert dies mit den Worten: "Der Ausgangspunkt der Physik Galileis ist abstrakt [...]: Aristoteles hatte noch die wirklichen Bewegungen der Körper in der Natur beschrieben und daher zum Beispiel festgestellt, daß die leichten Körper im allgemeinen langsamer fallen als die schweren; Galilei dagegen stellt die Frage: Wie *würden* die Körper fallen, wenn es keinen Luftwiderstand gäbe; wie fallen die Körper im 'leeren Raum' [der sinnlich-konkret ja nicht vorhanden ist – R. W.]?"[35] Dieses Verfahren verallgemeinert macht die experimentelle Methode aus, die ihrerseits die naturwissenschaftlichen Begriffe und Theorien charakteristisch prägt.[36] Der von Hegel kritisierte Mangel kann nicht aufgehoben werden, ohne die Naturwissenschaft als solche zu liquidieren; er zeigt natürlich auch, daß Naturwissenschaft nicht Philosophie ist und daß eine konstruktive Aufhebung des Mangels das Fortschreiten zur Philosophie erfordert. Hegel hat ganz recht, wenn er das Nichtzusammenfallen von Gesetz und Erscheinung als einen Mangel bestimmt, der *am Gesetz selbst* sein muß.[37]

Dieser Mangel hat zwei – von Hegel nicht klar unterschiedene – Aspekte. Zum einen sind Gesetz und Erscheinung nicht identisch, weil es keine Gesetze des Einzelnen gibt, weil das naturwissenschaftliche Gesetz sich stets nur auf die herausgegriffene(n) Qualität(en) bezieht, das seine Fassung überhaupt möglich machte. Zum anderen ist das naturwissenschaftliche Gesetz (zumindest in seiner physikalischen Gestalt) von der Art, daß es für sich noch kein einziges physikalische System beschreibt, sondern dies erst tut, wenn man unter Hinzufügung von Anfangs- und Randbedingungen bestimmte Lösungen ableitet. Diese Unterschei-

---

[33] Ebd., S. 121 f.
[34] Vgl. H.-G. Gadamer, Die verkehrte Welt, a.a.O., S. 116.
[35] Siehe z.B. W. Heisenberg, Zur Geschichte der physikalischen Naturerklärung, in: Werner Heisenberg, Wandlungen in den Grundlagen der Naturwissenschaft. Sechs Vorträge, Leipzig 1942, S. 31; vgl. auch H.-H. v. Borzeszkowski, Galilei als Erfinder der physikalischen Tatsache, in: Die Sterne *71* (1995), 299-303.
[36] Vgl. H.-H. v. Borzeszkowski und R. Wahsner, Physikalischer Dualismus und dialektischer Widerspruch, a.a.O.; dies., Die Wirklichkeit der Physik. Studien zu Idealität und Realität in einer messenden Wissenschaft, Frankfurt a.M.–Berlin–Bern–New-York–Paris–Wien 1992, insbes. S. 271-285; R. Wahsner, Naturwissenschaft, a.a.O.
[37] Vgl. G.W.F. Hegel, Phänomenologie des Geistes, a.a.O., S. 121.

dung von Gesetz und Lösung wird von Hegel nicht gedacht (oftmals auch nicht von denen, die über die Gesetzesfassung des Organismus im Gegensatz zum Mechanismus diskutieren). Hegel nimmt das Gesetz stets unmittelbar als Systembeschreibung. Demzufolge wird in seinem philosophischen Konzept die komplizierte Struktur einer naturwissenschaftlichen Theorie nicht gedacht, ebensowenig wird der Begriff *Funktion*, ohne den die Fassung der physikalischen resp. naturwissenschaftlichen Gesetze nicht verstanden werden kann, nicht adäquat rezipiert.[38] Alles in allem hat der Hegelsche Verstand den "Begriff des Gesetzes selbst"[39] erst näherungsweise gefunden.

Zweifelsfrei trifft es zu, daß das naturwissenschaftliche Gesetz das philosophische Bedürfnis noch nicht befriedigt. *Wie* zu dieser Befriedigung fortgegangen werden muß, hängt vom angenommenen Begriff des Gesetzes ab. Hegel sieht den Fortgang darin, die Gleichgültigkeit der im Gesetz aufeinander bezogenen Bestimmungen aufzuheben.[40] Es soll angestrebt werden, die aufeinander bezogenen Momente auseinander abzuleiten, derart, daß z.B. beim Fallgesetz der Begriff des Raumes und der Begriff der Zeit ergeben, "daß die Größen der unterschiedenen Momente der Bewegung, der verflossenen *Zeit* und des durchlaufenen *Raumes*, sich wie Wurzel und Quadrat zueinander verhalten".[41] Doch eine derartige Ableitung der im Gesetz auftretenden Bestimmungen auseinander ist grundsätzlich nicht möglich, wegen des epistemologischen Charakters der Meßgrößen, wegen der Theoriebestimmtheit und der Artifizität der einzelnen Größen.[42] So ist der in der Mechanik auftretende Begriff *Raum* zunächst etwas ganz anderes als der Raumbegriff des Alltagsbewußtseins. Er ist durch die Theorie der klassischen Mechanik bestimmt. Durch diese ist er aber auch auf die anderen in dieser Theorie auftretenden Größen bzw. Momente *Zeit, träge Masse, schwere Masse*, bezogen. *Insofern* sind die Momente des Gesetzes durchaus *nicht gleichgültig gegeneinander*. Aber es sind – innerhalb einer Theorie – *feste Bestimmungen*. Und das müssen sie im Interesse der erforderten Meßbarkeit und Berechenbarkeit sein. (Zur Erläuterung: Die verschiedenen Größen können nicht ineinander übergehen, aber sie sind per Funktion resp. Gleichungssystem aufeinander bezogen.)

---

[38] Siehe z.B. R. Wahsner, "Der Gedanke kann nicht richtiger bestimmt werden, als Newton ihn gegeben hat." Das mathematisch Unendliche und der Newtonsche Bewegungsbegriff im Lichte des begriffslogischen Zusammenhangs von Quantität und Qualität, in: Hegels Seinslogik – Interpretationen und Perspektiven, hg. von A. Arndt und Ch. Iber, Berlin 2000, insbes. S. 295-300; H.-H. v. Borzeszkowski und R. Wahsner, Infinitesimalkalkül und neuzeitlicher Bewegungsbegriff oder Prozeß als Größe, in: Jahrbuch für Hegelforschung 2002, hg. von H. Schneider (im Druck), auch: Preprint 165 des MPI für Wissenschaftsgeschichte, Berlin 2001.
[39] G.W.F. Hegel, Phänomenologie des Geistes, a.a.O., S. 121.
[40] Vgl. ebd., S. 123-127.
[41] Ebd., S. 123.
[42] Vgl. auch die Auseinandersetzung mit Hegels Ambition einer philosophischen Mathematik bzw. mit seinen Ausführungen über Raum, Zeit und Bewegung am Anfang seiner Naturphilosophie. Siehe hierzu R. Wahsner, Zur Kritik der Hegelschen Naturphilosophie, a.a.O.

Es gibt sogar im naturwissenschaftlichen Gesetz eine totale Übereinstimmung von Innerem und Äußerem oder dem Inneren und der Erscheinung, insofern nämlich die Momente des Gesetzes, die in ihm auftretenden Größen, nichts weiter sind als die Gesamtheit ihrer Beziehungen zueinander. Dies ist natürlich nur deshalb möglich, weil diese Größen Kunstprodukte sind, sie nichts anderes darstellen als das, was wir in sie hineingelegt haben, d.h. nichts anderes als das, was die jeweilige Theorie über sie bestimmt. *Kraft* z.B. (mechanische Kraft) ist nichts weiter als *Masse × Beschleunigung*,[43] wobei diese Beziehung in Einheit mit dem Trägheitsprinzip und dem Gegenwirkungsaxiom genommen werden muß, damit man weiß, was Beschleunigung ist, welche Anforderungen an den Kraftausdruck gestellt werden müssen und wie das Beziehungsgefüge wieder als Eines gefaßt werden kann.

Selbstredend ist aufgrund der Artifizität der Momente das "Äußere", die "Erscheinung", kein Konkretum. Mit Blick hierauf treffen Hegels Charakterisierungen zu. Sie erfassen nur nicht, daß das Gesetz von der soeben geschilderten Art sein muß, und sie bestimmen mithin auch den Begriff *Erscheinung* nicht eindeutig.

Nimmt man jedoch Erscheinung gemäß der Hegelschen Vorstellung, ist im Hegelschen Begriff des Gesetzes die Bestimmtheit nicht als Jenseits der Erscheinung gefaßt, sondern als Bestimmtheit der Erscheinung selbst gesetzt. Zugleich ist die Erscheinung in der Universalität ihrer reinen gedanklichen Form von der spezifischen Einzelheit des Wahrnehmungsinhalts unterschieden. In diesem Sinne enthüllt die (Fach-)Wissenschaft, die auf den Grundbegriffen der Kraft und des Gesetzes aufgebaut ist, das "Innere" des Seins. Im Innern der Erscheinung erfährt der Verstand in Wahrheit nichts anderes als wiederum die Erscheinung selbst – wie sie sich in allgemeinen Regeln darstellt. Da aber – nach Kant – diese Regeln der Natur nichts anderes als die Regeln des Verstandes sind, so erfährt der Verstand in der Erscheinung und durch sie nur sich selbst. Hegelsch: "Es zeigt sich, daß hinter dem sogenannten Vorhange, welcher das Innre verdecken soll, nichts zu sehen ist, wenn *wir* nicht selbst dahintergehen, ebensosehr damit gesehen werde, als daß etwas dahinter sei, das gesehen werden kann."[44]

Kann das Organische in Gesetze gefaßt werden?

Der in der Phänomenologie entwickelte Gesetzesbegriff führt Hegel zu dem Ergebnis, daß das eigentliche Reich des Gesetzes das Mechanische ist. In der Naturphilosophie schreibt er: "Es treten hier, im Mechanischen, Gesetze im eigentlichen Sinne ein; denn Gesetze heißen Verknüpftsein zweier einfacher Bestimmungen, so daß nur ihre einfache Beziehung aufeinander das ganze Verhältnis aus-

---

[43] Vgl. E. Schrödinger, Die Besonderheit des Weltbildes der Naturwissenschaft, in: Gesammelte Abhandlungen, Wien 1984, Bd. IV, S. 419.

[44] G.W.F. Hegel, Phänomenologie des Geistes, a.a.O., S. 135 f.

macht, die beiden aber den Schein der Freiheit gegeneinander haben müssen."[45] An dem Organischen geht daher – schließt Hegel – "die *Vorstellung* eines *Gesetzes* überhaupt verloren".[46] Er begründet dies damit, daß das Wesentliche des Organischen ist, seine Momente als durchlaufende Prozesse zu haben, "nicht aber an einem isolierten Dinge ein Bild des Allgemeinen zu geben". Das Gesetz aber wolle "den Gegensatz als ruhende Seiten auffassen und ausdrücken und an ihnen die Bestimmtheit, welche ihre Beziehung aufeinander ist".[47]

Die Charakterisierung des Unorganischen im Vergleich zum Organischen offenbart das maßgebliche Defizit des Hegelschen Begriffs der Mechanik,[48] mithin des Gesetzes.[49] Die Natur hat hiernach nur als Organisches die Selbstbewegung an sich.[50] Doch wie gezeigt werden konnte, beruht die neuzeitliche Naturwissenschaft schon in ihrer elementaren Form als klassische Mechanik auf dem Prinzip der Selbstbewegung der Natur.[51] Oder – wie in anderem Zusammenhang dargestellt wurde: Keine Wissenschaft kann auf dem Prinzip des isolierten Individuums errichtet werden; jede Wissenschaft muß auf einem *Prinzip des kollektiven Individuums* gründen (weshalb Newton genötigt war, den antiken Atomismus zu modifizieren). Nur auf dem Prinzip der Selbstbewegung der Natur, dem sich theoretisch als Prinzip des kollektiven Individuums oder des irreduziblen *Gegeneinander* niederschlagenden Prinzip, kann eine Wissenschaft errichtet werden.[52]

Hegel bringt tiefsinnige Argumente gegen die Möglichkeit von Gesetzen des Organischen vor und kritisiert damit unbewußt und verkehrt seinen eigenen Begriff des Gesetzes. Dessen Hauptmangel charakterisiert er in unbeabsichtigter Selbstkritik, indem er von ihm sagt, bei ihm falle die Bewegung *nur* in den Verstand, nicht in den Gegenstand.[53]

---

[45] G.W.F. Hegel, Enzyklopädie II. Die Naturphilosophie, a.a.O., S. 93 (§ 270 Z).
[46] G.W.F. Hegel, Phänomenologie des Geistes, a.a.O., S. 211.
[47] Ebd.
[48] Spätestens hier wird offenbar, daß Hegels Begriff des naturwissenschaftlichen Gesetzes eingeordnet werden muß in die – maßgeblich durch Kant initiierte – Diskussion über das Verhältnis von Mechanismus und Organismus. Es wäre ein eigenes Thema, dies im einzelnen zu untersuchen. Vgl. hierzu z.B. K.E. Kaehler und W. Marx, Die Vernunft in Hegels Phänomenologie des Geistes, Frankfurt a.M. 1992, S. 85-113.
[49] Der Hegelsche Gesetzesbegriff beruht auf dem Standpunkt, daß der gewöhnliche Weg der Erkenntnis in den Wissenschaften "metaphysizierender Empirismus" sei. (Vgl. G.W.F. Hegel, Vorlesungen über die Geschichte der Philosophie III, in: Werke, a.a.O., Bd. 20, S. 209, 223.)
[50] "Die Selbsterhaltung aber des Unorganischen in seiner Beziehung fällt [...], außer der Natur derselben, da es das Prinzip der Bewegung nicht an ihm selbst hat oder da sein Sein nicht die absolute Negativität und Begriff ist." (G.W.F. Hegel, Phänomenologie des Geistes, a.a.O., S. 219.)
[51] Vgl. z.B. E. Cassirer, Das Erkenntnisproblem, a.a.O., Bd. I-III; siehe auch die in den Anmerkungen 30 und 36 zitierte Literatur.
[52] Vgl. R. Wahsner, Prämissen physikalischer Erfahrung, Berlin 1992, S. 57-96; siehe auch Anmerkung 23.
[53] Vgl. G.W.F. Hegel, Phänomenologie des Geistes, a.a.O., S. 126. – Es erforderte eine

Mit Blick hierauf erscheint dann das Organische auf einer philosophisch höheren Stufe stehend als das Unorganische. Hegel vermischt die naturwissenschaftliche Behandlung der organischen Erscheinung mit der philosophischen Entwicklung der Subjekt-Objekt-Einheit.

Auch in Anbetracht der Selbstbewegtheit des Organischen kann man dabei bleiben, das Gesetz als das ruhige Abbild im Wechsel der Erscheinungen zu bestimmen. Aber dieses Abbild muß als Darstellung von Bewegung, von Bewegung des betrachteten Gegenstandes, genommen werden, als Darstellung fester Verhältnisse, die eine Bewegung zu fassen vermögen – fester Verhältnisse wie sie etwa das System der drei Newtonschen Axiome und darin der verschiedenen Größen resp. Momente (Längen, Dauern, Geschwindigkeiten, Beschleunigungen, trägen Massen, schweren Massen) darstellt. Ein unabdingbares Mittel, um dies zu können, sind Funktionen mit Variablen. Daher wird auch von *Funktionsdenken* als Basis der neuzeitlichen Wissenschaft gesprochen. Auf der Grundlage von *Ding-Eigenschafts-Beziehungen* ist das nicht zu leisten. Letzteres zeigt Hegel klar, was aber an seine Stelle treten muß bzw. getreten ist, erkennt er nur in einigen Zügen.

Kurz und symbolisch gesagt: Begreift man, daß das Newtonsche Gravitationsgesetz das Gesetz eines gravitativen Organismus ist,[54] daß jedes naturwissenschaftliche Gesetz – so es wahrhaft ein Gesetz ist – auf einem *Gegeneinander* beruht, dann müssen zweifelsfrei Gesetze des Organischen für möglich gehalten werden.[55]

Dieses Begreifen impliziert die Einsicht in die Notwendigkeit, auch die Bewegungen resp. die Verhaltensweisen des Organischen unter der *Form des Objekts* zu fassen; es impliziert die Einsicht, daß "Leben" keine philosophische Stufe ist, sondern nur ein Bild als eine Art Faustregel für die *Vorstellung* des – von der Philosophie zu erreichenden – Zieles, der absoluten Subjekt-Objekt-Einheit. Die Erkundung der Gesetze des Organischen ist also wohl zu unterscheiden von der – zweifelsfrei erforderlichen – philosophischen Aufhebung der Betrachtung der Wirklichkeit unter der Form des Objekts.

Das Moment der Lebendigkeit ist nicht in das Wissen zu integrieren durch eine "Verflüssigung", ein begriffslogisches Auseinanderableiten der Momente resp. Größen, sondern nur durch den spezifischen naturwissenschaftlichen "Trick", wirkliche Bewegungen darzustellen, durch den Kunstgriff, artifizielle Entitäten, geeignete, Messung ermöglichende Konstrukte zu den Gegenständen der Naturwissenschaft zu machen. Ohne Zweifel ist dies auch ein Abtöten des Wirklichen. Aber: es ist eines höherer, da willentlicher Art, eines, ohne das

---

eigenständige Arbeit, dies detailliert darzustellen.
[54] Vgl. R. Wahsner, Technizism – Mechanism – Organism. Der epistemologische Status der Physik als Gegenstand von Kants *Kritik der Urteilskraft*, in: Naturphilosophie im Deutschen Idealismus, hg. von K. Gloy und P. Burger, Stuttgart-Bad Cannstatt 1993.
[55] Damit ist nicht gesagt, die Wissenschaften des Organischen seien dieselben wie die des Unorganischen oder die einen sollten auf die anderen reduziert werden.

Hegels letztliches Ziel, das absolute Wissen, nicht erreicht werden kann.
Hegels These von der Unmöglichkeit organischer Gesetze enthält jedoch auch Aspekte, die für den naturwissenschaftlichen Gesetzesbegriff grundlegend sind (die hier allerdings nur genannt werden können):
- Das Problem, die selbstbewegte Natur in Gesetze zu fassen, ist durch Beobachtung allein nicht zu lösen.[56]
- Es gibt keine Entwicklungsphysik. (Oder: eine messende und rechnende Wissenschaft kann keine Entwicklungstheorie sein, nur die Philosophie vermag eine solche zu sein.)
- Es gibt kein naturwissenschaftliches Weltbild im Sinne einer naturwissenschaftlichen Darstellung der Totalität.

Fazit

Es zeigt sich also, daß die "Phänomenologie" die Stufe der (fach)wissenschaftlichen Naturbetrachtung thematisiert, obzwar nicht vollständig adäquat faßt. Dies bedeutet zweierlei: (1) Hegel erkennt (was heutzutage weitgehend vergessen wird) die *geistes*geschichtliche Relevanz der Naturwissenschaft, die unabdingbare Notwendigkeit der (einzel)wissenschaftlichen Naturbetrachtung, um das Bewußtsein zum Selbstbewußtsein fortgehen zu lassen, um Philosophie als Wissenschaft fassen zu können. (2) Ein im Vergleich zum Hegelschen modifizierter philosophischer Begriff von Naturwissenschaft, ein adäquater philosophischer Begriff von Naturwissenschaft, bedingt eine modifizierte Sicht auf den Weg zum absoluten Wissen, mithin eine variierte Bestimmung des absoluten Wissens.[57]
Wie dieses modifizierte absolute Wissen dann aussieht, kann natürlich nicht schon gewußt werden, wenn man die Notwendigkeit erkannt hat, bestimmte Stufen in der Entwicklung des Bewußtseins modifiziert zu charakterisieren, sondern diese Frage kann selbstredend erst beantwortet werden, nachdem man die Modifizierung mit allen ihren Konsequenzen durchgeführt hat.

---

[56] Deutet man die Stufe *Beobachtende Vernunft* jedoch als die Stufe der notwendigen *Fassung der Welt unter der Form des Objekts*, dann muß der Begriff *Gesetz* so modifiziert werden, daß die Selbstbewegtheit der Natur deren Gesetzesfassung nicht ausschließt, dann umfaßt das Tun der "beobachtenden Vernunft" aber auch die Konstruktion von Prinzipien und Begriffen.
[57] Die Beschäftigung mit der epistemologischen Problematik der neuzeitlichen Wissenschaften reduziert sich also nicht auf Wissenschaftstheorie, sondern ist von maßgeblichem systematischen Interesse und von Interesse für die Rezeption der Philosophiegeschichte.

Diskussion

I.

N.N.: Sie haben gesagt, daß man die Naturphilosophie Hegels eigentlich modifizieren müßte. Hegel hat seine Naturphilosophie ab 1802 geschrieben. 1859 ist Darwin gekommen, der hat das Weltbild *in seinen Grundfesten* stark geändert. Hegel hat angenommen, daß sich die Arten zeitlich nicht verändern. Er konnte von der Evolution der Arten natürlich noch nichts wissen. Wenn Hegel aber seinen Gedankengängen bis ins Letzte treu geblieben wäre und das Prinzip der dialektischen Entwicklung auch auf die Arten der Lebewesen angewandt hätte, dann wäre er unter Umständen schon vor Darwin auf die Idee einer Evolution gekommen.

Wahsner: Es ist selbstverständlich unredlich und unsinnig, Hegel an wissenschaftlichen Entwicklungen, die erst nach ihm zustande gekommen sind, messen zu wollen. Daher mache ich Hegel auch keinen *Vorwurf,* wenn ich ihn kritisiere. Es geht nur darum: Wenn wir eine moderne Naturphilosophie haben wollen und die Hegelsche die beste Vorlage ist, ist herauszufinden, was an dieser Vorlage geändert werden müßte. Er selber hat es so gut gemacht, wie man es damals nur machen konnte. Man kann seine philosophische Sicht überhaupt nur an den ihm vorliegenden Wissenschaften messen. Das ist auch der Grund, weshalb ich immer wieder auf die Mechanik zurückkomme. Sicher gab es außer der Mechanik damals auch schon andere Wissenschaften. Aber in schöner, vollendeter Form, so, wie man es auch heute akzeptiert, gab es nur die Mechanik. Wie Hegel diese rezipiert hat, das kann man daher wirklich sinnvoll untersuchen. Meine Kritik bezieht sich auf seine Rezeption dieser damals genau so wie heute verfaßten Wissenschaft. Die weitere Frage ist dann, wie man die dieser Rezeption zugrundeliegenden Fehler in seinem philosophischen Konzept korrigieren kann. Das zu dem einen Punkt.

Nun speziell zu Hegels Verhältnis zu Darwin. Es gibt hierzu zahlreiche Untersuchungen mit teilweise kontroversen Ergebnissen. Ich meine, daß Hegel aufgrund der Kenntnis von Darwins Arbeiten an seiner Naturphilosophie nichts Grundsätzliches verändert hätte. Denn er hatte – obwohl man das heute nicht sagen darf, sonst hat man sofort das gesamte Publikum zum Gegner – er hatte recht, wenn er sagte: Die Arten sind Stufen *in der Begriffsentwicklung.* Er hatte damit völlig recht, auch aus heutiger Sicht. Leute, die euphorische Evolutionisten sind, vergessen immer, daß Mutation, Selektion usw. *Begriffe* sind (wenn auch nicht Begriffe im Sinne *des* Hegelschen Begriffs). Das muß man aber mitdenken, darin hat Hegel nach wie vor recht, auch gemessen an dem heutigen Stand der biologischen Evolutionstheorie. Es kann natürlich sein, daß Hegel sich für die Werke Darwins sehr interessiert hätte. Aber den Standpunkt, daß das Allgemeine der Natur keine Geschichte hat, den hätte er meines Erachtens nicht verändert. – Allerdings hat dieser Hegelsche Standpunkt auch einen Aspekt, den man kritisieren muß, was vielleicht sogar der Kernpunkt der Kritik an Hegel ist. Doch dieser Aspekt hängt wenig von Darwin ab; er betrifft mehr die Frage, ob man die Natur als ein selbständiges Zweites zu denken vermag, ohne den Monismus der Idee zu untergraben. Das ist eigentlich das Problem.

Türel: Man darf auch nicht vergessen, daß Hegel evolutionäre Gedanken schon bekannt waren, zwar nicht von Darwin, jedoch prinzipiell.

II.

Grimmlinger: Hauptsächlich hat sich Ihre Analyse auf das Verstandeskapitel und auf die *Beobachtende Vernunft* in der *Phänomenologie des Geistes* bezogen. Ich kann zunächst nur sagen: Mein Verständnis der *Phänomenologie des Geistes* liegt im Grundsätzlichen etwas anders. Hegel charakterisiert dieses Werk in Vorrede und Einleitung als eine "Wissenschaft der Erfahrung des Bewußtseins", d.h. als eine *Bewußtseinslehre*, natürlich mit dem Ziel, im Durchmarsch durch alle Bewußtseinsstufen zum absoluten Wissen zu gelangen, d.h. zu einem Wissen, wo es nicht mehr so ist, daß die Gegenstände der Welt dem Bewußtsein erscheinen. In diesem Sinne verstehe ich die ganze Analyse des Verstandeskapitels – das haben Sie auch ausgesprochen – als den Versuch, die "Wahrheit des Bewußtseins" und schließlich das Selbstbewußtsein zu erreichen. Daß er in der Analyse des Gesetzes auf die Gesetze Galileis und Newtons blickt, gebe ich zu, wobei natürlich auch schon die Kritik an Newton mit verpackt ist. Aber ich sehe es eher so, daß das Hauptthema hier das *Innere* der Dinge der Welt ist; der Versuch des Verstandes, einen adäquaten Begriff davon zu erlangen. Zuerst präsentiert sich dieses Innere als erste übersinnliche Welt, dann zeigt sich – das haben Sie auch gesagt –, daß die Gesetze die Erscheinung nicht ausfüllen, und dann kommt es zu einer Wende ... Kurz gesagt: Ich verstehe den Blick auf die physikalischen Gesetze, auf die Welt Newtons usw., eher als eine *Illustration* des Gedankens des Inneren, eine Illustration, die mir nicht substantiell in die Wende zur verkehrten Welt und zum Selbstbewußtsein einzugehen scheint. Daher ist für mich der substantielle Ort für die Diskussion von Gesetz und Erscheinung die *Wissenschaft der Logik*, wo es ein eigenes Kapitel darüber gibt. Aber das war nur eine Skizze zu meinem Verständnis.

Jetzt schließe ich eine Frage an. Sie haben gemeint, daß hier im Verstandeskapitel Einiges modifiziert werden müßte, ebenso dann in der *Beobachtung der Natur*; und daß sich daraus eventuell Konsequenzen für das Kapitel über das *absolute Wissen* ergeben könnten. Ich möchte dazu nur einen formellen Hinweis geben. Mit der *Beobachtung der Natur* ist doch eigentlich der Blick auf Phänomene der Natur abgeschlossen – abgesehen von den Schlußpartien im *Absoluten Wissen* selbst. Es geht zwar noch weiter mit der Beobachtung der Selbstbeobachtung des Selbstbewußtseins, und dann mit der Diskussion der Schädellehre usw. Das mündet dann in die Aussage "Der Geist ist ein Knochen". Damit tritt das vernünftige Selbstbewußtsein überhaupt in eine ganz andere Sphäre, nämlich in die tätige selbstbewußte Vernunft, die sich auf ihre Weise der Welt zuwendet. Das heißt: Wenn man vom *Absoluten Wissen* selbst absieht, wo ganz am Schluß

Raum und Zeit erwähnt werden, so scheint mit der *Beobachtung der Natur* Hegels Blick auf die Natur abgeschlossen zu sein. Ich sehe daher nicht, warum – wenn man nicht Hegels ganzes Konzept in Frage stellen will – einige Modifikationen in den Ausführungen über die Beobachtung des Anorganischen und des Organischen dazu führen sollten, daß der Gang der *Phänomenologie des Geistes* insgesamt ein anderer werden sollte.

Wahsner: Zum einen ist Hegels Gesetzesbegriff, soweit ich das geprüft habe, in der *Logik* kein anderer als in der *Phänomenologie*. Ich gebe Ihnen Recht, daß man absehen könnte von Hegels Bemerkungen über Newton, auch wenn er mit diesen Bemerkungen nicht recht hat. Ich will nicht auf Beispielen herumhacken. Worum es mir geht, ist, daß das naturwissenschaftliche Gesetz von Hegel nur partiell erfaßt wurde. Das drückt sich in dem aus, was er als Argumente gegen die Möglichkeit von Gesetzen des Organischen vorbringt. Das hat nichts damit zu tun, daß er die heutige Biologie nicht kennen konnte, sondern er hat *philosophische Argumente*, warum es Gesetze des Organischen nicht geben kann. Und diese Argumente sind nicht in ihrer Gesamtheit zutreffend. Denn wenn sie zuträfen, dann gäbe es auch keine Gesetze der Mechanik. Die Gesetze der Mechanik *sind* nicht so, wie Hegel sie darstellt. Und das ist meines Erachtens durchaus substantiell, denn wenn man das vorhat, was Hegel in der *Phänomenologie* vorhatte, dann muß man auch das Stadium oder die Stufe des naturwissenschaftlichen Gesetzes korrekt darstellen. Und wenn man das täte, dann würde auch der Abschnitt über die *Beobachtende Vernunft* notgedrungen etwas anders enden, oder es müßte noch ein anderes Kapitel eingeschoben werden. Daß das keine Folgen haben sollte für den weiteren Fortgang, das leuchtet mir zunächst nicht ein. Wenn man es ausführte, könnte man vielleicht zeigen, daß es keine Folgen hat, aber *a priori* ist das keineswegs einzusehen. Denn die Verfaßtheit des naturwissenschaftlichen Gesetzes, so wie man es aus heutiger Sicht charakterisieren kann, kommt in der *Phänomenologie* entweder nicht vor, oder sie kommt vor als ein schon spekulatives Aufheben. Deswegen sagte ich: Das, was Hegel am Organischen so beurteilt, daß es für ihn eine höhere Stufe ist, das ist vermischt mit der Frage, ob es von diesem vermeintlich höher Einzustufenden naturwissenschaftliche Gesetze geben kann oder nicht. Und das muß einfach Folgen für das Weitere haben, wenigstens in Gestalt von Modifikationen. Man müßte das zumindest prüfen.

Grimmlinger: Dort, wo das Organische im Vernunftkapitel auftritt, überlegt Hegel schon – sogar auf sechzehn Seiten –, was Gesetz im Organischen heißen könnte. Es schreibt hier unter anderem: "Die Seiten des Gesetzes, auf dessen Beobachtung hier der Vernunftinstinkt geht, sind, wie aus dieser Bestimmung folgt, zunächst die organische Natur und die unorganische in ihrer Beziehung aufeinander." Das ist auch plausibel und hat auch einen Bezug zum konkreten wissenschaftlichen Verfahren der Biologie. Hegel kommt dann nach einer immanenten Kritik, die ich hier nicht referieren kann, darauf, in einer zweiten Weise Gesetze des Organischen zu erwägen, wobei nun jedes organische Moment in einer gedoppelten Bedeutung auftritt, nämlich einmal als Teil der organischen *Gestaltung*, und das andere Mal als "allgemeine flüssige Bestimmtheit, welche durch alle jene

Systeme hindurchgeht". Dann erfolgt eine Diskussion dieser Möglichkeit, und am Schluß kommt er, schon eher gegen Schluß der *Beobachtung des Organischen*, tatsächlich zu der Aussage: "Auf diese Weise geht an dem Organischen die Vorstellung eines Gesetzes überhaupt verloren."

Hegel überlegt also schon ziemlich umfangreich, was Gesetz im Organischen heißen könnte, und er kommt erst dann zu der Aussage, die Sie zitiert haben, daß die Mechanik das eigentliche Reich der Gesetze sei; das steht auch in der Naturphilosophie. Aber wie immer dem sei: Nehmen wir an, es sei irgend etwas richtig an der Hegelschen Analyse (sei es in der *Phänomenologie des Geistes*, sei es in der Naturphilosophie), daß es im Organischen zumindest nicht in *dem* Sinne Gesetze gibt wie in der Physik, so verstehe ich Ihr Argument nicht, warum damit die Würde der Gesetze der Mechanik angekratzt wäre.

Wahsner: Es geht nicht um die Würde dieser Gesetze. Es geht, wie gesagt, auch nicht um gelegentliche, unpassende Beispiele; sondern wenn Hegel sagt, das eigentliche Reich der Gesetze sei das Mechanische, dann hängt es davon, wie er die Mechanik charakterisiert, ab, auf welchen Gesetzesbegriff er kommt. Und insofern ist die zitierte unzutreffende Bemerkung, daß, wenn man Galilei und Kepler synthetisiert, die Gesetze ineinanderfallen, aber das Gesetz immer unbestimmter wird, schon eine charakteristische Aussage über Hegels Begriff des mechanischen Gesetzes. Und wenn er die mechanischen Gesetze so sieht, wie er sie sieht, dann hat er ja völlig recht, daß es Gesetze des Organischen nicht geben kann. Bloß, wenn man zeigen kann, daß die mechanischen Gesetze *so nicht* sind, wie Hegel sie charakterisiert, dann sind sie eben von einer Art, die als Stufe in der *Phänomenologie* gar nicht vorkommt. Und mit dem Anliegen, das Hegel in der *Phänomenologie des Geistes* hat, charakterisiert er das naturwissenschaftliche Gesetz als solches. Wenn dieses aber anders zu charakterisieren ist, als Hegel es tut, dann muß man es für möglich halten, daß das Auswirkungen für die darauffolgenden Bewußtseinsstufen hat – und zwar im Interesse des eigentlichen Hegelschen Anliegens. Das scheint mir nicht abweisbar zu sein.

Hegel sagt: Im Organischen kann es keine Gesetze geben, weil das Gesetz den Gegensatz als ruhende Seiten auffassen will. Das ist aber so *nicht wahr*. So stellt sich Hegel das nur vor, und das hat etwas mit seiner Schwierigkeit zu tun zu erfassen, wie die Gesetze der Mechanik in Gleichungssystemen formuliert werden. Hegel hat einen reduzierten Begriff von *Funktion*. Das hat etwas mit seiner Vorstellung vom Gesetz als Beziehung ruhender Seiten oder als Verknüpftsein einfacher Bestimmtheiten zu tun. Was in die physikalischen Gesetze eingeht, sind keineswegs einfache Bestimmungen ...

Posch: "Einfach" heißt bei Hegel aber doch nicht "simpel". Die Kategorie der Einfachheit wird bei ihm anders begründet ...

Wahsner: Man kann sagen, eine physikalische Größe ist eine einfache Bestimmung, sicher nicht im Sinne von simpel, aber ...

Posch: Fürsichseiend ...

Wahsner: Ja, das ist sogar irgendwie wahr. Aber eben nur irgendwie. Das Gesetz ist nicht nur die Verknüpfung von zwei einfachen Bestimmungen, sondern es ist ein raffiniertes Gebäude, das in der Lage ist, *Bewegung* darzustellen. Das ist ja eigentlich das Geniale, und Hegel ist doch der erste gewesen, der den Differentialkalkül in seiner philosophischen Bedeutung erkannt hat. Das hat zu der Zeit sonst keiner gemacht. Aber gerade da fällt wieder auf, daß er nicht sieht, welche Bedeutung der Differentialkalkül für die Erfassung der Bewegung hat. Dieser Kalkül hat für ihn bezogen auf die Bewegung keine eigentliche Bedeutung. Aber gerade *durch* diesen Kalkül wurde es überhaupt erst möglich, Bewegung darzustellen. Und er ist alles andere als ein Verknüpftsein zweier einfacher Bestimmungen. Das ist ein *grundlegendes* Nichtsehen der Verfaßtheit des Gesetzes. Wenn man dies vor Augen hat, dann fällt es schon schwer, zu sagen, warum Gesetze des Organischen nicht möglich sein sollen. Daß man sie damit noch nicht *hat*, ist eine andere Sache.

Schwabe: Normalerweise würde man sagen: Die mechanische und maschinenmäßige Art der Bewegung, wie sie bei unbelebten Körpern möglich ist, ist nicht möglich bei Organismen, sondern da gibt es nur fließende Bewegung, da ist Leben. – Was Sie sagen, ist, wenn ich es richtig verstehe: Schon die mechanischen Gesetze sind etwas viel Subtileres, als man gemeinhin annimmt, und wenn man das berücksichtigt, dann muß man auch Gesetze des Organischen für möglich halten.

Wahsner: Ja, dann sind sie vom Prinzip her möglich. Natürlich müssen dann die Biologen immer noch fleißig arbeiten, um aus dieser Möglichkeit eine Wirklichkeit zu machen. Aber man kann unter diesen Prämissen nicht sagen: Gesetze des Organischen kann es nicht geben. Hegel sagt ja: "Das Wesentliche des Organischen ist, seine Momente als durchlaufende Prozesse zu haben, nicht aber an einem isolierten Dinge ein Bild des Allgemeinen zu geben." Aber das macht das Mechanische auch nicht! Insofern ist das kein Argument gegen die Möglichkeit organischer Gesetze.

Schwabe: Es sind ja auch Gesetze der Biologie gefunden worden nach Hegel, etwa die Mendelschen Erbgesetze.

Posch: Die Mendelschen Erbgesetze sind aber nicht Gesetze im physikalischen Sinne. Sie lassen sich nicht als Differentialgleichungen formulieren, wo man *Randbedingungen* angeben muß, um dann zu einer *Lösung* zu kommen.

III.

Türel: Ich sehe ein prinzipielles Hindernis für Gesetze des Organischen – von Hegel aus betrachtet. Man darf nicht vergessen, daß das Leben nicht nur eine Stufe in der Naturphilosophie darstellt, sondern auch am Ende der *Logik* als unmittelbare Idee die Einheit von Mittel und Zweck ist. Die Einheit von Mittel und Zweck ist – sage ich jetzt einmal ganz naiv – eine ganz andere *Bewegung*. Sehen Sie eine Möglichkeit, darüber hinwegzukommen?

Wahsner: Ich sagte schon, daß Hegel die gesetzmäßige Fassung des Naturgenstandes *Organismus* mit der Notwendigkeit des Ganges zur Subjekt-Objekt-

Einheit vermischt. Deswegen hatte ich auch Mechanismus, Chemismus und Teleologie in der Logik erwähnt. Meines Erachtens wird da etwas vermischt, das kategorial anders gefaßt werden muß. Wenn ich naturwissenschaftlich argumentiere, dann habe ich es zu tun mit dem Verhältnis von Gegenstand bzw. Objekt und Verhalten bzw. Bewegung. Wenn ich den Organismus aber philosophisch fasse, dann geht es um das Verhältnis von Subjekt und Objekt. Es ist jedoch ein Unterschied, ob ich über das Objekt rede als Gegenpol zu seinem Verhalten oder vom Objekt als Gegenpol zum Subjekt. Das geht bei Hegel durcheinander. Zweifelsfrei ist es so, daß beides etwas miteinander zu tun hat, aber das zu wissen, ist noch keine Lösung, sondern die Feststellung, daß es hier ein Problem gibt. Für die Lösung dieses Problems hat Hegel einen Ansatz geboten. Es ist hochinteressant, daß die Newtonsche Mechanik *de facto* eine Synthese von $\tau\acute{\epsilon}\chi\nu\eta$ und $\phi\acute{\upsilon}\sigma\iota\varsigma$ ist. Anders gesprochen: Eine Synthese des Wissens über das Tun und des Wissens über das Sein. Nach antiker Vorstellung führt die $\tau\acute{\epsilon}\chi\nu\eta$ zu keinen Aussagen über die Beschaffenheit der Natur, sondern nur darüber, wie wir die Natur sozusagen austricksen können; welche Kniffe wir anwenden können, um zu beherrschen, wovon wir von Natur aus beherrscht werden. Wenn man also zeigen kann, daß die Newtonsche Mechanik $\tau\acute{\epsilon}\chi\nu\eta$ und $\phi\acute{\upsilon}\sigma\iota\varsigma$ synthetisiert, dann konstatiert man den philosophisch interessanten Gedanken, daß die $\tau\acute{\epsilon}\chi\nu\eta$, also das Zweckgerichtetsein, inhärenter Bestandteil der Newtonschen Mechanik ist, die Newton aber als Theorie der Natur versteht. Er sagt: Wir handeln hier nicht von den Kräften der Hand – das hat die antike Mechanik gemacht –, sondern wir sprechen hier von den Kräften der Natur. Er sagt aber nicht: Die Kräfte der Hand lassen wir beiseite, sondern er bestimmt die Geometrie als unabdingbare Voraussetzung *seiner* Mechanik, indem er sagt, die Geometrie sei die Wissenschaft, die Prinzipien des Messens aufzustellen und zu beweisen, und die Grundlage dieser Geometrie sei die praktische Mechanik, wobei mit praktischer Mechanik die antike Mechanik gemeint ist. Das heißt, er gliedert die antike Mechanik als Element (oder Moment) in seine Theorie ein. Die Gravitation nennt Newton aber eine Kraft der Natur; er betont, daß sie keine Kraft der Hand ist. Allerdings kann man über die Gravitation nichts sagen, wenn man nicht auch die Lehre von den Kräften der Hand mit einbezieht.

In einer verdrillten Weise rezipiert Hegel diesen Zusammenhang auch. Er sagt in der Logik, der Organismus habe sich als das Dritte zu Mechanismus und Chemismus ergeben, er sei ihr Wahres, und expliziert zugleich im Teleologie-Kapitel den Zweckgedanken. Sicher ist das keine direkte Rezeption der Synthese, die der Mechanik inhärent ist, aber sie spiegelt sich in Hegels Vorgehen irgendwie wieder. Das "Irgendwie" müßte man natürlich auflösen und im einzelnen zeigen. Aber bei Hegel steckt mehr dahinter, als man auf den ersten Blick sieht, wenn man zum Beispiel sagt: "Von hier aus macht er es philosophisch". Das, was er in der Logik als Organismus darstellt, ist eine Denkart, die nicht erst auf der philosophischen Ebene realisiert wird, sondern schon auf naturwissenschaftlicher Ebene. Wenn ich das sage, will ich natürlich nicht die notwendige grundsätzliche Unterscheidung von Naturwissenschaft und Philosophie aufheben.

IV.

Richli: Was meinen Sie, wenn Sie sagen: Das Leben ist selbst nur ein Bild? Welcher Begriff von Leben ist hier gemeint? Sie sagen ja selber, daß die Wissenschaft das Leben auch tötet, also haben Sie doch einen Begriff von Leben, der nicht in dieser Objektivierung aufgeht. – Meine zweite Frage ist: Wie verhält sich Ihre These zu der Auffassung Kants, daß es keinen Newton des Grashalms geben könne? Ist diese Auffassung zu relativieren? Hegels Begriff des Organismus orientiert sich ja an demjenigen Kants, nur eben versteht er ihn nicht als regulative Bestimmung, sondern als ontologische, und im Grunde genommen ist bei ihm das Organische Ausdruck des Begriffs des konkreten Allgemeinen.

Wahsner: Mir ist klar, daß der Terminus "Leben" bei Hegel in zwei Richtungen geht. Zum einen ist es ein logisches Prinzip, zum anderen meint er wirklich das Organische damit – das, was wir lebensweltlich unter dem Organischen verstehen. Vielleicht ist meine Formulierung nicht ganz exakt gewesen, wenn ich sagte, das Organische sei keine philosophisch höhere Stufe, sondern nur ein Bild. Das habe ich aber über das Organische gesagt, nicht über das Leben. Das Organische wird zunächst einmal aufgefaßt als Naturgegenstand, zumindest bei Kant, dem klar wurde, daß es Naturgegenstände gibt, die man nicht unter die Form der mechanischen Gesetzmäßigkeit bringen kann. Dieses Organische als Naturgegenstand genommen ist keine philosophisch höhere Stufe, sondern es ist ein "ordentlicher Naturgegenstand", mit dem es noch gewisse Probleme gibt, wenn man ihn unter Gesetze fassen will, wozu man aber aus den bisher diskutierten Gründen nicht a priori sagen kann: Da gibt es keine Gesetze. Das habe ich gemeint. – Daß Hegel dann diesen Organismus-Gedanken benutzt, um daraus als Denkweise ein Prinzip seiner Begriffsentwicklung zu machen, das ist zweifelsfrei auch wahr, und wir wissen ja, daß "Leben" für Hegel anfangs überhaupt der zentrale Begriff war. Daß man diese Denkweise, die Hegel meint, als eine philosophisch höhere Stufe bezeichnen kann, das will ich nicht in Abrede stellen. Aber das Organische als Naturphänomen ist nicht von sich aus schon eine philosophisch höhere Stufe. Das wird aber bei Hegel nicht klar getrennt, sondern vermischt benutzt. Man vergleicht eine Maschine oder einen Stoßprozeß mit einem Lebewesen und sagt: hier ist es so, dort ist es so. Doch das ist noch kein *philosophischer* Unterschied. Das, was an dem Organismus so fasziniert hat – Hegel zumindest fasziniert hat – trifft aber auch zu für nicht so hoch geachtete Naturphänomene, wenn ich unterstelle, ich kann sie wissenschaftlich in den Gesetzen erfassen ...

Posch: Die zweite Frage war dann die nach dem Newton des Grashalms, ob der schon erschienen ist ...

Schwabe: Ob er nach Ihrer Auffassung von Gesetz möglich ist.

Wahsner: Ja, das meine ich schon. Man darf natürlich nicht den Entwicklungsstand einer Wissenschaft verwechseln mit dem, was prinzipiell möglich ist. Am einfachsten war die Mathematisierung in der Mechanik zu erreichen, obwohl auch die mechanischen Gesetze hochkompliziert sind. Das andere ist sicher wesentlich komplizierter, und deswegen ist man da noch nicht zur Zufriedenheit vo-

rangekommen. Prinzipiell meine ich schon, daß es einen Newton des Grashalms geben kann oder vielleicht schon gibt ...
Posch: Aber noch nicht gegeben hat?
Wahsner: Da will ich mich nicht festlegen. – Die Frage, warum Kant die Aussage getroffen hat, es könne keinen Newton des Grashalm geben, ist eigentlich nur zu beantworten mit einer Analyse des Kantschen Begriffs von Mechanismus und Organismus. Ich sagte ja schon einleitend, man müßte, wenn man diesen ganzen Komplex diskutieren will, auch die Frage stellen, wie falsch oder wie richtig Kant gehandelt hat, als er die Newtonsche Mechanik zum Modell von Wissenschaft überhaupt machte.
Schwabe: Was bedeutet die Aussage, Gesetze des Organischen seien prinzipiell möglich? Es gibt ja heute schon die Feststellung, daß allein in einer lebendigen Zelle so viele Prozesse gleichzeitig ablaufen, daß auch die größten Computer nicht in der Lage sind, diese Prozesse abzubilden, adäquat nachzumachen. Könnte es so sein, daß einfach die Komplexität die menschlichen Möglichkeiten übersteigt?
Wahsner: Ich würde immer sehr vorsichtig sein mit der Aussage, daß etwas die menschlichen Möglichkeiten übersteigt – außer der Aussage: Es ist dem Menschen nicht möglich, die Welt *absolut* zu erkennen. Was Ihre Frage direkter betrifft: Die Computer können ja nur das machen, was man ihnen eingibt. Sie können hervorragend rechnen, auch über die menschlichen Möglichkeiten hinaus. Aber *die Prinzipien,* nach denen gerechnet werden soll, muß man ihnen eingeben. Oder anders gesprochen: Wenn ich ein Gesetz habe, dann kann ich auf der Grundlage dieses Gesetzes den Computer etwas rechnen lassen, was ich selber nicht schaffen würde. Aber das Gesetz findet der Computer nicht. Und wenn es so ist, wie Sie sagen, dann kann man daraus nur schließen, daß das Gesetz, das das Leben der Zelle darstellt, noch nicht in zulänglicher Weise gefunden wurde bzw. die Funktionen, nach denen die Zelle agiert. Funktion heißt ja: bestimmter Zusammenhang. Man muß vielleicht einen anderen Zusammenhang herausfinden oder muß einen Zusammenhang zwischen Entitäten, die bisher noch gar nicht in den Blick gekommen sind, herausfinden. Daß es *dann* auch nicht ginge, das kann man meines Erachtens überhaupt nicht sagen.
Schwabe: Ähnlich ist es, wenn man aus Elementarteilchen die Eigenschaften eines Atoms oder Moleküls berechnen will. Prinzipiell ist das heute möglich. Aber es wird so komplex, daß man eigentlich von vornherein darauf verzichtet.
Wahsner: Ja, dann muß man nach neuen Prinzipien suchen.
Schwabe: Das ist auch das reale Vorgehen der Naturwissenschaft. Man wählt einfach den Komplex, der durch unzählige Einzelprozesse entstanden ist, als neues Ganzes zur Beobachtung. Man geht nicht von den Elementarteilchen aus, sondern untersucht, wie sich das Molekül verhält.

V.

Grimmlinger: Ich habe eine Frage zu τέχνη und φύσις in der Newtonschen Mechanik. Sie haben ziemlich am Anfang Ihres Vortrages gesagt, der Newtonschen Mechanik sei der Zweckgedanke inhärent. Erstens: Ist der Newtonschen Mechanik der Zweckgedanke inhärent oder ist nach der Auffassung der Newtonschen Mechanik der Natur selbst der Zweck immanent? Das ist ein Unterschied, den man machen muß. Zweitens: Geht es in Ihrer Darstellung um den äußeren Zweck – der entspricht der Teleologie in dem Kapitel der Begriffslogik über die Objektivität – oder geht es um den inneren Zweck, der dem Leben als der ersten Stufe der Idee entspricht? Die Zusammenführung von τέχνη und φύσις weist zunächst einmal eher auf äußere Zweckmäßigkeit. Das würde bedeuten, daß der Newtonschen Mechanik kein innerer Zweck innewohnt. Wie sehen Sie das?

Wahsner: Vielleicht muß man die Formulierung "Der Newtonschen Mechanik ist der Zweckgedanke inhärent" noch präzisieren. Ich habe deshalb von "Zweck" gesprochen, weil in der Antike die τέχνη explizit aufgefaßt wurde als ein Wissen um die Prinzipien des Tuns. Und das hat immer etwas mit Zweck zu tun. Die alten Griechen hatten ganz recht, als sie in gewisser Weise gar nicht auf die Idee gekommen sind, die Mechanik als Naturtheorie zu verstehen. In dieser so aufgefaßten Mechanik steckte aber ein Zweckgedanke, und zwar deshalb, weil sie lehrte, wie der Mensch bewirken kann, daß er etwas beherrscht, wovon er von Natur aus beherrscht wird – wie Aristoteles sagt.

Die Newtonsche Theorie ist eine solche, die – ich würde sagen: ohne daß sie es weiß – nicht darüber spricht, wie bestimmte Verhaltensweisen in der Natur an sich beschaffen sind, sondern darüber, wie sie bezogen auf das Subjekt sind. Wenn ich das Subjekt wegstreiche, dann kommt der Gedanke des Messens oder des Austricksens überhaupt nicht vor. Aber das ist nur die eine Komponente. Die andere ist die, daß die Newtonsche Mechanik zugleich auf Objektivierungsprinzipien beruht, und damit den Subjektivismus kompensiert. Es gibt Untersuchungen, namentlich von Schrödinger – motiviert durch die Beunruhigung, die bei ihm die Quantenmechanik auslöste –, in denen er nachweist, daß die Naturwissenschaft, die wir heute betreiben, ihre Wurzeln in der Antike hat. Er zeigt, daß die Möglichkeit der Naturwissenschaft darauf beruht, daß man sich auf die sogenannte Objektivierungs- und Verständlichkeitshypothese "geeinigt" hat. Die Naturwissenschaft bietet also ein objektives Bild, aber natürlich bezogen auf das Subjekt-Objekt-Verhältnis. Dadurch geht es überhaupt nur. Über die Natur an sich, wie sie völlig unabhängig von uns ist, können wir nichts sagen, und auch nichts messen und rechnen, sondern wir können nur *objektive Aussagen* machen über die *subjektbezogene Natur*.

Posch: Das war jetzt wohl die Antwort auf die erste Frage, die den Unterschied zwischen Zweck, der der Natur immanent ist, und Zweck, der der Naturtheorie immanent ist, hervorstreichen wollte ...

Wahsner: Ja, es ist auch eine Antwort darauf.

Posch: Die zweite Frage bezog sich dann auf den Unterschied zwischen äußerer und innerer Zweckmäßigkeit.

Wahsner: Auf keinen Fall geht es um äußerliche Zweckmäßigkeit in dem Sinne, daß die Natur sich so oder so verhält, um die beste aller möglichen Welten zu sein. In einer gewissen Weise geht es schon um innere Zweckmäßigkeit, weil es sich um eine Verknüpfung innerhalb der Theorie handelt. Die antike Statik wird so verarbeitet, daß sie es ermöglicht, dann die Dynamik zu entwickeln. In den Arbeiten Galileis kann man das noch richtig sehen. Galilei hatte nichts weiter vor, als die Lehre von Archimedes, die ja die Statik war, für die Behandlung der Bewegung zu erschließen. Das ist ihm partiell auch gelungen. – Der Zweck, von dem ich spreche, schlägt sich ja nicht *explizit* als Zweck nieder. Deshalb ist die Frage schwer zu beantworten.

VI.

Schwabe: Ich habe noch nicht verstanden, inwiefern die praktische Mechanik Grundlage der Geometrie sein soll. Die Geometrie als mathematische Wissenschaft arbeitet doch nicht mit Kräften wie Druck und Zug ...

Wahsner: Die Geometrie nicht. Es ist ja auch nur gesagt, daß die praktische Mechanik ihre *Grundlage* sein soll.

Grimmlinger: Ist es nicht eher umgekehrt?

Wahsner: Nein. Newton sagt: Die Grundlage der Geometrie ist die praktische Mechanik. Das heißt: Das, was die Geometrie *aussagt*, hat man erfahren durch praktische Mechanik. Wenn die Geometrie dann existiert, kann man sie wiederum anwenden. Sieht man die Geometrie als reine Mathematik – so hat man sie erst im Laufe des 19. Jh. zu sehen begonnen –, so hat man das Problem: Warum soll eine mathematische Theorie Aussagen über physikalische Zusammenhänge machen? Wenn man hingegen den Zusammenhang der Geometrie mit der Statik erkennt, dann ist es etwas anderes. Archimedes hat ja die zu seiner Zeit vorliegende Geometrie, die schon in die euklidische Form gebracht worden war, als Theorie für seine Statik verwendet. Man kann sagen, daß Archimedes eine *Theorie* der Statik begründet hat, während man vorher nur einzelne statische oder praktisch-mechanische Erfahrungen hatte. Archimedes konnte andererseits seine Theorie nur formulieren, *weil* diese Erfahrungen vorher gemacht worden waren. Er wollte diese Geometrie, die ja seinerzeit als einzige Theorie im ordentlichen (d.h. heute noch akzeptablen fachwissenschaftlichen) Sinne vorlag, zur Theorie der Statik machen, und das ist ihm auch gelungen, gelungen mit einem Zusatzpostulat. Er mußte herausfinden – und das konnte die Geometrie ihm nicht sagen –, welchem ausgezeichneten geometrischen Punkt man den Schwerpunkt zuordnen kann. (Es ist dies der Schnittpunkt der Seitenhalbierenden.) Hat man diese Zuordnung richtig bestimmt, kann man alles andere ausrechnen und braucht keine Experimente mehr zu machen. Aber diese eine Zuordnung ließ sich nicht errechnen. Hat man diese Zuordnung zutreffend begründet, wird wiederum die Geometrie durch die Statik oder die Mechanik gestützt oder auch widerlegt.

Sinn und Methode der Begriffsentwicklung in Hegels Naturphilosophie

Friedrich Grimmlinger

Rufen wir uns zunächst das Rahmenthema unserer Arbeitstagung in Erinnerung, das da lautete: "Hegels Konzept der Integration naturwissenschaftlicher Erkenntnis in ein System der Philosophie". Um dieses Thema ging es insbesondere in den Beiträgen von Frau Wahsner, und auch ich möchte mich dem explizit zuwenden. Mein Beitrag zerfällt in einen allgemeineren und einen spezielleren Teil. Der am Ende stehende speziellere Teil wird auf einige Paragraphen der Hegelschen *Mechanik* Bezug nehmen. Im allgemeinen Teil wird einiges Grundsätzliche zu der Naturphilosophie Hegels auszuführen sein. Dabei ergibt sich die Schwierigkeit, daß sich das Grundsätzliche, wie immer, eigentlich erst durch die konkreteren Materien auffüllen und einsichtig machen läßt.

Einleitung

Hegel hat sich bekanntlich sein Leben lang mit der Naturphilosophie beschäftigt. Diese Beschäftigung schlägt sich zuerst in den Jenenser Systementwürfen nieder, die teilweise noch unter dem Einfluß von Schelling ausgearbeitet wurden, dann in der *Phänomenologie des Geistes*, auch in der *Wissenschaft der Logik* – warum ich diese hier anführe, wird später noch klar werden –, und schließlich in den drei Fassungen der *Enzyklopädie*. Als der Grundbegriff der Hegelschen Philosophie überhaupt kann die *Idee* angesehen werden. Die Idee ist zunächst einmal der Schlußstein in der *Wissenschaft der Logik*; sie gliedert sich dort in Idee des Lebens, Idee des Erkennens und absolute Idee. Im Sinne dieser Grundbestimmung gliedert Hegel auch seine gesamte Philosophie in: Die Logik, die "Wissenschaft der Idee an und für sich", die Naturphilosophie als die "Wissenschaft der Idee in ihrem Anderssein" und die Philosophie des Geistes als die Wissenschaft "der Idee, die aus ihrem Anderssein zu sich zurückkehrt"[1] Für uns ist von entscheidender Bedeutung: "die Idee in ihrem Anderssein". Die Frage, was diese Wendung letztlich bedeuten soll, ist für die Auffassung der Naturphilosophie zentral.

Zur *Methode* der Begriffsentwicklung ist zunächst zu sagen, daß nach Hegels Verständnis – jedenfalls gilt dies für die zentralen Partien seiner Werke – Methode kein äußerliches Verfahren sein kann. Der Philosoph kann nicht so ohne weiteres die Begriffsentwicklung vornehmen, sondern "der Gang der Sache selbst" ist

---

[1] Vgl. G.W.F. Hegel, Enzyklopädie der philosophischen Wissenschaften im Grundrisse (1830), Erster Teil. Die Wissenschaft der Logik, in: Werke in 20 Bdn., auf der Grundlage der *Werke* von 1832-1845 neu edierte Ausgabe, Redaktion E. Moldenhauer und K. M. Michel, Frankfurt a. M. 1970, Bd. 8, S. 63 f. (§ 18).

es, dem er einzig verpflichtet ist, und dem er "zuzusehen" hat, wie Hegel sagt. Aber in diesem *Zusehen* ist dann doch die *Darstellung* der einzelnen philosophischen Disziplinen – Logik, Naturphilosophie, Geistesphilosophie – zu leisten. In der "Darstellung" der Idee verbirgt sich schon ein wichtiges Problem. Es kommt die Denkbemühung des Menschen als des endlichen Geistes ins Spiel. So ergibt sich die Spannung: Auf der einen Seite ist für die Entwicklung des Logischen wie auch der Bestimmungen der Naturphilosophie *die Strenge der Begriffsentwicklung* zu fordern, auf der anderen Seite steht die Aufgabe der *Darstellung*. In den verschiedenen Bearbeitungen einzelner Disziplinen oder Teildisziplinen Hegelscher Werke haben sich zum Teil gravierende Änderungen ergeben. Ich erinnere nur beispielshalber an die *Seinslogik*, wo in der Darstellung des *Daseins* zwischen erster und zweiter Auflage große Unterschiede festzustellen sind, und zwar nicht nur in dem Sinne, daß da etwas sprachlich besser formuliert ist, sondern auch im Sinne einer modifizierten Anordnung der Kategorien. Ich meine auch, daß in den verschiedenen Werken Hegels und deren Partien eine unterschiedliche Strenge der Begriffsentwicklung erreicht ist. Sowohl durch die Anforderung, die sich von der Sache selbst her ergibt, als auch durch Hegels Darstellungsleistung ist in der *Wissenschaft der Logik* eine größere Strenge erreicht als in der *Philosophie der Natur*. Da es eben nicht so selbstverständlich ist, daß man nur dem Gang der Sache "zuzusehen" braucht, um daraus schon *uno actu* den diskursiven sprachlichen und gedanklichen Fluß schöpfen zu können, muß es legitim sein, nach dem *Sinn* von Begriffsentwicklung zu fragen, und das heißt auch nach der spezifischen Weise, in der jene jeweils möglich bleibt. Dies impliziert natürlich unter Umständen Kritik. Es kann nicht ausgeschlossen werden, daß Hegels Verständnis seines eigenen Projekts in manchen Punkten unklar war, und daß sich von daher Fragen an die Hegelsche Philosophie, insbesondere auch an seine Naturphilosophie, ergeben.

In bezug auf die Frage nach der Möglichkeit begrifflicher Strenge in der Naturphilosophie ist übrigens ein Rekurs auf die Tradition hilfreich. Die oben angedeutete Spannung findet nämlich schon in der antiken Philosophie Erwähnung. Hinzuweisen ist hier auf die Stelle in Platons *Timaios* (29d), wo über die Kosmologie, Kosmogonie, Lehre von den Elementen und organische Natur bloß eine "wahrscheinliche Rede" für möglich gehalten wird.[2] In diesem Zusammenhang wird auch das Wort "Mythos" verwendet, welche Rede sich von der Rede über die Idee, das Sein, die Erkenntnis, über das Gute, über den Staat usw. abhebt, wo es gemäß Platons Intention darum geht, "durchaus und durchgängig mit sich selbst übereinstimmende und genau bestimmte Aussagen aufzustellen."[3] Auch Aristoteles beschränkt sich in seiner Physik nicht ohne Grund im Großen und Ganzen auf die Erstellung der Prinzipien und der grundlegenden Bestimmungen wie Raum, Zeit und Bewegung. Der Blick auf reale Verhältnisse der Natur steht

---

[2] Platon, Timaios, in: Sämtliche Werke, nach der Übersetzung von Friedrich Schleiermacher und Hieronymus Müller, Bd. 5, Hamburg 1959, S. 155.
[3] Ebd.

im Hintergrund. Nikolaus Cusanus – um ein Beispiel aus der mittelalterlichen Philosophie herauszugreifen – begründet seine Auffassung, daß eine begrifflich strenge und genaue Darstellung dem Menschen bezüglich der Natur nicht möglich sei, damit, daß die Natur nicht vom Menschen geschaffen ist.[4] Sein Argument ist also, anders gesprochen: Nur dort, wo der Mensch selbst der Schöpfer ist, wo er etwas selbst hervorgebracht hat – etwa auf seiner geistigen Existenz basierende kulturelle Gebilde –, ist ihm eine strenge Erkenntnis möglich, wenigstens im Prinzip. Leibniz urteilt in den *Nouveaus Essais* ähnlich. Diese Vorstellung reicht herauf bis in unsere Tage. So etwa sagt Ferdinand Ebner, die Natur sei "das, wohin das Wort nicht reicht" – womit natürlich auch gemeint ist: die Natur sei die Sphäre, die von der gedanklichen Bemühung letztlich nicht im Sinne der Anforderungen des Begriffs angemessen erreicht wird.[5] Diese – im Hinblick auf die Möglichkeit einer Philosophie der Natur – kritischen Bezüge herzustellen, erscheint mir wichtig. Auch Hegel spricht an mehreren Stellen seines Werkes von der "Schwäche des Begriffes" und von der "Ohnmacht der Natur".[6] Er gesteht auch eine gewisse Unzulänglichkeit des Begreifens ein, wenn er wiederholt vom "Noch-nicht"-Begreifen spricht. Dabei wird auf der einen Seite festgestellt, die Naturwissenschaft habe in ihrem "Entgegenarbeiten" noch nicht genügend präzises Material in der Erfassung des Allgemeinen der Natur erbracht. Auf der anderen Seite sieht Hegel zumindest implizit eine Schwierigkeit im Begreifen des von der Physik schon Erarbeiteten. Ich denke hier an die von ihm projektierte der Mathematik der Natur, zu der der Versuch gehört, das dritte Keplersche Gesetz auf

---

[4] Vgl. E. Cassirer, Das Erkenntnisproblem in der Philosophie und Wissenschaft der neueren Zeit, Reprint Darmstadt 1991, Bd. 1, S. 36: "Wir verstehen die Außendinge [nach Cusanus] nur insoweit, als wir in ihnen die Kategorien des eigenen Denkens wiederzuentdecken vermögen." – Vgl. auch De docta ignorantia, Buch II, 3. Aufl. Hamburg 1999, S. 5: "Wir haben [...] gezeigt, daß die genaue Gleichheit nur Gott zukommt. Daraus folgt, daß alle anderen angebbaren Gegenständen außer Gott verschieden sind." Ebd.: "[...] da nicht zwei Orte in Zeit und Lage genau übereinstimmen, so ist es klar, daß Einzelaussagen über die Gestirne von Genauigkeit weit entfernt sind." Ferner ebd., S. 7: "Die genaue proportionale Entsprechung [der Töne] wird deshalb nur in ihrem Begriff [in ratione] erschaut, und in den sinnlich wahrnehmbaren Dingen vermögen wir die süßeste Harmonie nicht ohne Beeinträchtigung zu erfahren, weil sie sich dort nicht findet."
[5] Das Zitat lautet vollständig: "Natur, bloße Natur ist alles, wo das Wort nicht ist, und wohin es nicht reicht, und Geist ist überall, wo das Wort ist, und wohin es reicht." (F. Ebner: Fragmente, Aufsätze, Aphorismen, hg. von F. Seyr, München 1963, S. 677.)
[6] G.W.F. Hegel, Enzyklopädie der philosophischen Wissenschaften im Grundrisse (1830), Zweiter Teil. Die Naturphilosophie, in: Werke, a.a.O., Bd. 9, S. 35: "Jene Ohnmacht der Natur setzt der Philosophie Grenzen, und das Ungehörigste ist, von dem Begriffe zu verlangen, er solle dergleichen Zufälligkeiten begreifen [...]" (§ 250A). Vgl. ebd., S. 28 (§ 248 A), S. 82 (§ 268 Z), S. 106 (§ 270 Z) sowie S. 502 (§ 368 A): "Diese Schwäche des Begriffs in der Natur überhaupt unterwirft nicht nur die Bildung der Individuen äußerlichen Zufälligkeiten [...], sondern auch die Gattungen ganz den Veränderungen des äußeren allgemeinen Naturlebens [...]" Vgl. ferner ebd. S. 350 (§ 339 Z) und S. 539 (§ 376 Z).

der Grundlage des logischen Gehalts des Potenzenverhältnisses zu beweisen und so Licht in diese Potenzen zu bringen.[7]

"Betrachtungsweisen" und "Begriff der Natur"

Werfen wir nun einen Blick auf den ersten Teil der Naturphilosophie Hegels, die *Mechanik*, indem wir einige zentrale Sätze herausgreifen. Vorangestellt ist dem Ganzen eine "Einleitung", in welcher bereits gewisse Weichen gestellt werden. Gewiß hat sich Hegel immer wieder über Vorreden und Einleitungen abfällig geäußert,[8] indem er sagte, daß darin nicht der Gang der Sache selbst zum Zuge komme. Und doch ist es unbestreitbar, daß Hegel substantielle Vorreden und Einleitungen zu seinen Werken geschrieben hat. Die Einleitung zur Naturphilosophie stellt gleichfalls eine nicht unwesentliche Orientierung für den ganzen weiteren Gang der Sache dar. Diese Einleitung gliedert sich in drei Abschnitte. Am Anfang stehen die "Betrachtungsweisen der Natur". Ich habe in einem länger zurückliegenden Aufsatz[9] versucht, diesen Text im Detail zu analysieren. Dabei sind mir vor allem zwei Schwierigkeiten in dem Konzept der Hegelschen Naturphilosophie aufgefallen. Die eine Schwierigkeit liegt in der Auffassung von "Idee"; davon wird im folgenden aber weniger die Rede sein. Das andere große Problem in besagter Einleitung ist das *Verhältnis von Naturwissenschaft und Naturphilosophie*. Hegel rückt beide zunächst sehr nahe aneinander; er hebt hervor, daß beide, im Sinne ihrer grundsätzlichen Erkenntnisbemühung, sehr viel gemeinsam haben. Allerdings sagt er dann, nachdem er das "Allgemeine" der Natur als Gegenstand der Physik bestimmt hat: "Indem die Naturphilosophie *begreifende* Betrachtung ist, hat sie dasselbe *Allgemeine* aber *für sich* zum Gegenstand und betrachtet es in seiner *eigenen immanenten Notwendigkeit* nach der Selbstbestimmung des Begriffs."[10] Halten wir fest: Gegenstand der Naturphilosophie ist "Das Allgemeine für sich" – das Allgemeine der Natur, das sich dem "Begriffsblick" zeigt, auch im Sinne der Momente des Begriffs, der Allgemein-

---

[7] Ebd., S. 85f f. (§ 270). Am Ende des Zusatzes zu diesem Paragraphen (S. 106) heißt es: "Ich habe also hier nur diese Anfänge der vernünftigen Betrachtung im Begreifen der mathematisch mechanischen Naturgesetze, als dieses freien Reiches der Maße, niedergelegt." Vgl. ferner ebd., S. 52: "Man könnte noch weiter den Gedanken einer *philosophischen Mathematik* fassen [...]"; sowie S. 54: "Die wahrhaft philosophische Wissenschaft der Mathematik als *Größenlehre* würde die Wissenschaft der *Maße* sein [...]. Sie würde aber wohl wegen der *äußerlichen* Natur der Größe die allerschwerste Wissenschaft sein." (§ 259 A).
[8] So etwa am Anfang der Vorrede zur *Phänomenologie des Geistes*, (in: Werke a.a.O., Bd. 3, S. 11); ebenso in der Einleitung zur *Wissenschaft der Logik* (Erster Teil, in: Werke, a.a.O., Bd. 5, S. 35 f.).
[9] Siehe F. Grimmlinger, Zur Methode der Naturphilosophie bei Hegel, in: Wiener Jahrbuch für Philosophie, Bd. 3 (1970), S. 38-68.
[10] G.W.F. Hegel, Enzyklopädie der philosophischen Wissenschaften im Grundrisse (1830), Zweiter Teil. Die Naturphilosophie, in: Werke, a.a.O., Bd. 9, S. 15. (§ 246).

heit, der Besonderheit und der Einzelheit. Als Kontrast dazu muß man annehmen, daß sich dasselbe Allgemeine der Denkbemühung der Naturwissenschaft nicht so zeigt, wie es von der Natur her für sich selbst ist. Trotz dieses Unterschiedes urgiert Hegel durchaus auch im weiteren den Zusammenhang bzw. die Aufeinanderverwiesenheit von Physik und Naturphilosophie, so etwa in dem Satz des Zusatzes zu § 246: "Die Physik muß so der Philosophie in die Hände arbeiten [...]."[11]

Bei diesen wenigen Sätzen zu den "Betrachtungsweisen der Natur" will ich es bewenden lassen und mich dem "Begriff der Natur" zuwenden. Schon dieser Titel zeigt, daß der Abschnitt eine zentrale Orientierung für den Gang der Naturphilosophie geben muß. Ein entscheidender Gedanke, der mit der schon genannten Bestimmung der "Idee in der Form des Andersseins" zusammenhängt, ist, daß die Natur die "Sphäre der Äußerlichkeit" darstelle.[12] Dies ergibt zunächst nur Sinn als Gegensatz zur Innerlichkeit der Idee an und für sich, als solcher. Im folgenden wird dann darauf abgehoben, daß die Natur von ihr selbst her keine Freiheit zeigt, sondern nur "*Notwendigkeit* und *Zufälligkeit*."[13] Die Notwendigkeit manifestiert sich in den drei Abschnitten der Naturphilosophie – *Mechanik*, *Physik* und *Organik* – je anders. In der letzteren, in der das Leben, insbesondere der tierische Organismus, dargestellt wird, ist bereits ein wesentlicher Schritt Richtung Freiheit getan. – Bedeutsam ist dann weiters die Rede von der Natur als einem *"System von Stufen"*, welche Stufen von der Idee erzeugt sind, und worin sich eine charakteristische Ordnung dergestalt ergibt, daß jede Stufe die Wahrheit der vorhergehenden ist, aber so, daß keine natürliche Erzeugung der Stufen stattfindet. Im letzten Paragraphen des "Begriffs der Natur" heißt es, die Natur sei "an sich ein lebendiges Ganzes".[14] Hier gebraucht Hegel bereits den Begriff des Lebendigen, der sogar auch in der *Mechanik* auftritt, wenn gesagt wird, daß das Sonnensystem in gewisser Weise einen Organismus darstelle. Diese Aussage ist sehr interessant, weil sie auf das Problem verweist, ob in der Natur letztlich Zweck sei – ein Zweck, der sich von der Idee her und in der Idee ergibt und sich aus dieser entwickelt. Den Abschluß der Einleitung zur Naturphilosophie bildet die "Einteilung". Hervorzuheben ist, daß *Mechanik* und *Physik* die Materie zum Thema haben. Die *Mechanik* thematisiert diejenige Stufe der Materie, der die Form nicht immanent ist – was nicht heißt, daß diese ihr äußerlich wäre, aber daß diese so von der Materie unterschieden ist, daß die Einheit von Form und Materie eine bloß gesuchte ist, während die *Physik* die Materie in ihrer immanenten Formbestimmtheit entwickelt.

---

[11] Ebd., S. 20 (§ 246 Z).
[12] Ebd., S. 15 (§ 247).
[13] Ebd., S. 27 (§ 248).
[14] Ebd., S. 36 (§ 251).

Exkurs zur *Wissenschaft der Logik*

An dieser Stelle sei ein Exkurs zu Hegels *Wissenschaft der Logik*, zum "System der reinen Denkbestimmungen", erlaubt. Es scheint mir wichtig, auf das Verhältnis von Sein, Wesen und Begriff in folgendem Sinne hinzuweisen. Der *Begriff* wird ja in seiner Unmittelbarkeit als Einheit von Sein und Wesen charakterisiert.[15] Dies besagt zunächst noch nicht viel. Für die Naturphilosophie ist diese Charakterisierung aber insofern wichtig, als zu bedenken ist, daß jene notwendig der Blick auf *Sein und Wesen* der Natur sein muß. Genau in der Mitte der Wesenslogik – im Abschnitt "Die erscheinende und die ansichseiende Welt" – wird erkannt, daß es, wenn man so will, im Wesen des Wesens aller Dinge liegt, Sein und Wesen zu sein.[16] Daher kann sich die wahre Betrachtung der realen Welt – sei es der Natur oder der Welt des Geistes – nicht mit einer bloßen Frage nach dem Wesen begnügen. Dies hat für die Naturphilosophie die Bedeutung, daß in ihr der Blick auf die reale Natur, auf deren reale seinsmäßige Verfassung, erfolgen muß. In der "Endlichen Mechanik", in welcher die terrestrischen mechanischen Phänomene thematisiert werden, ist dies noch undeutlich und unterbelichtet, weil man aufgrund des Unterschiedenseins von Bewegung und Materie noch ein Auseinanderhalten von Sein und Wesen versuchen könnte, indem man z.B. sagt, wichtig sei vor allem die Frage nach dem Wesen, etwa nach den Stoß*gesetzen*. *Das, was* gestoßen wird – ein Stein, eine Kugel usw. – sei gegenüber dem Gesetz zufällig, gegen es gleichgültig und daher zweitrangig. Hingegen ist es in der "Absoluten Mechanik" ganz deutlich, daß Hegel auf die reale Verfaßtheit des Sonnensystems – auf die vier Arten von Himmelskörpern, die er im Sinne des seinsmäßigen Moments unterscheidet – blickt. Dieses seinsmäßige Moment zieht sich durch die ganze Naturphilosophie, man kann es weiter insbesondere repräsentiert sehen in der Meteorologie, in der Mineralogie, der Geologie, und schließlich auch in den biologischen Wissenschaften.

Ich bin davon ausgegangen, daß der Begriff die Einheit von Sein und Wesen ist. Er stellt sich dann bekanntlich in der Trias der Begriffsmomente – der Allgemeinheit, der Besonderheit und der Einzelheit – dar, wobei man diese Momente nicht mehr streng dem Sein und Wesen zuordnen kann. Es wäre nicht richtig, daß Allgemeine ausschließlich dem Wesen und das Einzelne ausschließlich dem Sein zuzuordnen. Welche Bedeutung hätte dann das Besondere? Genauso kann man eben nicht sagen – dies ist etwa für die Interpretation des § 262 der *Enzyklopädie*

---

[15] G.W.F. Hegel, Wissenschaft der Logik. Zweiter Teil, in: Werke, a.a.O., Bd. 6, Abschnitt "Vom Begriff im allgemeinen", S. 245 f.
[16] Ebd., S. 159: "Das *Wesen* hat noch kein Dasein; aber es *ist*, und in tieferem Sinne als das Sein; das *Ding* ist der Beginn der reflektierten Existenz; es ist eine Unmittelbarkeit, die noch nicht *gesetzt* ist als wesentliche oder reflektierte; es ist aber in Wahrheit nicht ein *seiendes* Unmittelbares. Die Dinge erst, als Dinge einer anderen, übersinnlichen Welt, sind gesetzt erstens als wahrhafte Existenzen und zweitens als das Wahre gegen das Seiende; – in ihnen ist es anerkannt, daß es von dem unmittelbaren Sein unterschiedenes Sein gibt, das wahrhafte Existenz ist."

wichtig –, daß der Schwere das Wesen zukomme und den Massen das seinsmäßige Moment.

Betrachten wir nun die Frage, welche Rolle "Deduktion" in Hegels Philosophie spielt. Wird die Materie aus dem Raum und der Zeit deduziert, dann aus der Materie die konkreten Verhältnisse in der terrestrischen Mechanik, dann schließlich das Licht aus der Himmelsmechanik usw.? Dies kann man wohl auf keinen Fall so sehen. Nicht zufällig vermeidet Hegel im allgemeinen dieses Wort und spricht in der *Logik* vom Sichbestimmen des Begriffs im Fortgange der Exposition[17], welches Sichbestimmen für Hegel der wahrhafte Sinn von Deduktion oder Ableitung ist. Nun erhebt sich die Frage: Wie kommt es zu diesem Sichbestimmen des Begriffs?

Es war bereits die Rede von Hegels Insistieren auf den Gang der Sache selbst. Die dialektische Entwicklung generiert sich allein im Gang der Sache des Logischen selbst. Jene Entwicklung steht aber zugleich in der schon erörterten Spannung zur Darstellung. Für die *Darstellung* des Sichbestimmens des Begriffs in der *Wissenschaft der Logik* möchte ich geltend machen, daß es dazu eines *dreifachen Blicks* bedarf:

1) des Blicks auf die Tradition und den von ihr erarbeiteten Kategorienzusammenhang metaphysischer und logischer Bestimmungen;
2) des Blicks auf die *Phänomenologie des Geistes* und damit – handelt es sich dabei doch um eine Bewußtseinslehre – auf alle Gehalte der Welt, wie sie sich dem Bewußtsein darbieten, einschließlich der sich in der Bewußtseinsentwicklung ergebenden Bezüge zur *Anschauung* und zur *Vorstellung*;
3) des Blicks auf die Zusammenhänge und die Verfaßtheit der Natur und im weiteren auf die des Geistes.

Das *erste* Erfordernis wird am ehesten Einverständnis erwarten können. Auch Hegel bezieht sich auf den Kategorienzusammenhang der Tradition, und zwar auf dessen metaphysisch-ontologischen Anteil eher positiv, wie auf dessen (formal)logischen Anteil fast entschieden negativ. Mit der transzendentalen Logik Kants steht Hegel in seiner *Wissenschaft der Logik* in permanenter Auseinandersetzung, was selbstverständlich vorrangig die Auffassung der Kategorien betrifft. Es geht Hegel um die Erarbeitung eines über die klassische Metaphysik und Transzendentalphilosophie hinausgehenden logisch-metaphysischen Standpunkts, wie er schon in der Vorrede zur 1. Auflage der *Wissenschaft der Logik* notiert: "Der wesentliche Gesichtspunkt ist, daß es überhaupt um einen *neuen Begriff* [Hervorhebung – F. G.] wissenschaftlicher Behandlung zu tun ist."[18] Der "neue Begriff" impliziert den Blick auf den Kategorienzusammenhang der Tradition.

Das *zweite* Erfordernis mag problematischer erscheinen. Das absolute Wissen der *Phänomenologie des Geistes*, indem es die beiden Versöhnungen des Geistes (der Form sowie dem Gehalt nach) zur Einheit zusammenführt, scheint alle

---

[17] Vgl. G.W.F. Hegel, Wissenschaft der Logik. Erster Teil, in: Werke, a.a.O., Bd. 5, S. 131.
[18] Ebd., S. 16.

Brücken zur Bewußtseinsentwicklung des Geistes abgebrochen zu haben. Das absolute Wissen stellt sich aber ebenso als Zusammenfassen des gesamten Gehalts der Bewußtseinsentwicklung dar. Dieser bleibt im absoluten Wissen und weiter in dessen Entfaltung zum System – d.h. zunächst zur *Wissenschaft der Logik* – virulent und präsent. – Die Bezüge zu Anschauung und Vorstellung bedürften einer weitergehenden Erörterung. Bezüglich Hegels ambivalenter Einstellung zur Vorstellung ist jedenfalls auf den § 1 (!) der *Enzyklopädie* zu verweisen: "Die Philosophie kann [...] wohl eine *Bekanntschaft* mit ihren Gegenständen, ja sie *muß* eine solche, wie ohnehin ein Interesse an denselben voraussetzen, – schon darum, weil das Bewußtsein sich der Zeit nach *Vorstellungen* von Gegenständen früher als *Begriffe* von denselben macht, der *denkende* Geist sogar nur *durchs* Vorstellen hindurch und *auf* dasselbe sich wendend zum denkenden Erkennen und Begreifen fortgeht."[19]

Zum Thema der Anschauung wird im letzten Abschnitt noch einiges zu bemerken sein. Als Frage sei bereits hier notiert, ob Kant mit seiner Konzeption zweier Stämme der Erkenntnis – Anschauung und Begriff – nicht letztlich recht behält.

Das *zuletzt* (oben unter Pkt. 3) genannte Erfordernis mag überraschen. Es wird dort besonders fühlbar, wo die logischen Verhältnisse schwieriger werden. In der Logik des Daseins, des Fürsichseins und in Teilen der Logik des Quantums – wo die Verhältnisse noch ziemlich überschaubar sind – ist dies noch weniger deutlich. Hingegen fällt in der Logik des Maßes auf, daß Hegel sogar in den Haupttext, also nicht nur in den Anmerkungen, Bezüge auf die Natur (insbesondere auf die mechanische und chemische Sphäre) eingearbeitet hat. Er hat *im Blick* auf diese Naturverhältnisse die Maßkategorien erörtert und entwickelt. Nun könnte man sagen, dies sei nur zur Illustration geschehen. Tatsächlich tendiert Hegel selbst dazu, die realphilosophischen Bezüge in die Anmerkungen abzuschieben. In der *Enzyklopädie* zeigt sich diese Tendenz noch stärker, indem der Haupttext der Paragraphen rein den Gehalt der Begriffsentwicklung darstellen soll, während im jeweiligen Nebentext (dem eingerückten Text) und in den Zusätzen – sogar sehr weitläufig – auf die Verhältnisse in der Natur und auch der Welt des Geistes eingegangen wird. Gleiches wie über die Maßlogik läßt sich über den zweiten Abschnitt der Begriffslogik sagen. Besonders in bezug auf die ersten beiden Stufen der Objektivität, Mechanismus und Chemismus, erscheint es unmöglich, die Gedankenentwicklung rein innerlogisch, ohne Blick auf die Mechanik und den Chemismus der Natur, vorzunehmen. Es scheint mir allerdings so, als sei ein *relativ* rein innerlogischer Gang am ehesten in folgenden Partien von Abschnitten der *Logik* möglich: jeweils am Anfang und am Ende von Hauptsphären und auch von Teilsphären. Ganz einfach ist dies bei Sein, Nichts und Werden nachzuvollziehen: Hier bringt der Versuch, die Vorstellung zu bemühen, oder realphilosophische Bezüge herzustellen, keinen Ertrag. Entsprechendes gilt auch für das *Ende* der Maßlogik, wo es um die Indifferenz und schließlich um die absolute In-

---

[19] G.W.F. Hegel, Enzyklopädie I. Die Wissenschaft der Logik, a.a.O., S. 41 (§1).

differenz geht, wo sich alle Seinskategorien zusammennehmen und der Übergang zur Sphäre des Wesens erfolgt. Der Blick auf die Natur hat auch hier keinen heuristischen Wert. Ein relativ rein innerlogischer Gang ergibt sich im ersten Abschnitt der Wesenslogik, "Das Wesen als Reflexion in ihm selbst", d.h. vor allem in den Kapiteln über die Reflexion und die Reflexionsbestimmungen. Hier wird das In-Beziehung-Sein des Wesens als solchen thematisiert, womit sich zumindest keine expliziten seinsmäßigen Aspekte ergeben.

Die obige Erörterung der drei Blickrichtungen bezieht sich auf die *Darstellung* des Sichbestimmens des Begriffs. Man könnte jene auch unter Aufnahme einer Kantischen Wendung als einen Leitfaden der Entdeckung der reinen Denkbestimmungen ansehen. Die dialektische Entwicklung des Logischen bzw. das Sichbestimmen des Begriffs gründet in dem von Hegel konzipierten, bereits erwähnten "neuen Begriff". Die Angabe auch nur dessen allgemeinster Charaktere überstige den Rahmen dieses Exkurses.

Erkenntnisquellen der Naturphilosophie

Für die Naturphilosophie im Sinne Hegels – ich komme hiemit zu meiner zentralen These – gilt in einem erweiterten und zugleich strikteren Sinne, daß ein rein innerlogischer oder, wenn man so will, apriorischer Gedankengang unmöglich ist. Die Ausarbeitung einer Naturphilosophie erfordert:
1) den Rekurs auf die in der Tradition erarbeiteten naturphilosophischen Bestimmungen;
2) die Fundierung durch die *Wissenschaft der Logik*, da es in der Naturphilosophie ja darum geht, den *Begriff* der Natur, dessen Stufen und Differenzierungen zu erhellen und darzustellen;
3) den Blick auf die Natur, wie sie sich dem außerphilosophischen Bewußtsein darbietet – und zwar verglichen mit der Weise, in der dies schon für die Logik beansprucht wurde, in einem noch konkreteren, sich besondernden Sinn. Hier scheint es mir mindestens drei Formen zu geben:
   a) Vorbegriffliche Naturerkenntnis durch die Anschauung. Man beachte, daß die Anschauung in der *Phänomenologie des Geistes* eine größere Bedeutung beansprucht als in Hegels späteren Werken. Auch in der Naturphilosophie rekurriert Hegel immer wieder auf die Anschauung, und dies nicht nur im Sinne einer Abwehr. Vom Raum z.B. kann nicht ohne Bezugnahme auf die Anschauung gesprochen werden. Ähnliches gilt für das Licht, die erste Bestimmung der Hegelschen *Physik*.
   b) Erfahrung im Sinne vorwissenschaftlicher Erfahrung. Dieser erschließen sich z.B. die Festigkeit der Materie, die Schwere, der Klang, die Wärme usw.
   c) Die einzelwissenschaftliche Naturerkenntnis auf dem Boden von Empirie. Prototypisch dafür ist wohl die Erkenntnisweise der Physik, welche in der Spannung von Beobachtung, Experiment und methodischer

Rationalität steht. In diesem Rahmen wird versucht, das, was in den Phänomenen der Natur *wesentlich* ist, allgemein herauszuarbeiten, und zwar in der Auffindung der Kräfte, Gesetze und Gattungen.
Innerhalb der Physik ist dann unter Umständen nochmals eine Differenzierung anzubringen, welche mit dem Unterschied zusammenhängt, den Hegel zunächst zwischen Keplerscher Himmelsmechanik und Newtonscher Physik sieht. Es scheint aus der Hegelschen Perspektive zwar zunächst so zu sein, als sei es unmöglich, eine durch Reflexionsbegriffe "zubereitete" Natur, wie sie die Newtonsche Mechanik uns präsentiert, noch naturphilosophisch zu begreifen. Die Grundbegriffe, Axiome und Definitionen Newtons scheinen mit Hegels Erkenntnismühen unvereinbar. Die äußere Teleologie, das Interesse an der *Handhabbarkeit* durch den Menschen, rückt hier in den Vordergrund. Dennoch möchte ich die Frage offenlassen, ob die Naturphilosophie nicht auch von der Newtonschen Mechanik – oder, um ein vergleichbares Beispiel zu nennen, von den elektromagnetischen Gleichungen Maxwells –, etwas lernen kann und lernen muß.

Zu einzelnen Paragraphen der Hegelschen *Mechanik*

Im Sinne der vorhin genannten Fundierung der Entwicklung naturphilosophischer Bestimmungen durch die *Wissenschaft der Logik* lassen sich einige allgemeine Charaktere angeben:
a) Grundsätzlich sind alle Kategorien der *Wissenschaft der Logik* in der Naturphilosophie virulent und präsent. Es ist die Erkenntnis stiftende Kraft der Kategorien, welche überhaupt erst Begreifen und Erhellen des Begriffs möglich macht. Einige Kategorien, wie z.B. Dasein, Ansichsein und Fürsichsein, Gesetztsein und Reflexion, die Reflexionsbestimmungen, Grund und Existenz, Erscheinen, Manifestieren und Substanz sowie Allgemeinheit, Besonderheit und Einzelnheit, Individualität und Subjektivität, sind so zentral, daß sie entweder den Gedankengang gestalten oder zumindest eine Leitlinie für diesen abgeben.
b) Für die spezifischen einzelnen Sphären, Stufen und Unterstufen werden einzelne Kategorien in besonderer Weise relevant. Ich erwähne z.B. die reine Quantität für den Raum (§ 254 A) sowie Repulsion und Attraktion für die Schwere (§ 262). Dies evoziert die naheliegende Frage, weshalb derartige besonders relevante Kategorien an ihrer Stelle, und zwar gegen die Ordnung der *Wissenschaft der Logik*, auftreten. Dies führt
c) zur Frage der Entsprechungen: Hegel wird nicht müde, wo immer es möglich zu sein scheint, Entsprechungen zwischen naturphilosophischen Bestimmungen und logischen Kategorien aufzuzeigen, deren Erkenntnis stiftende Kraft offensichtlich ist. So entspricht der *Mechanik* das Sein, der *Physik* das Wesen (§ 274 Z), der *Organik* der Begriff, aber in dessen Unmittelbarkeit, d.h. als

Wirklichkeit als der "*Einheit des Wesens und der Existenz*"[20]. Spezieller gilt für den ersten Abschnitt der Naturphilosophie, daß in der Absoluten Mechanik mit der Gravitation der "*Begriff* der materiellen Körperlichkeit"[21] erreicht wird. – Die Entsprechungen erscheinen aber oft unvollständig und manchmal vage oder holprig, und man tut gut daran, sie nicht gewaltsam zu weit treiben zu wollen.

Die Natur ist die "Idee als Sein; seiende Idee",[22] weiters die "Idee in ihrem Anderssein" bzw. "die Idee in der Form des Andersseins", welches Anderssein in der "Äußerlichkeit",[23] welche genauer als Außersichsein (§ 254) aufzufassen ist, seinen Grundcharakter erhält. – Was heißt "Idee als Sein"?

Im § 254 wird der Raum als "abstrakte *Allgemeinheit ihres* [der Natur – F. G.] *Außersichseins*" sowie als "schlechthin kontinuierlich" ausgewiesen. In der Anmerkung zu diesem Paragraphen heißt es: Der Raum "ist überhaupt *reine Quantität*, nicht mehr nur dieselbe als logische Bestimmung, sondern als unmittelbar und äußerlich seiend".[24]

Die Natur ist ein Sein, ebenso der Raum "äußerlich" seiend, aber über den Sinn der Entfaltung des Seins in der *Wissenschaft der Logik* hinausgehend. Jenes Sein ist zwar kein Sein zweiten Grades: als solches bedürfte es einer neuen, weiterführenden logischen Vermittlung; sondern es ist dieses Sein *im Realen, in der Natur, im Raum*. Dieses Sein ist kein anderes Sein als die *Wissenschaft der Logik* es vom reinen Sein bis zur absoluten Idee entwickelt, aber es ist eben Sein in der Natur, die reine Quantität als Bestimmung des Seins im Raum. Dies ist der Sinn von "Idee als Sein" bzw. von "reine Quantität [...] als unmittelbar und äußerlich seiend". Wie ist dieses Sein bzw. die reine Quantität als äußerlich seiend erkennbar? Hegel sagt im Haupttext und in der Anmerkung des § 254, es sei – der Raum. Woher der Raum? Im Blick auf die naturphilosophischen Bestimmungen der Tradition könnte die Bestimmung Raum aufgenommen und an die in Frage stehende Stelle gerückt werden. Aber aufgrund welcher Überlegung ist der Erste, der von Raum gesprochen hat, auf das gekommen, was hier in Frage steht, um dann zu sagen: es ist der Raum?

Am Beginn des Zusatzes bemerkt Hegel: "Indem unser Verfahren dies ist, nach Feststellung des durch den Begriff notwendigen Gedankens, zu fragen, wie er in unserer Vorstellung aussehe: so ist die weitere Behauptung, daß dem Gedanken des reinen Außersichseins [sowie der reinen Quantität als der schlechthinnigen Kontinuität – F. G.] in der Anschauung der Raum entspreche."[25]

Hegel begründet und affirmiert im folgenden diese Entsprechung. Auffällig jedenfalls ist, daß Hegel hier nicht auf die Vorstellung, sondern auf die Anschau-

---

[20] G.W.F. Hegel, Wissenschaft der Logik. Zweiter Teil, a.a.O., S. 186.
[21] G.W.F. Hegel, Enzyklopädie II. Die Naturphilosophie, a.a.O., S. 82 (§ 269).
[22] G.W.F. Hegel, Enzyklopädie I. Die Wisssenschaft der Logik, a.a.O., S. 393 (244 Z).
[23] G.W.F. Hegel, Enzyklopädie II. Die Naturphilosophie, a.a.O., S. 24 (§ 247).
[24] Ebd., S. 41 f. (§ 254 A).
[25] Ebd., S. 42 (§ 254 Z).

ung rekurriert. Des weiteren ist die Inanspruchnahme der Kategorie der Entsprechung als zur absoluten Idee gehörig zu beachten.[26] Ich muß mich hier ansetzender systematischer Überlegungen entschlagen.

Meine These ist folgende: Vom Aufbau des Textes her sieht es zwar so aus, als sei jene Entsprechung in der Anschauung bloß eine nachträgliche Bestätigung der Begriffsentwicklung. In der Tat aber geht die Entsprechung in der Anschauung ursprünglich und konstitutiv in die Begriffsentwicklung ein, indem eben gesagt wird: die schon genannten logischen Charaktere, aber "als äußerlich seiend"; – der Raum. Bei der Bestimmung der Zeit in § 258 kommt dies ohne Umstände im Haupttext zum Ausdruck: "Die Zeit [...] ist das Sein, das, indem es *ist, nicht* ist, und indem es *nicht* ist, ist – das *angeschaute* Werden".[27] Die Zeit ist Werden im Sinne der zugrunde liegende logischen Bestimmung, aber als äußerlich seiend im Sinne von Außersichkommen ist die Zeit als Zeit erkannt als angeschautes Werden.

So scheint mir Kant in der Lehre von den reinen Anschauungsformen Raum und Zeit den unentbehrlichen Bezug zur Anschauung richtig gesehen zu haben. Daß der Raum "eine bloße Form, d.h. eine *Abstraktion* ist, und zwar die der unmittelbaren *Äußerlichkeit*", wird von Hegel als "richtige Bestimmung"[28] positiv vermerkt. Die Subjektivierung der Anschauungsformen Raum und Zeit durch Kant – zumindest unter transzendentalem Gesichtspunkt, d.h. im Hinblick auf die Erkenntnis – kann selbstverständlich den Ansprüchen einer Naturphilosophie nicht genügen. Wo bliebe die Objektivität von Raum und Zeit?

Die Objektivität von Raum und Zeit kann natürlich nicht im Sinne der Definitionen Newtons als Konzipieren eines absoluten Raumes[29] und einer absoluten Zeit gewonnen werden. Eine reine Form kann nicht objektiv und real sein. Ein absoluter Raum und eine absolute Zeit sind Abstraktionen im strikten Sinn, d.h., daß zu keinerlei Konkretion mehr fortgeschritten werden kann.

Werfen wir zu dieser Frage einen Blick auf den Verlauf der *Mechanik*. Deren erstes Kapitel, *Raum und Zeit*, welches die Begriffe *Raum, Zeit, Dauer, Ort, Bewegung* und *Materie* zum Gegenstand hat, hat das Ziel, in einer ersten Weise die Grundbestimmungen der Mechanik zu entwickeln. Die weitere Konkretion ergibt sich erst im zweiten Kapitel, in der *Endlichen Mechanik*, und im dritten Kapitel, der *Absoluten Mechanik*. Daher ist es schwierig, dem Gedankengang des ersten Kapitels zu folgen. Besonders gilt dies für dessen letzten Paragraphen (§ 261),

---

[26] G.W.F. Hegel, Wissenschaft der Logik. Zweiter Teil, in: Werke, a.a.O., Bd. 6, S. 551: "Die Methode ist daraus als *der sich selbst wissende, sich* als das Absolute, sowohl Subjektive als Objektive, *zum Gegenstande habende Begriff*, somit als das reine Entsprechen des Begriffs und seiner Realität [...] hervorgegangen."

[27] G.W.F. Hegel, Enzyklopädie II. Die Naturphilosophie, a.a.O., S. 48 (§ 258).

[28] Ebd., S. 42 (§ 254 A).

[29] Vgl. I. Newton, Mathematische Grundlagen der Naturphilosophie, übs. von Ed Dellian, Hamburg 1988, S. 44: "Der absolute Raum, der aufgrund seiner Natur ohne Beziehung zu irgendetwas außer ihm existiert, bleibt sich immer gleich und unbeweglich".

wo es darum geht, Bewegung als das "*Vergehen* und *Sichwiedererzeugen* des Raums in Zeit und der Zeit in Raum"[30] darzustellen, und dann auch noch im selben Atemzuge – analog dem Gedankengang in der *Logik* am Ende des Kapitels "Das Sein", wo sich aus Entstehen und Vergehen eine "ruhige Einheit", nämlich das Dasein, ergibt –[31] die Hauptbestimmung, die *Materie*, das Thema von *Mechanik* und *Physik*, zu erreichen.[32] Es ist klar, daß diese Passage sehr schwer nachzuvollziehen ist;[33] erst die weitere Konkretion des Materie-Begriffs, wo Bewegung und Materie in *Beziehung* gesetzt werden, bringt mehr Klarheit. In der *Endlichen Mechanik* sind Bewegung und Materie noch unterschieden. Dies entspricht der Vorstellung, die man von den Newtonschen Axiomen her hat: Einem zunächst ruhenden Materie-Stück kann Bewegung von außen mitgeteilt werden. Bewegung und Materie bilden noch keine Einheit, obwohl sie hier auch nicht schlechthin getrennt sind. Unterschiedenheit von Bewegung und Materie herrscht in *dem* Sinne, daß die Materie noch nicht sich selbst bewegende Materie ist. Sich selbst bewegende Materie haben wir dann erst in der Himmelsmechanik, der *Absoluten Mechanik*, und hier erst kommt die Begriffsbestimmung von Bewegung und Materie zur Vollendung. Man muß also die Kategorien der *Mechanik* in einem durchgängigen Zusammenhang, in einer Totalität – fast muß man sagen: in einer lebendigen Totalität – zu sehen versuchen.[34]

Am Ende des Kapitels über Raum und Zeit (§ 261) ergeben sich die weiteren Grundbestimmungen, Bewegung und Materie, in einer allgemeinen oder auch abstrakten[35] Weise, man könnte auch sagen, in einer antizipierenden Weise. Erst – wie schon ausgeführt – deren Besonderung im Durchgang durch die Endliche und die Absolute Mechanik läßt Materie und Bewegung in der sich selbst bewegenden Materie ihre erste wahre Konkretion erreichen. Es widerspräche also Hegels Konzeption, ihm vorzuwerfen, er habe in diesem Paragraphen die Materie aus den Formen Raum, Zeit und Bewegung deduziert. Vielmehr ergibt sich im Haupttext des Paragraphen der genuine Zusammenhang von Raum, Zeit, Bewegung und Materie in deren allgemeinem Sinn, wobei deren Beziehung (die eigentlich noch keine Beziehung ist) nur in Analogie zum Übergang des Seins in das Dasein an-

---

[30] G.W.F. Hegel, Enzyklopädie II. Die Naturphilosophie, a.a.O., S. 56 (§261).

[31] G.W.F. Hegel, Wissenschaft der Logik I, a.a.O., S. 113: "Das Gleichgewicht, worin sich Entstehen und Vergehen setzen, ist zunächst das Werden selbst. Aber dieses geht ebenso in *ruhige Einheit* zusammen."

[32] G.W.F. Hegel, Enzyklopädie II. Die Naturphilosophie, a.a.O., S. 56: "Dies Werden ist aber selbst ebensosehr das in sich Zusammenfallen seines Widerspruchs, die *unmittelbar daseiende* Einheit beider, die *Materie*."

[33] Vgl. dazu R. Wahsner, Zur Kritik der Hegelschen Naturphilosophie. Über ihren Sinn im Lichte der heutigen Naturerkenntnis", Frankfurt a.M.–Berlin–Bern–NewYork–Paris–Wien 1996, S. 37 ff. und S. 64 ff.

[34] Diese Sichtweise steht – wie gesagt – in einem völligen Kontrast zu den Definitionen Newtons.

[35] Als abstrakt erweist sie sich nämlich, wenn jenes Allgemeine von Bewegung und Materie als solches fixiert und nach seiner philosophischen Relevanz befragt werden soll.

gesprochen werden kann. Dennoch ist der Raum die *erste* naturphilosophische Bestimmung. Denn der Gang der Darstellung verlangt es, mit der abstraktesten Bestimmung zu beginnen, da der Anfang mit einer konkreteren Bestimmung erst wieder auf die abstraktere zurückverweisen würde. So ist der von Hegel in der Anmerkung zu § 261 notierte Übergang von der Idealität zur Realität nicht so zu verstehen, daß Materie aus Raum, Zeit und Bewegung natürlicherweise erzeugt werden würde; sondern die Darstellung dieser Bestimmungen hat in Analogie zur entsprechenden logischen Grundlage diesen Übergang zu vollziehen.

Betrachten wir noch kurz den auf § 261 folgenden Gedankengang. Der Haupttext des § 262 der *Mechanik* lautet:

"Die Materie hält sich gegen ihre Identität mit sich, durch das Moment ihrer Negativität, ihrer abstrakten *Vereinzelung*, auseinander; die *Repulsion* der Materie. Ebenso wesentlich ist, weil diese Verschiedenen ein und dasselbe sind, die negative Einheit dieses außereinanderseienden Fürsichseins; die Materie ist somit kontinuierlich, – ihre *Attraktion*. Die Materie ist untrennbar beides und negative Einheit dieser Momente, Einzelheit, aber als gegen das *unmittelbare* Außereinander der Materie noch *unterschieden* und darum selbst noch *nicht* als *materiell gesetzt, ideelle* Einzelheit, *Mittelpunkt*, – *die Schwere*."[36]

Es fällt hier die große Anzahl von Kategorien auf, welche aus der *Wissenschaft der Logik* übernommen werden: Repulsion und Attraktion – zwei Kategorien der Logik des Fürsichseins –, Kontinuität und Unterschied; die Einzelheit, die hier *uno actu* den Charakter hat, daß sie sich *vereinzelt* (in die "Verschiedenen", die dann in § 263 die Massen genannt werden); ferner der Begriff des Mittelpunkts, der schon in der Begriffslogik im Abschnitt "Die Objektivität" vorkommt.[37] Allerdings kann er auch schon dort nicht ohne Blick auf die Himmelsmechanik eingeführt werden.[38] Umso mehr gilt für die Charakterisierung der negativen Einheit von Repulsion und Attraktion als "Schwere", daß sie nur vorgenommen werden kann im Blick auf die reale Phänomenalität, wie sie uns bereits im außerphilosophischen Wissen als Erfahrung des Schweren gegeben erscheint.

Die Schwere wird von Hegel als "*ideelle* Einzelnheit" charakterisiert, da sie "noch *nicht* als *materiell gesetzt*" ist. Denn die Materie ist als gegen das unmittelbare Außereinander, die realen Massen, unterschieden. Realität und Idealität, insofern sie ihre eigenständige Bedeutung haben, greifen hier ineinander. Für den Physiker mag eine solche Konzeption deutlich sein im Unterschied von Materie

---

[36] G.W.F. Hegel, Enzyklopädie II. Die Naturphilosophie, a.a.O., S. 60 f. (§262).
[37] Vgl. G.W.F. Hegel, Die Wissenschaft der Logik II, a.a.O., S. 423: "C. Der absolute Mechanismus. a. Das Zentrum. Die leere Mannigfaltigkeit des Objekts ist nun erstens in die objektive Einzelheit, in den einfachen selbstbestimmenden *Mittelpunkt* gesammelt."
[38] Hegel "verbirgt" dies allerdings gewissermaßen, indem er den o.g. Abschnitt "a." so aufbaut, daß am Anfang eine logische Ableitung, dann erst der Blick auf Naturphilosophie ("In der materiellen Welt ist es der *Zentralkörper*...", ebd.) und Geistesphilosophie ("So sind auch die *Regierung*, die *Bürgerindividuen*...", ebd., S. 425) steht.

(Seite der Realität) und Gesetz (Seite der Idealität). Aber die *Gesetze* der Materie sind Gesetze der *Materie*, und so bleibt nur übrig, die Materie naturphilosophisch als ein genuines Ineinander-Greifen der Materie als solcher, d.h. der Massen und ihrer Gesetze, aufzufassen.

Die Bestimmung der *Schwere* ist antizipiert. Was sie eigentlich ist (aber noch nicht in ihrer letzten Wahrheit), ergibt sich erst im Durchgang durch die Endliche Mechanik. Sie erhält ihren Sinn erst mittels Trägheit, Gewicht, Stoß und in der Schwere als solcher unabhängig vom Gewicht einer Masse bzw. eines Körpers (Fall). Trägheit und Gewicht der Körper werden unter terrestrischen Bedingungen von Menschen erfahren, und deren Allgemeines wird in die Vorstellung aufgenommen. Beim Fall bedarf es zum Auffassen des *Allgemeinen* dieses Phänomens wohl eines wissenschaftlichen Interesses, d.h. also der Empirie.

Der Fall (dieser unter terrestrischen Bedingungen) leitet also zu dem über, was Schwere eigentlich ist, womit die Antizipation der Schwere in § 262 eingeholt wird. Für die Präzisierung des genuinen Sinns der Schwere haben wir glücklicherweise ein Fremdwort, um diesen von der Schwere unter terrestrischen Bedingungen abzuheben: *Gravitation*.

Der erste Paragraph der Absoluten Mechanik, § 269, lautet:
"Die *Gravitation* ist der wahrhafte und bestimmte *Begriff* der materiellen Körperlichkeit, der zur *Idee* realisiert ist. Die *allgemeine* Körperlichkeit urteilt sich wesentlich in *besondere* Körper und schließt sich zum Momente der *Einzelheit* oder Subjektivität als erscheinendes Dasein in der *Bewegung* zusammen, welche hierdurch unmittelbar ein System *mehrerer Körper* ist."[39]

Die Materie als *materielle Körperlichkeit* – nicht schon die Materie in ihrer näheren Konkretion in der *Physik* – hat in der Gravitation ihren Begriff erreicht, der in der materiellen Körperlichkeit zur Idee realisiert ist. Die materielle Körperlichkeit vertritt die Seite der Realität, die Gravitation die Seite der Idealität. Aber die Idee in beiden ist höhere Realität, von der her gesehen materielle Körperlichkeit und Gravitation ideelle Momente sind. Ist der Begriff in einer zugrundeliegenden Wirklichkeit – hier der Materie als materielle Körperlichkeit – wahrhaft erreicht, muß die nähere Gestaltung dieser Wirklichkeit sich im Sinne der Momente des Begriffs, also nach Allgemeinheit, Besonderheit und Einzelheit, zeigen. In bezug vor allem auf das dritte Moment, die Einzelnheit, ist der Text wieder in der sehr allgemeinen Charakterisierung Antizipation. Der Zusammenschluß der Einzelnheit in der Bewegung sowie dieser in einem System mehrerer Körper kann erst im Gange der Paragraphen 270-71 durchleuchtet werden.

Es wäre hier der Ort, den Übergang zur *Physik* zu betrachten und zu erläutern, wie die Materie über die materielle Körperlichkeit hinausgehend im *Licht* als dem "existierenden allgemeinen *Selbst* der Materie" (§ 275) eine konkrete Bestimmung gewinnt. Dies muß späteren Bemühungen vorbehalten bleiben.

---

[39] G.W.F. Hegel, Enzyklopädie II. Die Naturphilosophie, a.a.O., S. 82 (§ 269).

Diskussion[*]

Türel: Sie haben davon gesprochen, daß im Abschnitt "Der Mechanismus" in der Begriffslogik die Kategorien nicht ohne Blick auf die "realen Verhältnisse" dargestellt werden können. Meinen Sie das im Sinne einer *Ableitung* aus den realen Verhältnissen, oder einfach so, daß man diese Kategorien nicht in den luftleeren Raum stellen kann?

Grimmlinger: Das Wort Ableitung verstehe ich in diesem Kontext als Synonym für Begriffsentwicklung. Ich wollte sagen, daß mir ein rein innerlogischer Ableitungsgang in dem genannten Abschnitt nicht möglich erscheint.

Türel: Also was Bewegung, was Leben ist, muß uns die Natur sagen?

Grimmlinger: "Sagen" ist hier eine gewisse Schwierigkeit. Sobald von der Philosophie das Kategorienproblem erkannt ist – besonders im Sinne der Kantschen Deduktion der Kategorien, aber auch im Sinne Hegels –, kann man sich nicht mehr einfach so ausdrücken, daß einem *zuerst* die realen Verhältnisse bekannt sein müssen.

Türel: Was verstehen Sie dann unter "Erstellen der Kategorien mit Blick auf die Natur"? Aristoteles würde doch sagen, seine Kategorien seien Aussageweisen, und zwar bezüglich des *Subjekts* bzw. des *Substrats*. Die Bewegung z.B. schaut sich Aristoteles nicht von der Natur ab, sondern die Bewegung ist eine Kategorie, mittels derer man Aussagen machen kann.

Richli: Das Problem ist eigentlich, wie sich die Begriffe, die Hegel aus der Logik mitbringt, auf die Vorstellung oder Anschauung beziehen. Wenn er einen Begriff, wie z.B. den der Äußerlichkeit, entwickelt, der selber sein Fundament in der Logik hat, und dann sagt "Das ist jetzt der Raum", dann fragt man sich: Warum und inwiefern ist das jetzt der Raum? Inwiefern ist die Darstellung der begrifflichen Entwicklung in der Naturphilosophie, die sich doch in gewisser Weise von der in der Logik unterscheidet, durch die *Anschauung* – in diesem Falle durch die Vorstellung des Raumes – bestimmt? Diese Frage ist noch sehr wenig geklärt. Natürlich stellt sich dieses Problem teilweise schon in bezug auf Kategorien der Logik, etwa bei Repulsion und Attraktion. Mir scheint, daß Hegel tatsächlich einen Unterschied macht zwischen dem Gebrauch der Begriffe Repulsion und Attraktion in der Seinslogik und in der Naturphilosophie.

Türel: Das ist nicht ganz das Problem, das ich gemeint habe. Das "Anwenden" der Kategorien ist ein eigenes Thema. Aber Sie, Herr Grimmlinger, unterstellen, daß wir die Kategorien ohne Blick auf die realen Verhältnisse gar nicht *erstellen* können.

Grimmlinger: Ja, das sind zwei verschiedene Probleme. Ich möchte darauf hinweisen, daß Hegel selbst am Ende der Enzyklopädie, in der Lehre von den drei Schlüssen, die davon handelt, wie sich die drei Systemteile verbinden, einen

---

[*] Einige Überlegungen des vorstehenden Beitrags wurden nicht in die Diskussion einbezogen, da sie erst später eingefügt wurden.

Versuch macht – vielleicht nachträglich – die Logik mit Naturphilosophie und Geistesphilosophie *genuin* in Beziehung zu setzen.

Wahsner: Wenn Sie meinen, daß Hegel es *de facto* so macht, daß er bei der Erstellung der Kategorien auf natürliche Verhältnisse blickt, so würde ich dem völlig zustimmen. Das kann man auch im einzelnen zeigen. Aber meinen Sie, daß es aus Hegels Sicht eine *Legitimation* für dieses Vorgehen gibt? Was Sie gerade sagten, kann man so verstehen, daß Hegel sein Vorgehen nur nachträglich rechtfertigt und sagt: "Seht, ich habe nichts falsch gemacht". Meinen Sie nur dies, oder gibt es schon von Hegels Logik her eine Legitimation für den "Blick auf die Zusammenhänge der realen Welt"?

Grimmlinger: Nein, in der Wissenschaft der Logik gibt es keinen Hinweis in diese Richtung. Aber nochmals: *de facto* ist es so. In der Maßlogik erfolgt über weite Partien die Entwicklung der Kategorien – der verschiedenen Maßverhältnisse, die immer komplizierter werden – *uno actu* im Blick auf reale Verhältnisse. Ich erkläre mir das so: Am Anfang und am Ende der großen Sphären ist kein Blick auf reale Verhältnisse nötig. Das gilt etwa für Sein, Nichts usw. Aber ab dem Daseinskapitel sind Beispiele mitunter zumindest von pädagogischem Wert. Bruno Liebrucks hat das erkannt und beginnt in seinem Kommentar zu "Bestimmung", "Beschaffenheit" und "Grenze" ganz ungeniert mit Beispielen. Ich meine, ein Philosoph mit einem hochgradigen Abstraktionsvermögen, wie es Hegel eigen war, brauchte für weite Partien der Logik, sogar auch für *Dasein, Fürsichsein, Quantum*, keine illustrierenden Beispiele. Aber trotzdem stehen die Beispiele sozusagen anonym da. In der Maßlogik ändert sich das dann, da stehen die Beispiele, wie gesagt, ganz ausdrücklich im Haupttext. Genauso ist es im Abschnitt über den Mechanismus in der Begriffslogik. Wie sollte man Kategorien wie *Zentrum* und *Gesetz* rein innerlogisch ableiten?

Türel: Es geht nicht darum, ob man für bestimmte Kategorien Beispiele bringen kann, sondern darum, ob die Kategorien nichts sagen ohne deren unmittelbare Anwendung.

Wahsner: Ich glaube, es geht auch um den *Fortgang* der Begriffsbestimmung.

Grimmlinger: Das ist zweifellos die Grundfrage bezüglich der Auffassung des Logischen. In der neueren Rezeption entstand die große Frage, ob das Logische Hegels und der Logos Heraklits noch dasselbe seien. Das Logische kulminiert in der absoluten Idee und soll eine Sphäre für sich sein. Nennen wir sie die göttliche Idee: das Logische soll *uno actu* die Wirklichkeit Gottes sein. Da würde ich zumindest ein Fragezeichen anbringen, was aber aus meiner Sicht der großen Errungenschaft Hegels, der Thematisierung des Logischen als Systems der reinen Denkbestimmungen, gar nicht abträglich ist.

Türel: Ein erklärter Hegelianer würde antworten: Die Logik ist nicht nur Logik, sondern Ontologie. Aber das ist natürlich nur ein Schlagwort.

Grimmlinger: Ja, sicher, die Frage ist eben letztlich die nach dem Status der Ontologie nach der Transzendentalphilosophie Kants, Fichtes, Schellings und nach Hegel; die Frage nach einer nochmaligen Revolution der Denkungsart, wie Liebrucks sagt.

Das Problem des Übergangs von der Natur zum Geist in Hegels *Enzyklopädie**

Gilles Marmasse

Während der Übergang von der Logik zur Natur in jüngerer Zeit Gegenstand zahlreicher Arbeiten war – welche ihrerseits schon durch die diesbezüglichen bekannten Bemerkungen Schellings und Marx, präfiguriert wurden –, so wurde das Problem des Übergangs von der Natur zum Geist, also der Übergang vom zweiten zum dritten Teil der *Enzyklopädie*, bisher kurioserweise vernachlässigt. Im Rahmen der Architektonik des Hegelschen Systems wird man jedoch dieses Problem als ebenso wichtig erachten müssen wie den Übergang von der Logik zur Natur, obgleich dabei freilich nicht dieselben Strukturmomente auftreten. Darüber hinaus ist davon auszugehen, daß ohne die Berücksichtigung der Selbstaufhebung der Natur in den Geist Hegels Konzeption des Mittelteils seines Systems selbst schwer verständlich bleibt. Insofern der Geist die Wahrheit der Natur repräsentiert, erscheint es im Hinblick auf eine richtige Erfassung der Stellung der Natur tatsächlich unabdingbar, sich mit der Aufhebung der Äußerlichkeit der Natur auseinanderzusetzen. Aber ganz allgemein fragt sich: Kann man den Übergang von einem Moment des enzyklopädischen Ganzen zum nächsten plausibel machen? Hegel erblickte hierin ein reales Problem. In diesem Sinne schreibt er zum Beispiel in der Begriffslogik zum Übergang vom *Begriff* zum *Objekt*:
"So fremdartig auf den ersten Anblick dieser Übergang vom Subjekt, vom Begriff überhaupt und näher vom Schlusse [...] in das Objekt scheinen mag, so kann es zugleich nicht darum zu tun sein, der Vorstellung diesen Übergang plausibel machen zu wollen."[1]

Die Vorstellung, als ein unmittelbares Wissen, könnte in der Tat den dialektischen Fortgang nicht begreifen, denn sie kann nicht einmal das erfassen, was da fortschreitet, nämlich das Absolute oder die Idee. In Wahrheit ist nur die Spekulation fähig, sich auf das konkrete Allgemeine zu beziehen und die Notwendigkeit seiner dialektischen Bewegung zu fassen. Der vorliegende Beitrag hat eine zweifache Aufgabe: Am Beispiel des *Einzel*problems des Übergangs von der Natur zum Geist die *allgemeinen* Züge der Kategorie des Übergangs bei Hegel herauszuarbeiten.

---

* Dieser Beitrag wurde nicht auf dem Symposium vorgetragen, sondern nachträglich eingesandt. Er wurde folglich auch nicht diskutiert. – Aus dem Französischen übersetzt von Thomas und Siegfried Posch.

[1] G.W.F. Hegel, Enzyklopädie der philosophischen Wissenschaften im Grundrisse (1830). Erster Teil. Die Wissenschaft der Logik, mit den mündlichen Zusätzen, in: Werke in 20 Bden., auf der Grundlage der Werke von 1832-1845 neu edierte Ausgabe, Redaktion E. Moldenhauer und K. Markus Michel, Frankfurt a.M. 1986. Bd. 8, S. 345f. (§193 A).

In der *Enzyklopädie* bestimmt sich bekanntlich der Gegenstand der spekulativen Betrachtung durch eine Reihe von Selbstaufhebungen. Bei jedem Schritt macht der Gegenstand eine Metamorphose durch – in dem Sinne, in welchem Goethe von der Metamorphose der Pflanzen spricht – und wird dadurch als Moment konkreter. Betrachten wir, um die Originalität dieses Hegelschen Konzepts zu erkennen, seine Beziehung zu zwei anderen möglichen Weisen, das Natur-Geist-Verhältnis zu denken, welche von Hegel ausdrücklich abgelehnt werden: nämlich zum Materialismus, der dazu tendiert, den Natur-Geist-Übergang als eine Hervorbringung des Gedankens durch die Materie zu erklären,[2] sowie zu dem (im Hegelschen Sinne) abstrakten Idealismus, der dazu neigt, die Totalität der menschlichen Erfahrungen auf das freie Spiel des Ich mit sich selbst zurückzuführen, und nach welchem es die Reflexion des Subjekts ist, die die Vorstellung der Natur erzeugt.[3] Was ist gegenüber diesen möglichen Interpretationen des Natur-Geist-Verhältnisses das Anliegen der Hegelschen Theorie?

Zunächst: Der Übergang vollzieht sich nach Hegel nicht auf eine jedes Mal einzigartige, sondern auf eine universelle Weise. Dieser Gesichtspunkt wird in einem Zusatz zu den Paragraphen der Geistesphilosophie entwickelt: "Der Geist geht nicht auf natürliche Weise aus der Natur hervor. Wenn [...] gesagt wurde, der Tod der nur unmittelbaren einzelnen Lebendigkeit sei das Hervorgehen des Geistes, so ist dies Hervorgehen nicht fleischlich, sondern geistig, nicht als ein natürliches Hervorgehen, sondern als eine Entwicklung des Begriffs zu verstehen."[4]

Das Konzept des Moments verweist in der Tat nicht auf etwas Empirisches, sondern auf den Begriff. Die Logik hebt sich so auf eine allgemeine Weise in die Natur auf und die Natur hebt sich ebenso auf allgemeine Weise in den Geist auf. Dieses Resultat ergibt sich aus Hegels Affirmation des Anundfürsichseins des Begriffs. Aus materialistischer oder aus immaterialistischer Sicht müßte man hingegen *jedes Mal gesondert*, das heißt jeweils für jeden Körper und für jeden Geist das Zustandekommen des Gedankens (im Falle des Materialismus) oder das Zustandekommen der Natur als Vorstellung (im Falle des abstrakten Idealismus) erklären. Die Hegelsche Theorie erlaubt es darüber hinaus, zwischen zwei aufeinan-

---

[2] Vgl. dazu z.B. Hegels Kritik an den französischen Materialisten in den *Vorlesungen über die Geschichte der Philosophie*.
[3] Vgl. z.B. die Bemerkungen zu Fichte: G.W.F. Hegel, Vorlesungen über die Geschichte der Philosophie III, in: Werke, a.a.O., Bd. 20, S. 387-415.
[4] G.W.F. Hegel, Enzyklopädie der philosophischen Wissenschaften im Grundrisse (1830). Dritter Teil. Die Philosophie des Geistes, in: Werke, a.a.O., Bd. 10, S. 24 (§ 381 Z) (Hervorhebung – G. M.). An dieser Stelle wird exakt jener Gedanke aufgenommen, der schon in dem Zusatz zu § 248 der Naturphilosophie (G.W.F. Hegel, Enzyklopädie der philosophischen Wissenschaften im Grundrisse (1830). Zweiter Teil. Die Naturphilosophie, mit den mündlichen Zusätzen, in: Werke, a.a.O., Bd. 9, S. 31) vorgetragen wurde: "Die Natur ist als ein *System von Stufen* zu betrachten, deren eine aus der andern notwendig hervorgeht und die nächste Wahrheit derjenigen ist, aus welcher sie resultiert, aber nicht so, daß die eine aus der andern *natürlich* erzeugt würde, sondern in der inneren, den Grund der Natur ausmachenden Idee."

derfolgenden Momenten eine solche Einheit zu denken, in welcher die Autonomie beider erhalten bleibt. Die beiden oben angeführten Fassungen des Natur-Geist-Verhältnisses tendieren hingegen dazu, eines der beiden Momente auf das andere zu reduzieren. Der Materialismus führt letztlich das Denken auf den Körper zurück, während der abstrakte Idealismus (wiederum: nach Hegel) aus der Natur eine einfache Vorstellung macht. In gewisser Weise negieren diese Theorien also entweder die selbständige Subsistenz des Geistes oder der Natur, und zwar um des jeweiligen Gegenpols willen. Wie aber lassen sich im Gegenzug jene beiden Elemente in ihrer jeweiligen Autonomie denken? Der Autor der *Enzyklopädie* bemüht sich genau darum: Natur und Geist so zu erfassen, daß einerseits ihre wechselseitige Unabhängigkeit unbestreitbar gegeben, daß aber andererseits ein Übergang vom einen zum anderen Pol möglich sei. Die Lösung Hegels gründet nun in dem Gedanken des *Moments* als einer vollständigen, obgleich vorübergehenden, Realisation des Absoluten. So gilt für den Übergang von der Logik zur Natur, daß der Logos sich vollständig als Natur realisiert, das heißt der letzteren seinen eigenen Charakter, Totalität zu sein, überträgt. In derselben Weise gilt für den Übergang von der Natur zum Geist, daß das Absolute eine vollständige Metamorphose zum Geist hin durchmacht, so daß der letztere seinerseits das Attribut der Totalität erhält. Mit einem Wort: In dem Maße, in welchem das Absolute restlos die Gestalt eines seiner Momente annimmt, überträgt es diesen Momenten den Charakter vollkommen autonomer Entitäten. Die Hegelsche Lösung ist also von dem Bestreben getragen, das Denken der Einheit von Momenten derart zu ermöglichen, daß deren radikale Differenz gleichwohl erhalten bleibt. Die Natur als Vermittlung des Geistes geht nicht darin auf, Vermittlung zu sein, sondern behauptet sich in ihrer ganzen Autonomie – und mit ihrem vollen Gewicht, denn sie repräsentiert den Abfall des Absoluten in die Sphäre der Äußerlichkeit. Zugleich aber ist dieser "Abfall der Idee" nicht ein Todessturz, denn das Absolute erhebt sich daraus, bewährt seine Macht gerade durch die Probe, der es ausgesetzt war und in welcher es triumphierte.

Findet – so ist als nächstes zu fragen – die Intervention eines Dritten statt, um den Übergang zu bewerkstelligen? Man erinnert sich hier an das Mißbehagen, welches Hegel gegenüber der modernen Metaphysik zum Ausdruck brachte, welche unmittelbar auf Gott rekurrierte, um die Einheit von Natur und Geist herzustellen.[5] In Abgrenzung davon beansprucht Hegel, die Beziehung jener beiden Pole ohne Rückgriff auf irgendeinen *deus ex machina* zu denken. Nach seinem Verständnis ist es in der Tat die Natur, die sich von sich aus in den Geist aufhebt. Oder besser: Es ist das Absolute, das sich als Natur aufhebt, um sich als Geist zu setzen. Hegel faßt die Beziehung jener beiden Sphären zugleich auf eine

---

[5] Vgl. ebd., S. 44f.: "*Descartes, Malebranche, Spinoza, Leibniz* haben sämtlich *Gott* als diese Beziehung angegeben, und zwar in dem Sinne, daß die Endlichkeit der Seele und die Materie nur ideelle Bestimmungen gegeneinander sind und keine Wahrheit haben, so daß Gott bei jenen Philosophen [...] als die allein wahrhafte *Identität* derselben gefaßt wird."

dynamische und strikt immanente Weise.[6] Aus dieser Sicht sind weder Natur noch Geist dem Willen eines Schöpfers unterworfen, der beide vereinte: dafür aber erhalten sie sich selbst in ihrem Sein. Die Bedeutung dieser These muß deshalb so sehr hervorgehoben werden, weil sie es ist, welche die Einheit von Natur und Geist sicherstellt. Die beiden Pole sind einzig und allein Gestalten eines einzigen Absoluten. Die Verwandtschaft mit Spinoza tritt unter diesem Gesichtspunkt deutlich hervor, aber das Interessante ist nun, zu analysieren, wie sich Hegel aus seiner eigenen Sicht von jenem holländischen Philosophen unterscheidet. Das Verdienst des Spinozismus ist es, die Einheit von Denken und Ausdehnung (Attribute, welche Hegel in erweiterter Bedeutung als Synonyme für Natur und Geist, wie er sie faßt, gebraucht) so gedacht zu haben, daß beide Attribute einer und derselben Substanz sind: "Natur und Denken, beide machen dasselbe Wesen Gottes aus."[7] Aber der fundamentale Mangel der *Ethik* ist nach Hegel, nicht die geringste effektive Differenz innerhalb der Sphäre des Absoluten anzuerkennen,[8] kurz, weder der Ausdehnung noch dem Denken wahre Autonomie zu verleihen: "Das Weltwesen, das endliche Wesen, das Universum, die Endlichkeit ist nicht das Substantielle."[9] Der Verfasser der *Enzyklopädie* meint, seinerseits weiter zu gehen, indem es in seinem System die Idee als ganze ist, die sich einerseits zur Natur, andererseits zum Geiste macht. Unabhängig von der Frage nach der Stichhaltigkeit von Hegels Urteilen über Spinoza ist einer der springenden Punkte der Hegelschen Metaphysik in der Tat die postulierte Beziehung zwischen den allgemeinen Begriffen, welche Beziehung in der immanenten Entwicklung *eines und desselben* Absoluten durch sukzessive Selbstaufhebung besteht.

Dennoch: Wie ist allgemein der Übergang im begreifen? Man hat oft darauf hingewiesen, daß jedes Moment, nach Hegel, zugleich es selbst und mehr als es selbst ist. Der Widerspruch, der es charakterisiert, ist von nun an ein innerlicher, und er besteht in einer Differenz zwischen Ansich- und Fürsichsein. Daraus erklärt sich auch die Beschreibung des Lebendigen, welche wir im "Vorbegriff" der *Enzyklopädie* finden:

"Die lebendigen Dinge [...] [haben in ihnen] als lebendig die *Allgemeinheit* der Lebendigkeit, die über das Einzelne *hinaus* ist, [sie erhalten sich noch] in dem Negativen ihrer selbst. [...] Dieser Widerspruch ist nur in

---

[6] Dies ist der Grund dafür, daß die Identifikation der Hegelschen Ontologie mit einer Ontotheologie im Sinne Heideggers – d.h. in dem Sinne, daß die Gesamtheit des Wirklichen, als seiende, ein höchstes Wesen zu ihrem Urheber habe – gefährlich erscheint.
[7] G.W.F. Hegel, Vorlesungen über die Geschichte der Philosophie III, a.a.O., S. 176.
[8] Diese Art der Kritik erinnert an Hegels Argumente gegen Schellings Fassung des Absoluten. In Hegels Werk gibt es zahlreiche Stellen, die von einer weitgehenden Identifikation der Schellingschen Philosophie mit derjenigen Spinozas zeugen.
[9] G.W.F. Hegel, Vorlesungen über die Geschichte der Philosophie III, a.a.O., S. 163.

ihnen, insofern beides in dem *einen* Subjekt ist, die Allgemeinheit seines Lebensgefühls und die gegen dasselbe negative Einzelheit."[10]
Es ist diese allgemeine Seite, die das Negative konstituiert, dessen jeweilige Momente die *Bewährung* durchmachen, in der sie sich aufheben. Wenn jedes Moment sein Übergehen im jeweils nächsten Moment von sich aus faßlich werden läßt, kann man dann also auf eine genauere Weise das Schema dieses Übergangs bestimmen? Im Zusatz zu § 161 der *Enzyklopädie* heißt es: "Übergehen in Anderes ist der dialektische Prozeß in der Sphäre des *Seins* und Scheinen in Anderes in der Sphäre des *Wesens*. Die Bewegung des *Begriffs* ist dagegen *Entwicklung*, durch welche nur dasjenige gesetzt wird, was an sich schon vorhanden ist."[11] Auf diese Weise sind drei Formen von Prozessualität definiert. Von diesem Zitat ausgehend, kann man zu der Auffassung gelangen, der *unmittelbare Übergang* bestehe in einem einfachen Fließen von Bestimmungen. In der Sphäre des Seins ist das Moment durch seine Einfachheit charakterisiert, in dem Sinne, daß es keinen Ermöglichungsgrund hat, weder einen äußeren, noch einen in sich selbst. Von nun an ist seine Negation ein reines und einfaches Verschwinden. Man kann in diesem Punkte an die Lehre Heraklits, so wie sie von Hegel interpretiert wird, anknüpfen. Im Gegenzug verweist das *Erscheinen* auf die Manifestation eines Anderen, das selbst nicht erscheint. Zwischen dem erscheinenden Element und seinem Anderen gibt es zwar sehr wohl ein rationales Verbindungsglied, aber die Trennung ist zugleich unaufgebbar: die Wesenslogik ruft bekanntlich die dualistische Metaphysik auf den Plan. Wie sollte man, dieses berücksichtigend, nicht an den Platonismus denken? Schließlich ist in der *Entwicklung* das Werden durch ein τέλος geleitet, in dem Sinne, daß das anfängliche Element – der Möglichkeit nach – seine Endgestalt in sich enthält. In den *Vorlesungen über die Geschichte der Philosophie* wird Hegel nicht müde, den Begriff der δύναμις als die eigentümliche und entscheidende Kategorie der Metaphysik des Aristoteles herauszustreichen, und er setzt diese Kategorie in Beziehung zum Gedanken der Subjektivität. Hegel rühmt den Stagiriten, dieser habe das Prinzip der Subjektivität entdeckt, und bringt dieses wiederum unmittelbar mit dem Thema der Lebendigkeit in Verbindung:

"Das Platonische ist im Allgemeinen das Objektive, aber das Prinzip der Lebendigkeit, das Prinzip der Subjektivität fehlt darin; und dies Prinzip der Lebendigkeit, der Subjektivität, nicht in dem Sinne einer zufälligen,

---

[10] G.W.F. Hegel, Enzyklopädie der philosophischen Wissenschaften im Grundrisse (1830). Erster Teil. Die Wissenschaft der Logik, a.a.O., S. 144 (§ 60 A). – Eine der fundamentalen Thesen Hegels weist bekanntlich auf den Charakter des Begriffs hin, *lebendig* zu sein: "Die lebendige Substanz ist ferner das Sein, welches in Wahrheit *Subjekt* oder, was dasselbe heißt, welches in Wahrheit wirklich ist, nur insofern sie die Bewegung des Sichselbstsetzens oder die Vermittlung des Sichanderswerdens mit sich selbst ist." (G.W.F. Hegel, Phänomenologie des Geistes, in: Werke, a.a.O., Bd. 3, S. 23.)
[11] G.W.F. Hegel, Enzyklopädie I. Die Wissenschaft der Logik, a.a.O., S. 308 (§ 161 A).

nur besonderen Subjektivität, sondern der reinen Subjektivität ist Aristoteles eigentümlich."[12]

Halten wir das fest. Wir sehen so, die innere Zweckmäßigkeit ist das für die Begriffslogik und insbesondere für die organische Natur Charakteristische. Das wird aus der zitierten Stelle über das Wesen des Lebens deutlich. Der Hintergrund der dialektischen Entwicklung ist also dieser: Das Moment negiert sich in seiner Abstraktion und soll sich spontan verwirklichen als das, was es an sich ist. Die systematische Entwicklung erklärt sich durch keinen wie immer gearteten äußeren Zweck – auf den zielt ein Philosoph, der ein vollständig deduktives System abzielt – sondern sie entspricht der Verwirklichung des je eigenen Wesens. Deshalb kann Hegel schreiben, das Wahre sei "das Werden seiner selbst, der Kreis, der sein Ende als seinen Zweck voraussetzt und zum Anfange hat und nur durch die Ausführung und sein Ende wirklich ist"[13].

An diesem Punkt stellt sich nun eine neue Frage. Wenn die Prozessualität auf der Ebene der organischen Natur als finalistisch anzusprechen ist, setzt dann die Selbstaufhebung der Natur ebenfalls eine zweckgerichtete Kausalität voraus? Es ist jedenfalls verlockend, die Hypothese aufzustellen, daß der Übergang von einem Moment zum anderen der Prozessualität des ersteren und nicht der des letzteren entspricht. Wenn der Weg von der Begriffslogik zur Philosophie der Natur – wir haben dieses Beispiel bereits erwähnt – sich einem vernünftigen Entschluß verdankt, so deshalb, weil dieser Übergang der eines selbst freien und vernünftigen Subjekts ist. Wenden wir uns nun dem Übergang von der Natur zum Geist zu. Dazu findet sich in der *Enzyklopädie* der folgende Kommentar, der doch unbestreitbar die Finalität deutlich macht, welche in dem Vorgang am Werk ist.

"Das Ziel der Natur ist, sich selbst zu töten, und ihre Rinde des Unmittelbaren, Sinnlichen zu durchbrechen, sich als Phönix zu verbrennen, um aus dieser Äußerlichkeit verjüngt als Geist hervorzutreten. Die Natur ist sich ein Anderes geworden, um sich als Idee wieder zu erkennen und mit sich zu versöhnen. (...) Als der Zweck der Natur ist [der Geist] eben darum *vor* ihr, sie ist aus ihm hervorgegangen, jedoch nicht empirisch, sondern so, daß er in ihr, die er sich voraussetzt, immer schon enthalten ist. (...) Der Geist also, *zunächst* selbst aus dem Unmittelbaren herkommend, *dann* aber abstrakt sich erfassend, will sich selbst befreien."[14]

Was die Suche nach der Spur der Zweckgerichtetheit der Entwicklung im Rahmen des gesamten Systems erbringen kann, mag hier offengelassen werden. Aber ist der Schluß berechtigt, daß die Begriffsentwicklung im Hegelschen System als Verwirklichung eines vorgegebenen Naturbegriffs anzusehen ist? Niemandem ist verborgen, daß dies einer der großen Vorwürfe ist, denen der Hegelianismus im Verlauf der Geschichte ausgesetzt war. Mit einer hauptsächli-

---

[12] G.W.F. Hegel, Vorlesungen über die Geschichte der Philosophie II, in: Werke, a.a.O., Bd. 19, S. 153.
[13] G.W.F Hegel, Phänomenologie des Geistes, a.a.O., S. 23.
[14] G.W.F Hegel, Enzyklopädie II. Die Naturphilosophie, a.a.O., S. 538 f. (§ 376 Z).

chen Verwirrung, vorweg, sollten wir uns doch nicht mehr beschäftigen müssen, nämlich daß der Philosoph hier eine Deduktion *a priori* der Gesamtheit des Wirklichen aus den Prämissen seines Systems anstreben würde. Gerade die Weise, in welcher Hegel sich zum Medium für die konkreten Details der Empirie macht, ist unleugbar schlicht einzigartig. Sehr interessant ist die Liste naturwissenschaftlicher Werke, die sich in seiner persönlichen Bibliothek befanden.[15] Freilich, unvorstellbar ist es nicht, daß Hegel die Meinung gehegt haben könnte, alles wirkliche Geschehen sei von einer unerbittlichen Notwendigkeit beherrscht und bis ins kleinste Detail vorhersehbar, und daß seine Lehre dennoch zugleich in äußerlicher Weise der empirischen Information Tribut zollen würde. Steht einer solchen Auffassung aber nicht entgegen, daß der Blick auf das Individuelle geradezu als das tragende Element des Hegelschen Systems anzusprechen ist? Ich sage nichts Besonderes, wenn ich behaupte, der Schlüsselbegriff des Hegelschen Denkens sei die immanente Entwicklung. Nur, auszumachen gilt es eben, welcher Spielraum dem Begriff in dieser immanenten Entwicklung bleibt. Ist Hegel unter diesem Blickwinkel Leibnizianer, sodaß sich für ihn das Werden des Begriffs in der bloßen Aufschließung einer schon vorgegebenen Essenz erschöpfen würde?[16] Um diese Frage zu beantworten, müssen wir unsere Aufmerksamkeit dem Unterschied zwischen der Natur und dem Geist zuwenden. In der Naturphilosophie ist der Begriff ein unmittelbar Vorgegebenes. Die Essenz der natürlichen Dinge ist immer vorausgesetzt, wenngleich die Kontingenz jene insofern bedroht, als das Wirkliche seinem Begriff entfremdet sein kann. Hingegen ist das Charakteristische des Geistes die Selbstbestimmung des Begriffs. Die Zeit der Geschichte bricht mit der Zeit der Natur in dem Maße, in dem nun das Anderswerden nicht einfach auf der Ebene des Phänomens vor sich geht, sondern in und am Begriff selbst. Deshalb erzielt die Natur für die Arten keinen Fortschritt und bewahrt sich nur als sich gleiche nach dem Schema des schlechten Unendlichen. Dem Geist hingegen ist jedes Anderswerden ein Schritt nach vorn hin auf die Verwirklichung der Idee. Hegel nimmt, so will es scheinen, für den gesamten Seinsbereich des Geistes in Anspruch, was Fichte vom Menschen sagt, wenn er in Anknüpfung an Platons *Protagoras* sagt: "Iedes Thier *ist*, was es ist: der Mensch allein ist ursprünglich garnichts. Was er seyn soll muß er werden: und da er doch ein Wesen für sich seyn soll, durch sich selbst werden."[17]

---

[15] Vgl. W. Neuser, Die naturphilosophisch und naturwissenschaftliche Literatur aus Hegels privater Bibliothek, in: Hegel und die Naturwissenschaften, hg. Von M.J. Petry, Stuttgart-Bad-Cannstatt, 1987, S. 479-499. – Die von Neuser aufgelisteten Werke – 235 von insgesamt 1606 Bänden – wurden zum Verkauf angeboten. Es ist aber durchaus nicht ausgeschlossen, daß Hegels Erben darüber hinaus eine Reihe jener Bücher für ihren privaten Gebrauch behielten.

[16] Vgl. Leibnizens Bestimmung der Monade als eines "geistigen oder formellen Automaten" (G.W. Leibniz, Systeme nouveau de la nature ..., in: Die philosophischen Schriften, hg. von C.I. Gerhardt, Bd. IV, Hildesheim–Zürich–NewYork 1996, S. 485 (§15).)

[17] J.G. Fichte, Grundlage des Naturrechts, in: Gesamtausgabe, hg. von R. Lauth und H. Jacob, Abt. I, Bd. 3, Stuttgart-Bad Cannstatt 1966, S. 379.

Dennoch ist die Entwicklung des Geistes nicht eine willkürliche, vor allem nicht, was dessen begriffliche Momente anbelangt. Im Hinblick auf diese ist der Geist durch ein immanentes τέλος charakterisiert, ebenso wie ja auch für Fichte eine *Bestimmung des Menschen* existiert. Aber die Erfüllung dieses τέλος ist einzig und allein dem Begriff selbst anheimgestellt. Die Freiheit der logischen Idee, in ihrem Übergang zur Natur, ist also kein bloßer *flatus vocis*; wir dürfen gewiß annehmen, daß es sich nicht um "die Freiheit eines Bratenwenders" handelt, um einen Ausdruck zu aufzunehmen, den Kant bei der Behandlung der Leibnizschen Freiheitslehre gebraucht. Die Freiheit besteht aber nicht nur in der Selbstbestimmung, sondern sie bringt auch das Unvorhersehbare hervor. Denn es geht eben kein Grund der auf den Begriff abzielenden Freiheit voraus. So macht sich allenthalben das Unvorhergesehene geltend. Man kann dem folgenden Kommentar Franz Hespes nur zustimmen: "Infolge der Entwicklung der Geschichte aus diesem Geistesbegriff wird die Geschichte für Hegel offen, zwar nicht für Willkürliches und Zufälliges, aber doch so, daß die in der Menschheit angelegten Anlagen *wirkliche* Möglichkeiten sind, deren Verwirklichung in der Verantwortung der Menschheit liegt."[18] Somit kann Hegel die Ausformungen, welche die Wirklichkeit annehmen wird, gar nicht *a priori* deduzieren, sondern ist auf die Erkenntnis durch Erfahrung verwiesen, nachdem sie einmal Gestalt gewonnen haben. Darum lehnt er auch die prophetische[19] oder selbst bloß erbauliche[20] Funktion der Spekulation ab.

Kann man das Eigentliche des Übergehens in Anderes mit Genauigkeit beschreiben? In der Tat sind die von Hegel ins Spiel gebrachten Elemente wenig zahlreich. Man muß einräumen, daß die Ausführungen zum Übergehen eines Moments in das nächste äußerst kurz gehalten sind. Sogar dort, wo es um einen so gewichtigen Fortgang wie den von der Natur zum Geist geht, vermittelt Hegel an den wesentlichen Stellen das Gefühl, er überlasse die näheren Schlüsse dem Leser. Aber dieses scheinbare Überwiegen des Elliptischen ist in Wirklichkeit selbst mit tiefer Bedeutung befrachtet. Hegel schreibt in der *Enzyklopädie* im Abschnitt über das Wesen: "Wenn alle Bedingungen vorhanden sind, muß die Sache wirklich werden."[21] Folglich macht es sich der Autor der *Enzyklopädie* klar zur Aufgabe, die Notwendigkeit des Übergangs zu beweisen, nicht jedoch, diesen selbst

---

[18] F. Hespe, Geist und Geschichte. Zur Entwicklung zweier Begriffe in Hegels Vorlesungen, in: Hegel-Studien, Beiheft 38, Bonn 1998, S. 91.

[19] Vgl. G.W.F. Hegel, Vorlesung über Naturphilosophie Berlin 1823/24. Nachschrift von K.G.J. v. Griesheim, hg. und eingeleitet von G. Marmasse, Frankfurt a.M.–Berlin–Bern–Bruxelles–NewYork–Oxford–Wien 2000, S. 68. Der Passus lautet: "Es ist sehr leicht orakelmäßig vom Dreifuß herab zu sprechen, aber ein anderes ist die Arbeit des Denkens."

[20] Vgl. die Vorrede zur *Phänomenologie des Geistes*: "Das Leben Gottes und das göttliche Erkennen mag also wohl als ein Spiel der Liebe mit sich selbst ausgesprochen werden; diese Idee sinkt zur Erbaulichkeit und selbst zur Fadheit herab, wenn der Ernst, der Schmerz, die Geduld und Arbeit des Negativen darin fehlt." (G.W.F. Hegel, Phänomenologie des Geistes, a.a.O., S. 24.)

[21] G.W.F. Hegel, Enzyklopädie I. Die Wissenschaft der Logik, a.a.O., S. 288 (§ 147).

lang und breit zu beschreiben. Versuchen wir, das Eigentümliche dieses Vorgehens zu erkennen, indem wir zwei Entwürfe betrachten, die nach Hegel entstanden sind. Da ist einmal Bergson. Für ihn muß das Bewußtsein von dessen Bewegung her begriffen werden. In der Sicht des Autors des *Essai sur les données immédiates de la conscience* kann also in keiner Weise den als distinkt gedachten Bewußtseinszuständen Realität zugesprochen werden, sondern nur dem *Werden* derselben. An diesem Argument hält Bergson fest, um die Illusionen der Kinematik in der Physik zu geißeln. Diese messe zwar, so meint er, Gleichzeitigkeit an zwei Orten, eliminiere aber den eigentlichen Zeitfluß. Erinnert ist man jetzt auf einer anderen Seite an Husserl. In seinen *Vorlesungen zur Phänomenologie des inneren Zeitbewußtseins* sucht er bekanntlich einen Zeitbegriff zu entwickeln, der es gestattet, das Spezifikum der Zeit, ihr *Vergehen*, zu begreifen. Er identifiziert die Entwicklung der intentionalen Akte mit der Bewegung ihrer Verzeitlichung. Hierbei wird die unverbrüchliche Zweiheit der Dimensionen der Zeit aufgedeckt; dem kontinuierlichen Differieren der Bewußtseinseindrücke der Folgen von "Jetzt" entspricht, wie Husserl zeigt, ein kontinuierliches Differieren von Augenblicken, in welchen das Bewußtsein innehaltend zu sich zurückkehrt. Hiedurch erfährt aber die Wirklichkeit jedes Bewußtseinseindrucks ihrerseits eine Veränderung. Das Ergebnis wäre die Zeit als Lebensfaden des Bewußtseins. – Im Kontrast dazu ist für Hegel jedes Moment in sich selbst dynamisch, wobei die Dynamik aber nicht in Übergängen besteht, welche als solche eigens beschrieben werden müßten. Die Momente folgen wechselweise aufeinander, und der Akzent wird eher auf jedes einzelne von ihnen gelegt als auf den Übergang vom einen zum anderen. Der Übergang findet statt, weil er stattfinden muß; doch er hat kein selbständiges Sein. Dieses haben im vollen Sinne nur die Momente, welche also jedes einen Kristallisationspunkt in der Entwicklung des Absoluten ausmachen.[22]

Auf diese Weise erklärt sich der etwas abrupte Charakter des Hegelschen Textes, welcher manchmal wie eine Serie von Momentaufnahmen erscheint und zu der irrigen Interpretation des Hegelschen Systems als einer einfachen Schichtenontologie Anlaß geben konnte. Indem sich Hegel also das Konzept des Selbstentfaltung des Reellen aneignet, so stellt er eher die einzelnen Stadien der Entfaltung – welche Stadien freilich ihrerseits dynamischer Art sind – als die Übergangsbewegung derselben in den Mittelpunkt, was zu Mißverständnissen führen kann. Jedenfalls entwickelt sich aus der eigentümlichen Hegelschen Auffassung vom Werden des Absoluten das, was der Verfasser der *Enzyklopädie* als seine wahre

---

[22] Bekanntlich vergleicht Schelling in der Einleitung zu seinem *Entwurf eines Systems der Naturphilosophie* die Naturprodukte mit "Hemmungspunkten", die einer unbeschränkten Ausweitung der Produktivität der Natur entgegenstehen. Die Verwandtschaft zwischen Schellings und Hegels Denken scheint in diesem Punkte schwer zu bestreiten zu sein, wobei Hegel dieses Schema auf das Ganze des enzyklopädischen Systems ausweitet. Vgl. dazu: F.W.J. Schelling, Erster Entwurf eines Systems der Naturphilosophie (1799), in: Historisch-Kritische Ausgabe. Im Auftrag der Schelling-Kommission der Bayerischen Akademie der Wissenschaften hg. von H. M. Baumgartner, W. G. Jacobs und H. Krings. Reihe I: Werke, Bd. 7, hg. von W.G. Jacobs und P. Ziche, Stuttgart-Bad Cannstatt 2001, S. 82-84.

Zielsetzung ansah: die dialektische Bewegung nicht zu *beschreiben*, sondern vielmehr deren Notwendigkeit *begreifend einzuholen*.

Bekanntlich ist der Übergang von der Logik zur Natur Resultat eines *Entschlusses*. Dies wird von Hegel selbst hervorgehoben, aber auch von seinem Interpreten Bernard Bourgeois in seinem Aufsatz *Dialectique et structure dans la philosophie de Hegel*,[23] der von diesem Punkt ausgehend einige Strukturmerkmale der Logik und der Naturphilosophie darlegt. Kann man nun aber in analoger Weise sagen, daß auch der Übergang von der Natur zum Geist von der Kategorie des Entschlusses abhängt? Eines scheint tatsächlich dafür zu sprechen: Hegels Bemühung, herauszuarbeiten, daß dem tierischen Organismus *Subjektivität* zukommt. Allerdings befähigt die Art von Subjektivität, welche dem Tier zukommt, dieses nicht, einen "Entschluß" zu fassen. Hegel macht deutlich, daß die Freiheit des Tieres bloß Willkür-Freiheit ist, in dem Sinne, daß sie nur auf die Kontingenz von Vollzügen verweist, die der wahren Vernünftigkeit noch entbehren.[24] Folglich muß man vielmehr sagen: Während der Fortgang von der Logik zur Natur als ein souverän vernünftiger und freier Akt erscheint, verhält es sich mit dem Übergang von der Natur gerade umgekehrt. Während der Logos den *Gedanken* und den *Entschluß* faßt, sich der Natur entgegenzusetzen, so gelangt die Natur nur zu dem Punkt, ihre Aufhebung zu *erstreben* und sich so zu *vollenden*. Genauer gesagt, strebt die Natur danach, sich mit sich selbst zu vereinigen[25] und sich dadurch als Natur aufzuheben.

In der Tat sahen wir, daß es die Abstraktheit eines gegebenen Moments ist, welche den Übergang zum nächsten notwendig macht. Das Unzureichende der Natur liegt begründet in der Unangemessenheit ihrer subjektiven Seite (ihrer Form) an ihre objektive Seite (ihre materielle Äußerlichkeit). Woher kommt diese Disproportioniertheit? Sie rührt daher, daß das Außereinandersein der Natur, als solches, unfähig ist, die *Form* wahrhaft in sich aufzunehmen, welche jedoch gerade die Bestimmungen der Natur fundiert. Eben dies erläutert der Zusatz zum § 381 der *Enzyklopädie*:

"Auch in der vollendetsten Gestalt also, zu welcher die Natur sich erhebt, im tierischen Leben, gelangt der Begriff nicht zu einer seinem seelenhaften

---

[23] B. Bourgeois, Dialectique et structure dans la philosophie de Hegel, in: Études hégéliennes, Paris 1992, S. 111-133.
[24] Vgl. G.W.F. Hegel, Enzyklopädie der philosophischen Wissenschaften im Grundrisse (1830). Dritter Teil. Die Philosophie des Geistes, in: Werke, a.a.O., Bd. 10, S. 20 (§ 379 Z). Hegel schreibt: "Dennoch ist die tierische Seele noch nicht frei, denn sie erscheint immer als eins mit der Bestimmtheit der Empfindung oder Erregung, als an *eine* Bestimmtheit gebunden; nur in der Form der Einzelheit ist die Gattung für das Tier. Dies empfindet nur die Gattung, weiß nicht von ihr; im Tiere ist noch nicht die Seele für die Seele, das Allgemeine als solches für das Allgemeine."
[25] "Aber das absolute Wesen des animalischen Individuums ist, Gattung Idee, allgemeines zu sein." (G.W.F. Hegel, Jenaer Systementwürfe I. Das System der spekulativen Philosophie, neu hg. von K. Düsing und H. Kimmerle, Hamburg 1986, S. 170.) "Der ganze Organismus versucht [...], zum Fürsichsein des Allgemeinen zu werden." (Ebd., S. 179.)

Wesen gleichen Wirklichkeit, zur völligen Überwindung der Äußerlichkeit und Endlichkeit seines Daseins. Dies geschieht erst im Geiste, der eben durch diese in ihm zustandekommende Überwindung sich selber von der Natur unterscheidet, so daß diese Unterscheidung nicht bloß das Tun einer äußeren Reflexion über das Wesen des Geistes ist."[26]

In demselben Sinne hebt Hegel im Zusatz zum § 396 hervor, daß das Lebendige nicht die Macht hat, das ursprüngliche Leben wahrhaft zu verwirklichen, welches es aber doch an sich ist. Seine abstrakte Einzelnheit bleibt in einem Widerspruch zum Anspruch der Gattung auf Allgemeinheit. Dieser Widerspruch ist verantwortlich dafür, daß das Lebewesen zugrundegeht. Dies Zugrundegehen läßt sich somit auf zwei verschiedene Weisen fassen, die allerdings miteinander zusammenhängen: Einerseits handelt es sich um das Auftreten und Verschwinden der Lebewesen in Geburt und Tod, aber andererseits handelt es sich auch um das Verschwinden des Lebendigen als solchen, und das Erscheinen eines Individuums, welches nicht bloß natürliches, sondern vom Geist beseeltes ist. So heißt es denn auch in dem schon zitierten Text: "Wahrhaft verwirklicht sich dagegen die Gattung im Geiste, im Denken, diesem ihr homogenen Elemente."[27] Vergleichen wir kurz den tierischen Organismus und die sogenannte "allgemeine Seele" der Hegelschen Anthropologie, um die radikale Diskontinuität, aber auch die Verwandtschaft zwischen dem letzten Moment der Natur und dem ersten Moment des Geistes zu erfassen.

Die letzte Gestalt der organischen Physik, das "abgestumpfte Leben" als Leben der Gattung, ist von der Art, daß die Differenz des Tiers zu seiner äußeren Umgebung sich verflüchtigt. Das Leben besteht aber nach Hegels Definition in einer Spannung gegen das Äußere und in dem Versuch, die Selbständigkeit dieses Äußeren zu vernichten. Die Verminderung der charakteristischen Spannung des alternden Tieres erklärt seinen Tod. Gleichzeitig ist jene Verringerung der Spannung nichts anderes als die Realisation des Begriffs des Animalischen: Weit entfernt davon also, das Verschwinden des Begriffs anzuzeigen, stellt das abgestumpfte Leben im Gegenteil dessen Vollendung dar. Umgekehrt wird das Beginnen des Lebens markiert durch die abstrakte Einzelnheit des Lebendigen, wie sie zum Beispiel im ersten Moment des Animalischen, in der *Gestalt*, auftritt. Das Tier als solches repräsentiert in der Tat nichts anderes als die ursprüngliche Spaltung des allgemeinen Lebens. Die sukzessive Identifikation des einzelnen Individuums mit seiner Umwelt stellt folglich die Negation der anfänglichen Negation dar, oder den Fortgang vom *Leben* zum *Lebendigen*. Mit einem Wort: das abgestumpfte Leben stellt sehr wohl die höchste Wahrheit des Tieres dar. Warum ist sein Endergebnis aber das Verschwinden des Lebendigen? Wir wissen, daß die Natur nach Hegel insgesamt von Gewalt und Zerstörung durchzogen ist. Folglich ist es wenig überraschend, daß das letzte Stadium der Entwicklung der

---

[26] G.W.F. Hegel, Enzyklopädie III. Die Philosophie des Geistes, a.a.O., S. 21 (§ 381 Z).
[27] Ebd., S. 76 (§ 396 Z).

organischen Physik seinerseits in der Vernichtung des lebendigen Körpers besteht.

Im übrigen ist das menschliche Individuum nach Hegel in seinem frühesten Stadium, das heißt als "natürliche Seele", durch Stimmungen charakterisiert, die es mit dem allgemeinen Rhythmus der Natur mitleben lassen. Einmal mehr haben wir hier mit einer Identität des Subjekts mit seiner Außenwelt zu tun. Aber diese Identität erhält hier einen neuen Inhalt. Sie besteht, genaugenommen, nicht mehr in einem Zustand des Körpers, sondern in einem seelischen Zustand. Unleugbar ist der Untersuchungsgegenstand der Philosophie von nun an also nicht mehr durch natürliche Bestimmungen konstituiert, sondern vielmehr durch geistige Bestimmungen. Dennoch muß noch weiter fortgeschritten werden. Wenn der alternde Körper des Insgesamt der Kräfte verlustig geht, welche von seiner gewaltsamen Herrschaft über die Natur Zeugnis ablegten – die Raschheit und Schärfe seiner Sinne, die Begierden etc. – so besitzt der Mensch in seiner Unmittelbarkeit dennoch eine geistige Erfahrung, die ihn mit seiner Welt in Einklang bringt. Der Bruch zwischen Natur und Geist läßt sich also folgendermaßen darstellen: Einerseits ist es das Wesen der Natur, sich auf negative Weise allgemein zu machen, d. h. die Differenz im Verhältnis zu ihrem Anderen aufzuheben, wobei das Medium dieser Aufhebung die Materie ist. Andererseits setzt sich der Geist auf positive Weise seinem Anderen gleich, wobei das Element der Identifikation die Repräsentation, das *Zeichen* ist. Worin aber besteht nun die Selbstaufhebung der Natur? Stellen wir einen Vergleich mit dem Sich-Entlassen der logischen Idee in die Natur an. In diesem Falle hatten wir es mit dem Auftreten einer neuen Entität zu tun, welche durch die Äußerlichkeit, durch das Außereinandersein charakterisiert war. In strenger Symmetrie dazu verschwindet im Übergang von der Natur zum Geist die radikale Äußerlichkeit des objektiven Pols: Die Aufhebung der Natur durch den Geist impliziert, daß die Objektivität zum *Träger von Bedeutung* oder zum *Zeichen* wird. Rufen wir uns den § 411 der *Enzyklopädie* in Erinnerung:

"Die Seele ist in ihrer durchgebildeten und sich zu eigen gemachten Leiblichkeit als *einzelnes* Subjekt für sich, und die Leiblichkeit ist so die *Äußerlichkeit* als Prädikat, in welchem das Subjekt sich nur auf sich bezieht. Diese Äußerlichkeit stellt nicht sich vor, sondern die Seele, und ist deren *Zeichen*."[28]

Wenn der eigentliche Akt der Natur in einem Sich-aus-sich-heraus-Setzen des Negativen besteht, so begründet sich hinwiederum der Geist dadurch, daß er voll und ganz die Äußerlichkeit des Objektiven den Sinnen unterwirft. Während in der Natur die Materialität ohne immanente Bedeutung existiert und das einfache *Dasein* der Objekte zu ihrem Horizont hat, ist es in der dritten Sphäre des enzyklopädischen Systems so, daß die Äußerlichkeit der *Zeichenwerdung* den Weg zu ebnen beginnt.

---

[28] Ebd., S. 192 (§ 411).

Welcherart ist also die Beziehung zwischen Natur und Geist? Im § 381 der *Enzyklopädie* trifft Hegel die – auf den ersten Blick verwirrende – Feststellung: "Der Geist hat *für uns die Natur* zu seiner *Voraussetzung*, deren *Wahrheit* und damit deren *absolut Erstes* er ist." Hier scheint eine *contradictio in adjecto* vorzuliegen, wird die Natur doch zugleich als eine Bedingung und als ein Bedingtes gedacht. Nun kann man diesen Gedanken aber folgendermaßen verstehen. Einerseits muß das Konzept, wonach die Natur die notwendige Mediation des anundfürsichseienden Geistes darstellt, ernstgenommen werden. Der zweite Teil des enzyklopädischen Systems muß also als ein essentieller begriffen werden; er darf keineswegs auf eine Art von *Schwärmerei* des Absoluten reduziert werden, auf eine Abschweifung, die noch dazu, alles in allem, von vernachlässigbarer Bedeutung wäre. Andererseits aber sucht Hegel zu zeigen, daß, wenn die Natur auch unabdingbar ist, um die Stufe des Geistes zu erreichen, der Geist doch nicht einfachhin aus ihr entspringt, aus ihr hervorgeht, oder etwa gar einen Teil von ihr ausmacht. In Wahrheit besteht die Natur nach Hegel – wie wir oben sahen – nicht nur aus dem, was sich unserer Wahrnehmung darbietet, sondern sie ist ihrem Wesen nach ein dynamisches Ganzes, das sich nur nebenbei auch zu endlichen Existenzen entäußert. Um einen spinozistischen Ausdruck wiederaufzunehmen: Sie ist ebensosehr *natura naturans* wie *natura naturata*. Von daher ist klar, daß das eigentlich dynamische Element, das "begriffliche" Element, nichts anderes ist als der Geist in seinem Ansichsein. Genauer gefaßt: Wenn die Logik die ursprüngliche und erste Gestalt des Geistes darstellt, so stellt die Natur die entäußerte Form desselben dar:

"*Die Natur ist der sich auf sich selbst beziehende absolute Geist*; [...] es ist nicht als unbefangenes Sichselbstgleichsein [wie der Geist in der Metaphysik], daß die Natur genommen wird, sondern als ein *befangener Geist*; dessen Existenz, die Unendlichkeit, oder in seiner Reflexion in sich selbst, zugleich seine Befreiung, sein Übergehen in den sich in diesem Anders als absoluten Geist findenden Geist [ist]. Die Ansicht der Natur bestimmt sich also so, daß sie nicht bloß als die Idee des Geistes, sondern als die Idee [erscheint], die [...] dem absolutrealen Geist entgegengesetzt ist, und an sich selbst den Widerspruch dieses Anderen, gegen ihr Wesen, absoluter Geist zu sein, hat. [...] So ist die Natur für uns von der Idee des Geistes aus schon *der absolute Geist als das Andre seiner selbst* [...]."[29]

Im Zusatz zu § 381 der *Enzyklopädie* finden sich analoge Bemerkungen: "Der an und für sich seiende Geist ist nicht das bloße Resultat der Natur, sondern in Wahrheit sein eigenes Resultat; er bringt sich selber aus den Voraussetzungen, die er sich macht, aus der logischen Idee und der äußeren Natur hervor und ist die Wahrheit sowohl jener als dieser, d.h. die wahre Gestalt des nur in sich [i.e. die

---

[29] G.W.F. Hegel, Jenaer Systementwürfe II. Logik, Metaphysik, Naturphilosophie, neu hg. von R.-P. Horstmann, Hamburg 1982, S. 191 (Hervorhebungen – G. M.).

Logik] und des nur außer sich seienden Geistes [i.e. die Natur]."[30] Schon etwas weiter oben hat Hegel das innere Prinzip der Natur als "in der Natur gefangengehaltene[n] an sich seiende[n] Geist"[31] bezeichnet. Man sollte die Bedeutung dieser Bemerkungen nicht unterschätzen, da sie die grundlegende Einheit des enzyklopädischen Systems enthüllen. Außerdem werden von ihnen her die zahlreichen Äußerungen Hegels über die Philosophie als Wissenschaft von Gott und als Gottesdienst verständlich; wobei der Ausdruck *Gott* hier für den Geist im allgemeinen steht. Im Systementwurf von 1804/05 wird unterschieden zwischen dem Geist als einfacher Sichselbstgleichheit (wie er Gegenstand der Metaphysik ist), dem Geist als Gegenpol zum absolut reellen Geist (also der Natur, dem "Anderen des Geistes", wie es später heißen wird) und schließlich dem Geist, der zu sich selbst gefunden hat (dem eigentlichen Gegenstand der Geistesphilosophie). Daraus erhellt, daß am Anfang des Ganzen nicht der Geist qua Gegenstand der Geistesphilosophie steht, und daß das Zweite der Geist in seiner Entäußerung als Natur ist. Mit anderen Worten: Der Geist hat denselben Umfang wie das Hegelsche System; er ist koextensiv mit diesem. Schließlich ist das Absolute oder die Idee – nach Hegel der Gegenstand der philosophischen Spekulation – nichts anderes als der Geist in der Totalität seiner verschiedenen Formen.

Über die Theorien der *ansichseienden* Identität von Natur und Geist während der Jenaer Periode hat Christoph Bouton[32] erhellende Analysen vorgelegt, die einmal mehr den Einfluß Schellings auf seinen damaligen Mitstreiter erkennbar werden lassen. Auf den ersten Seiten der *Ideen zu einer Philosophie der Natur* hebt Schelling in der Tat hervor, daß das System der Natur zugleich das System unseres Geistes ist, indem Natur und Geist durch "jenes geheime Band"[33] verknüpft sind. Nach Bouton eignet sich Hegel jene Gedanken an, wenn er zu Beginn des Systementwurfs von 1804/05 sagt, die Natur sei der befangene Geist,[34] der nach und nach zu sich selbst komme. Übrigens ist zu bemerken, daß die Bestimmung der Natur als des ansichseienden Geistes genau auf den Abschnitt III,8 der Plotinschen *Enneaden* zurückverweist, von denen bekannt ist, daß sie im Jahre 1805 in der deutschen Übersetzung von Friedrich Creuzer erschienen. Nach diesem Text stellt die Natur eine geistige Tätigkeit dar, ein stillschweigendes,

---

[30] G.W.F. Hegel, Enzyklopädie III. Die Philosophie des Geistes, a.a.O., S. 24 f. (§ 381 Z.)
[31] Ebd.
[32] Ch. Bouton, Temps et esprit dans la philosophie de Hegel, Paris 2000, S. 222.
[33] F.W.J. Schelling, Ideen zu einer Philosophie der Natur, in: Historisch-Kritische Ausgabe. Im Auftrag der Schelling-Kommision der Bayerischen Akademie der Wissenschaften hg. von H. M. Baumgartner, W. G. Jacobs und H. Krings. Reihe I: Werke. Bd. 5, Stuttgart-Bad Cannstatt 1994, S. 106.
[34] Hegel schreibt: "... es ist nicht als unbefangenes Sichselbstgleichsein, daß die Natur genommen wird, sondern als ein befangener Geist; dessen Existenz, die Unendlichkeit, oder in seiner Reflexion in sich selbst, zugleich seine Befreiung, sein Übergehen in den sich in diesem Anders als absoluten Geist findenden Geist [ist]." (G.W.F. Hegel, Jenaer Systementwürfe II, a.a.O., S. 191.)

unaufhörliches Denken, das stetige Hervorbringung von Formen des Lebens ist: "Ihr [der Natur] Sein also, was sie ist, das ist für sie das Schaffen; sie ist aber Betrachtung und Betrachtetes zugleich, denn sie ist rationale Form."[35]

Das, worum es Hegel in seiner Behandlung des Übergangs von der Natur zum Geist in erster Linie geht, ist die Zurückweisung einer jeglichen Art von "Pan-Naturalismus". Es ist ihm also darum zu tun, demjenigen (Verstandes-) Denken entgegenzutreten, welches den Anspruch erhebt, die Natur als letzten *Ursprung* des Geistes zu erweisen. In klarer Abhebung von einem solchen Raisonnement macht der Autor der *Enzyklopädie* deutlich, daß es der Geist ist, dem der Primat zukommt. Indes wäre es falsch, zu glauben, das erste Prinzip des Hegelschen Systems, das als solches das Ganze der enzyklopädischen Gedankenentwicklung umgreift und bestimmt, sei schon jener Geist, welchen wir dann als Gegenstand der *Philosophie des Geistes* vor uns haben. Vielmehr ist ja das, was an erster Stelle steht, die logische Idee, während die Natur der für den Fortgang unabdingbare *terminus medius* ist. Gleichwohl kann von jenen ersten beiden Sphären gesagt werden, daß sie anfängliche Formen der Selbstrealisation des Geistes sind. Eben deshalb kann Hegel auch behaupten, die Natur sei durch den Geist gesetzt; aber diese Behauptung verweist nun auf den Übergang von der Logik zur Natur zurück. Kurz, der erste Teil des Systems stellt den *Begriff* des Geistes dar, der zweite dessen *reflexive* Realisation. Nur dieses Verständnis des Verhältnisses der Systemteile zueinander scheint uns das Erreichen der Stufe des anundfürsichseienden Geistes im dritten Teil der *Enzyklopädie* nachvollziehbar zu machen. Denn das dritte Glied einer jeden Hegelschen Trias ist doch nichts anderes als die freie Entfaltung dessen, was zuerst nur *in seinem Begriffe* erschien und sich dann auf eine *endliche* Weise realisierte. In diesem Sinne heißt es in einem Zusatz zur Kleinen Logik: "Nur für das selbst unmittelbare Bewußtsein ist die Natur das Anfängliche und Unmittelbare und der Geist das durch dieselbe Vermittelte. In der Tat aber ist die Natur das durch den Geist Gesetzte, und der Geist selbst ist es, der sich die Natur zu seiner Voraussetzung macht."[36] Was Hegel aufzuzeigen sucht, ist die grundlegende Einheit alles Wirklichen, zugleich aber auch die nicht aufspaltbare Differenz der es konstituierenden Sphären. Den gordischen Knoten der einfachen Identität und der "unübersehbaren Kluft"[37] durchschlagend, vermag Hegel durch seine Lösungsvariante die Einheit der Momente auf eine angemessene Weise zu denken – so, daß zugleich unbestreitbar deren Unterschiedenheit gesetzt ist. Hegel kann also schlußfolgern: "In dem Gesagten liegt schon, daß der Übergang der Natur zum Geiste nicht ein Übergang zu etwas durchaus anderem,

---

[35] Plotin, Enneaden, III, 8, 3, 17-18. (Zitiert nach: Plotins Schriften, übersetzt von R. Harder., neu bearbeitet mit griechischem Lesetext und Anmerkungen fortgeführt von R. Beutler und W. Theiler, Bd. III. Die Schriften 30-38 der chronologischen Reihenfolge, Hamburg 1964, S. 6-9.)
[36] G.W.F. Hegel, Enzyklopädie der philosophischen Wissenschaften im Grundrisse (1830). Erster Teil. Die Wissenschaft der Logik, a.a.O., S. 391 (§ 239 Z).
[37] Vgl. I. Kant, Kritik der Urteilskraft, in: Immanuel Kant, Werke in 12 Bdn., hg. von W. Weischedel, Frankfurt a. M. 1968, Bd. X, S. 83.

sondern nur ein Zusichselberkommen des in der Natur außer sich seienden Geistes ist."[38]

Was leistet Hegels Denken bei der Auslotung des *Übergangs* von der Natur zum Geist in der Tat? Es versperrt den zwei quälenden Verabsolutierungen des Geistes als Produkt der Natur und der Natur als unendlicher Melodie des Geistes den Weg. Die Natur muß sich als selbständiger Bereich darstellen, das bleibt unabdingbar. Indes kann das Anundfürsich des Geistes nirgends ohne Vermittlung der Natur hervortreten. Das darf keineswegs dem Blick entschwinden, das ist es, worum Hegels System im zweiten Teil der *Enzyklopädie* ringt. Zu Unrecht soll dieser zweite Teil für das Denken nach Hegel als ein Abweg erscheinen, den man vernachlässigen kann, als Delirium eines unqualifizierbaren absoluten Wissens. Diese Lesart müßte ja übrigens die Vorlesung von 1819/20 ignorieren: "Wenn kein Geist wäre, so wäre sie [die Natur] doch, was sie ist"[39], heißt es dort ja. Wir sind also gezwungen, uns an die Natur zu halten, bevor wir auf die Ebene des Geistes gelangen können. Trotzdem aber ist der Geist nicht Produkt der Natur, kommt nicht auf natürliche Weise in ihr zum Vorschein. Auch Teil der Natur ist er gewiß nicht. Schreiten wir noch einmal zur Logik als zu unserem Ausgangspunkt zurück. Freilich ist die Logik bereits eine Tätigkeit des Geistes. Wenn aber die Natur jetzt als der seiner selbst sich entäußernde Geist begriffen werden muß, so wird der Geist auf ihr Anderssein eben doch immer zumindest als Anderer zurückkommen. Durch die Entäußerung ist also bei Hegel bewirkt, daß der Geist als absolute Macht Geltung erhält. Er wird frei der *Aufhebung* seines Gegenteils fähig. Was geschieht aber ferner im Aufgehen der Natur im Geist? Wir haben die Hypothese vorgetragen und zu verteidigen versucht, daß diesem Aufgehen der Natur im Geist eine Finalität innewohnt. Diese Finalität kommt der Natur als Leben zu. Als eine grundsätzliche Bestimmung der Natur qua Leben erwies sich ihr Bestreben, sich als Ganzheit auszuformen.

Als Gegenstand konstituiert sich für Hegel der in der Natur vorfindliche Organismus und auch der Mensch somit deshalb, weil der Rahmen seines Systems ihn dahin leitet. Hegel untersucht das Leben und den "Naturgeist" philosophisch und nicht als Fachwissenschaftler. Seine Spekulation läßt zwar die Fakten und die Kategorien der empirischen Wissenschaften in ihr Recht treten, die erscheinen aber unbestreitbar in ihr als *aufgehobene*.[40] Wenngleich nun die Notwendigkeit einer wie auch immer gearteten Rehabilitation der Hegelschen Naturphilosophie einsichtig ist, so darf man doch nicht in das Extrem verfallen, der Natur im System den ersten Platz einzuräumen. Diese bleibt ein untergeordnetes Moment im

---

[38] G.W.F. Hegel, Enzyklopädie der philosophischen Wissenschaften im Grundrisse (1830). Dritter Teil. Die Philosophie des Geistes, a.a.O., S. 25 (§ 381 Z).
[39] Vorlesung über Naturphilosophie, 1819/20, hg. von M. Gies in Verbindung mit K.-H. Ilting, Napoli 1982, S. 9.
[40] Vgl. G.W.F. Hegel, Enzyklopädie der philosophischen Wissenschaften im Grundrisse (1830). Zweiter Teil. Die Naturphilosophie, a.a.O., S. 42 (§ 254 Z). Hier schreibt Hegel: "Unser Verfahren dies ist, nach Feststellung des durch den Begriff notwendigen Gedankens, zu fragen, wie er in unserer Vorstellung aussehe."

Fortschreiten des Systems. Die Wahrheit der Idee ist nicht die Natur, sondern der Geist. Gewiß, der Blick auf das Leben müßte zunächst die Gesamtheit der Natur erschließen.[41] Aber das Leben geht über diese Sphäre hinaus. Es ist ja schon Gegenstand der Logik, es gibt ein "Leben der Logik", wie es auch ein "Leben des Geistes" gibt. Wenn wir darauf hinweisen, dann meinen wir aber nicht, Hegels Denken lasse sich richtungslos von metaphorischen Strukturen fortwehen. Wie bekannt, macht Hegel es der romantischen Naturphilosophie heftig zum Vorwurf, vom Dämon der Analogie beherrscht zu sein. Der Schlußstein des Hegelschen Systems bleibt die Freiheit des Geistes und dessen Fähigkeit, zu erkennen und zu handeln; ganz und gar nicht die Natur in ihrer Kontingenz. Wenn man das Bild, welches Hegel vom natürlichen Leben zeichnet, in die Nähe des Vitalismus rücken kann, so nur in dem Maß, als in ihm das Leben als ein Phänomen *sui generis* erscheint. Im eigentlichen Sinne ist Hegels Philosophie aber kein Vitalismus, denn das Leben ist nicht ihre letzte Wahrheit. Das rechtfertigt, daß man das Aufgehen des natürlichen Lebens im Geist genau betrachte. Im Arabeskenmuster von Leben und Tod, Unterordnung unter das Schicksal der Art und Sich Behaupten dagegen, Unendlichkeit und Aufspaltung in einander äußerliche Glieder, erscheint der Übergang von der Natur zum Geist deutlich als ein Punkt, von welchem aus eine Interpretation der Lehre Hegels ihren Ausgang nehmen kann.

---

[41] Vgl. G.W.F. Hegel, Vorlesung über Naturphilosophie 1819/20, a. a. O., S. 5, wo Hegel sagt: "Die Naturphilosophie hat als Bestimmung, die Natur als lebendig zu erkennen."

Schlußdiskussion

I.

Posch: Ich möchte eine Frage vortragen, die Herr Marmasse mir vor seiner Abreise gestellt hat, die aber eigentlich an Frau Wahsner gerichtet war. Herr Marmasse bezog sich darauf, daß Frau Wahsner die Herangehensweise der Naturwissenschaften an die Natur als "Trick" bezeichnete. Daran knüpfte er die Frage: Muß die Naturphilosophie nicht ohne "Tricks" auskommen? Weiters meinte er, daß Hegel, wenn er von der notwendigen Geduld des Philosophen spricht, sich allein auf die Geduld beim spekulativen Denken beziehe, und daß der Philosoph insofern dem Verstand gegenüber unter Umständen sehr wohl "ungeduldig" sein dürfe.

Zur Erläuterung dieser Anfrage möchte ich noch folgendes sagen. Herr Marmasse hat darauf hingewiesen, daß Hegel am Anfang der *Organik*, wo es um den geologischen Organismus geht – zumindest nach der Griesheim-Nachschrift – sich mitunter so ausdrückt: Das, was in der Tiefe der Erde liegt, das kann uns nicht so sehr interessieren. Wir müssen auf das eingehen, was an der Oberfläche liegt. Herr Marmasse hebt besonders hervor, daß Hegel die Natur als ein *sich selbst explizierendes Ganzes* darstellt, das sich uns ohne den Einsatz von "Tricks" vollständig zeigt. Nun war der Einwand von Frau Wahsner in einem anderen Gespräch schon einmal der, es würde eine solche Herangehensweise bedeuten, den Hegelschen Anspruch, von einer Thesis über die Antithesis zur Synthesis fortzuschreiten, darauf zu reduzieren, beim thetischen Moment stehenzubleiben, sich die Arbeit des Negativen einfach ersparen zu wollen. Dazu hat sich Herr Marmasse mir gegenüber dahingehend geäußert, daß er dies nicht meine, sondern er meine, die Geduld in der Arbeit des Begriffs sei nötig, aber eben hauptsächlich im Bereich des Spekulativen, während der Philosoph in bezug auf gewisse Produkte des Verstandesdenkens sehr wohl – unter Anführungsstrichen – ungeduldig sein dürfe oder sogar müsse.

In der Tat kann man verschiedene Stellen in Hegels Naturphilosophie zitieren, um diese Auffassung zu stützen. Man kann etwa an den Streit über die Farbenlehre denken. Auch andernorts geht Hegel – das entspricht auch meiner Überzeugung – mit den "Reflexionsbestimmungen", also mit den Produkten des Verstandesdenkens, sehr ungeduldig um. Man könnte die gestellte Frage angesichts dessen so reformulieren: Sind wir uns darin einig, daß Hegel sehr oft in bezug auf das Verstandesdenken ungeduldig ist, und besteht der allfällige Dissens nur darin, daß Sie, Frau Wahsner, meinen, eine Naturphilosophie müsse heute diese Ungeduld vermeiden; oder sind wir uns schon bezüglich des Hegelschen Vorgehens uneinig? Meinen Sie also, daß man Hegel gar nicht richtig wiedergibt, wenn man sagt, er habe für die Reflexionsbestimmungen, für das Verstandesdenken, für das in der Tiefe der Erde Liegende, nicht immer viel Geduld aufgebracht?

Wahsner: Zuerst möchte ich etwas zu dem Terminus "Trick" sagen, den ich gewählt habe aus einer gewissen Überlegung heraus, die aber dann vielleicht ein wenig schief gelaufen ist. "Tricks" kann man ja auch verstehen als irgendwelche Zaubereien oder unlautere Methoden – das war nicht gemeint. Ich hätte auch sagen können "List", und zwar in dem Sinne, in dem auch Hegel diesen Terminus in einem anderen Zusammenhang gebraucht, wenn er sagt, daß der Zweck etwas zwischen sich und das Objekt einschiebt, was als die "List der Vernunft" angesehen werden kann. In diesem Sinne habe ich den Terminus "Trick" durchgehend benutzt.

Zum anderen muß ich bemerken, daß man die Frage, wie sie hier gestellt wurde, nur stellen kann, wenn man nicht richtig zugehört hat. Ich habe nie gesagt, daß die Naturphilosophie Tricks benutzt. Ich habe davon gesprochen, daß es aufgrund der Beschaffenheit unseres Erkenntnisvermögens notwendig ist, einen Trick anzuwenden, um in der Erkenntnis voranzukommen. Und zwar, weil die unmittelbare sinnliche Wahrnehmung nicht sagt, was das Wahre ist. Der Terminus Trick, den ich vielleicht List hätte nennen sollen, bezieht sich nur auf die Vorgehensweise der Naturwissenschaft, in keiner Weise auf die Naturphilosophie. Es gibt zwischen beiden hier nur die Beziehung, daß die Naturphilosophie *zur Kenntnis nehmen muß*, daß die Aussagen der Naturwissenschaft auf diesen Tricks beruhen. Der Philosoph muß auch begreifen und würdigen, daß die Phase des "Zerreißens" notwendig ist und ausgehalten werden muß – ganz im Sinne Hegels, der meint, die *sich wiederherstellende* Einheit, nicht eine ursprüngliche Einheit als solche sei das Wahre. In der Vorrede zur *Phänomenologie des Geistes* heißt es: "Das Leben Gottes und das göttliche Erkennen mag also wohl als ein Spielen der Liebe mit sich selbst ausgesprochen werden; diese Idee sinkt zur Erbaulichkeit und selbst zur Fadheit herab, wenn der Ernst, der Schmerz, die Geduld und Arbeit des Negativen darin fehlt." Es gibt viele andere Stellen, wo Hegel klar erkennen läßt, daß er ganz großen Wert auf die Phase der Zergliederung, des Auseinanderreißens, legt, und er sagt ja auch: Der Geist "gewinnt seine Wahrheit nur, indem er in der absoluten Zerrissenheit sich selbst findet". Das ist von Hegel ganz ernst gemeint, die Phase des Auseinander nicht als etwas, durch das wir schnell hindurchmüssen. Und er ist auch der Meinung, daß der Philosoph das studieren muß.

Meine Kritik an Hegel besteht nur darin, daß die Phase der Zerrissenheit, des Auseinandernehmens, im einzelnen etwas anders zu charakterisieren wäre. Aber das betrifft nicht den Sachverhalt als solchen. Zudem spricht Hegel von der Arbeit des Negativen. Es ist überhaupt nicht die Rede davon, daß der *Philosoph* geduldig sein solle oder nicht; sondern *diese Phase* muß ausgestaltet und bis zum bitteren Ende durchgestanden werden, und *das* muß der Philosoph begreifen.

Grimmlinger: Da wir schon viel über die Newtonsche Mechanik gesprochen haben: Was würden Sie in den Ansätzen der Newtonschen Mechanik für "Tricks" halten? Sind es die Axiome und Definitionen? Oder betrifft das mehr die Meßgrößen?

Wahsner: Das kann man nicht so punktualisieren. Die gesamte Naturwissenschaft beruht auf Messung und Berechnung – die verschiedenen Naturwissenschaften in verschiedener Weise –, und um messen zu können, muß man eine Qualität herausfinden, in bezug auf die man verschiedene Dinge gleichsetzen kann. Ich kann ja nicht schlechthin etwas vergleichen. Man vergleicht zwei Dinge *hinsichtlich* ihrer Länge oder ihrer Dauer oder ihres Gewichts oder – in der Ökonomie – hinsichtlich ihres Werts. Aber die Qualität, in bezug auf die man vergleichen will, muß man erst einmal herausfinden. Daraus folgt, daß die Aussagen, die aus Messungen gewonnen werden, immer auf dieser Auswahl beruhen. Die gesamte Physik ist dadurch geprägt. Das heißt natürlich nicht, das jeder physikalische Begriff unmittelbar auf einer Messung beruht. Doch das Gesamtgefüge ist auf das Bedürfnis der Messung und Berechnung ausgerichtet. Deswegen kann man auch schwer die Frage stellen, wie sich das, was ich gesagt habe, z.B. an der Masse zeigt. Die gesamte Theorie beruht auf der genannten Notwendigkeit. So auch Newtons Begriffe von Raum und Zeit. Man kann sagen, das erste Newtonsche Axiom formuliert das Bewegungsetalon, das, was davon abweicht, ist das, was in der Dynamik beschrieben wird.

Richli: Die Problematik des "Tricks" hängt mit der Frage zusammen, inwiefern die Naturwissenschaft den Blick auf die Natur auch verstellt. Wichtig ist diesbezüglich auch Kants Aussage, daß die Naturwissenschaft ihre Fragen an die Natur wie ein Richter stellt, daß sie also einen Gesamtentwurf, in dessen Rahmen die Natur verstanden werden soll, voraussetzt. Eine aktuelle Frage ist, inwieweit von Hegel ein Naturbegriff entfaltet wird, der das, was heute vor allem von der ökologischen Seite her kritisiert wird, gewissermaßen wieder rückgängig macht.

Sie sagen, die Naturwissenschaft muß die Natur zum Objekt machen. Der Sinn der Hegelschen Naturphilosophie ist letztlich eben der, diese Objektivierung aufzuheben, rückgängig zu machen.

Wahsner: Die Aufgabe der Philosophie ist es darzustellen, *warum* die Naturwissenschaft die Fassung der Welt unter der Form des Objekts braucht, und zu untersuchen, was das alles bedingt; z.B. auch darzustellen, warum die gesamte neuzeitliche Naturwissenschaft auf dem Prinzip der naturgesetzlichen Einheit von Himmel und Erde beruht, und warum diese Einheit nicht schon in der Antike gedacht werden konnte. Wenn ich das alles zusammennehme, dann stellt sich heraus, was von Seiten des Subjekts getan wurde. Das kann dann als Ganzes genommen werden, und es kann gefragt werden, welches Moment des Ganzen von der Naturwissenschaft erfaßt wurde. Aber "rückgängig machen" …? Das kann man höchstens in der Weise, daß man alle Bedingungen, die die Vorgehensweise der Naturwissenschaft erforderlich machen und sie ermöglichen, mit entwickelt und mit aufnimmt.

Dann kommt man natürlich zu etwas, was bei Hegel erst am Ende der Philosophie des Geistes, nicht der Philosophie der Natur, erreicht wird. Ich meine, das geht auch gar nicht anders.

Richli: Ich möchte eine exegetische Bemerkung zu der von ihnen früher zitierten Stelle aus der Vorrede zur *Phänomenologie des Geistes* machen, wo Hegel vom Verstand als der Kraft oder Macht des Negativen spricht. Das ist eine wunderbare Stelle, es geht dabei darum, daß der Verstand *das Konkrete auflöst*. Das ist auch der Sinn der Hegelschen Auffassung, wonach die Naturwissenschaft der Naturphilosophie entgegenarbeitet; daß diese Stufe nicht zu überspringen ist, weil das Konkrete in abstrakte Bestimmungen aufgelöst werden muß. Das ist natürlich auch in der Logik so. Hier (in der Naturphilosophie) ist diese Arbeit schon geleistet durch die Tradition. In den *Vorlesungen über die Geschichte der Philosophie* gibt es eine Stelle über Platon – die wird Sie, Herr Schwabe, interessieren –, wo Hegel sagt, es gebe zwei Formen der Dialektik. Die eine Dialektik hat die Aufgabe, das Konkrete aufzulösen. Für uns wird das teilweise langweilig, weil wir diese abstrakten Begriffe schon haben. Die andere ist die echte Dialektik, die Bewegung der Begriffe, die bei Platon nur unvollkommen, nur in Ansätzen vorhanden ist. Unser Problem ist nicht mehr die Auflösung des Konkreten, sondern, die abstrakten Begriffe der Logik bzw. die abstrakten Bestimmungen der naturwissenschaftlichen Gesetze *in Bewegung zu setzen*. Das ist unser Problem, im Gegensatz zur Antike.

II.

Türel: Könnten Sie skizzieren, wie eine heutigen Ansprüchen genügende Naturphilosophie aussehen könnte? Wie soll die Überwindung der Hegelschen Naturphilosophie funktionieren? Mir waren da Ihre Ausführungen ein bißchen zu bruchstückhaft.
Wahsner: Sie konnten nur bruchstückhaft sein. Es ist hier der Eindruck entstanden, ich hätte eine große Distanz zu Hegel – was ich bisher nicht wußte. Daher möchte ich zunächst folgendes sagen: Ein großer Vorzug Hegels besteht darin, daß er alle Denkformen in ihrer Notwendigkeit anerkennt. Weil diese Denkformen *waren*, müssen sie ihren Platz im Ganzen der Philosophie haben. Das haben zweifellos nicht alle Philosophen so gesehen. Hegel anerkennt sowohl die Notwendigkeit der Naturwissenschaft als auch der Naturphilosophie. Er unterscheidet beide auf charakteristische Weise, beide sind für ihn *Denken*, er leugnet die Notwendigkeit des Verstandesdenkens nicht. Das, was Hegel als Natur darstellt – das Außereinander – entspricht dem Ergebnis des analytischen Denkens. Die Naturphilosophie stellt die schrittweise Aufhebung dessen dar. Das ist eine Grundstruktur, die man in dieser Weise nur bei Hegel findet.
Der Mangel ist "nur", daß Hegel das naturwissenschaftliche Denken mit dem Verstandesdenken gleichsetzt. Diese Gleichsetzung ist aber nur partiell berechtigt. Doch wegen dieser Gleichsetzung scheint es so sein, wie Herr Richli eben sagte: daß wir die Auflösung des Konkreten schon kennen. Und genau das ist es, was ich bestreite. Wenn nämlich das Vorgehen der Naturwissenschaften nicht identisch ist mit *dem* Verstandesvorgehen, das Hegel beschreibt, müssen sich durch dieses Vorgehen auch andere "Abstrakta" ergeben. Setzt man nun in Hegels System das "richtige" Vorgehen der Naturwissenschaften ein, dann implizierte dies

natürlich auch eine andere Naturphilosophie, aber eine – wie ich meine – zutreffendere. Wie das im einzelnen aussieht, kann man natürlich erst dann sagen, wenn man den beschriebenen Vorgang durchgeführt hat. Es ist eben nicht so, daß wir die Auflösung des Konkreten schon kennen.

Es gibt aber bereits einzelne Elemente, von denen man sagen kann, in welchem Sinne sie anders sein müßten: Es ergibt sich z.B. die Notwendigkeit, die Ebene der Präparation oder – wie Herr Grimmlinger sagt – der Zubereitung der Natur, in die Betrachtung einzubeziehen. Es muß die Gleichsetzung von empirischer Wissenschaft und Empirismus korrigiert werden. Der Charakter der Naturgesetze muß anders bestimmt werden. Es gibt das Problem, daß bei Hegel reale und begriffliche Bewegung nicht immer sauber auseinander gehalten werden. Es gibt bei Hegel die Tendenz, das, was bei Kant das *Apriori* ist, in das *Ansich* umzugestalten und damit aufzulösen.

III.

Posch: Kann die Naturphilosophie *als solche* überhaupt – wie Sie sagen – betrachten, wie das Denken in der Physik ist?

Wahsner: Weil Hegel davon ausgeht, daß wir das Konkrete bereits aufgelöst haben, analysiert er die ihm vorliegende Naturwissenschaft nicht neu vom höchsten Erkenntnisstand seiner Zeit aus, sondern er unterstellt, daß das schon geleistet ist. Alles in allem ergibt sich, daß der Gang in der Naturphilosophie von der *Mechanik* über die *Physik* zur *Organik* gelesen werden kann – und insofern auch etwas Zutreffendes hat – als schrittweise Aufhebung des mechanistischen Denken hin zu einem organismischen Denken. Das hat Sinn, etwas so darzustellen, das ist auch etwas, was sich im gesamtgesellschaftlichen Erkenntnisprozeß so vollzogen hat, aber das kann man nicht als Fortschreiten von einer Wissenschaft zu einer anderen ausgeben (von der Mechanik über die Chemie zur Biologie usw.), und zwar deshalb nicht, weil schon die erste Stufe, die Mechanik, auf einer Art von Denken beruht, die Hegel erst dem Denken des Organismus zugesteht.

Eine Aufhebung der Naturphilosophie in diesem Sinne bedingt natürlich auch eine Prüfung der Logik. Wenn man die Hegelsche Logik als unangreifbar voraussetzt, dann kann es meines Erachtens keine Aufhebung der Naturphilosophie geben. Dann kann man nur prüfen, ob Hegel sein eigenes Konzept konsequent durchführt oder nicht. Natürlich will ich die Hegelsche Logik nicht vom Standpunkt der formalen Logik her kritisieren. Sie muß nur von ihrem eigenen Standpunkt aus neu begründet werden. Um das, was die Naturphilosophie leisten soll – nämlich das Auseinander aufzuheben – leisten zu können, muß man das Auseinander zunächst einmal haben. Hegel geht davon aus, daß er es kennt. Von diesem Standpunkt aus ist Hegel völlig im Recht, wenn er meint, er könne durch die stufenweise Aufhebung in der Naturphilosophie sagen, was die Natur ist. Sicher ist Hegel der Meinung, daß er mit dem, was er in seiner Naturphilosophie darstellt, die Frage beantwortet: Was ist die Natur? "Die Natur als Idee ist ...", heißt es in der Einleitung, und dann kommt die Gliederung in Mechanik, Physik und Organik. Das geht wieder von dem Standpunkt aus, das Auseinander sei richtig bestimmt. Wenn ich sage, man müsse als erstes den Status der Naturwissenschaft bestimmen, dann meine ich eben, daß dieser anders ist, als Hegel ihn unterstellt. Ich will damit nicht sagen, das, was Hegel in seiner Naturphilosophie macht, wolle *er selbst* ausgeben als eine erkenntnistheoretische Analyse der ihm vorliegenden Naturwissenschaft. Diese Analyse meint er schon vorher geleistet zu haben. Er meint, das Außereinander, mit dem er startet, zu kennen und zu wissen, wie er es aufheben kann. Meine Kritik ist, daß das Außereinander, von dem wir ausgehen, (etwas) anders zu bestimmen ist, daß daher auch die Logik (etwas) anders sein müßte und natürlich auch die Aufhebung (etwas) anders sein müßte.

Das mitunter vorgebrachte Argument, daß die Logik mit den Wissenschaften nichts zu tun hätte, ist nach Hegels eigener Erklärung nicht so richtig wahr. Er sagt in der Seinslogik: "So erhält das Logische erst dadurch die Schätzung seines Werts, wenn es zum Resultate der Erfahrung der Wissenschaften geworden ist." Es gibt hier natürlich eine Frage: Meint Hegel, daß die Logik das Resultat der Erfahrung der Wissenschaften ist, oder daß man die Logik irgendwoher hat und sie erst dann schätzen kann, wenn man sie in den Wissenschaften anwendet? Doch in beiden Fällen ist aus Hegels Sicht ein Bezug der Logik zu den Wissenschaften gegeben.

Grimmlinger: Eine *Ad-hoc*-Frage: Mir ist noch nicht klar geworden, wie ihre Kritik der Hegelschen Naturphilosophie mit der von ihnen geforderten epistemologischen Analyse der Naturwissenschaften zusammenhängt? Könnten Sie das an einem speziellen Beispiel illustrieren?

Wahsner: Meine Überzeugung ist die, daß Hegel mit seiner Logik nicht anfängt, denkend: "ich weiß, was das Allgemeine ist", sondern er hat dieses Allgemeine unter anderem aus der Bestimmung der Denkweise der Naturwissenschaften gewonnen. Wenn man nicht davon ausgehen kann, daß der Charakter des Außereinander bekannt und so beschaffen ist, wie Hegel unterstellt, dann hat man ein anderes Außereinander, und dieses muß man dann auch anders aufheben. Wenn Sie ein Beispiel wollen: Wenn Hegel in der Abhandlung über das unendliche Quantum sagt, der Differentialkalkül habe keine Bedeutung für die Fassung der Bewegung, dann ist das innerhalb seines eigenen Systems völlig konsequent. Nun läßt sich aber nachweisen, daß dieser Kalkül sehr wohl etwas mit der Fassung der Bewegung zu tun hat. Hegel behandelt das als Quantum, was rein logisch nicht geht. Freilich hat zu jener Zeit keiner die *philosophische* Bedeutung des Differentialkalküls so treffend erkannt wie Hegel. Aber hier, an dieser Stelle, zeigt sich, daß die Sphäre für die Behandlung des Kalküls falsch gewählt ist. Man kann ihn nicht als Quantum behandeln, auch nicht als unendliches ...

Grimmlinger: Das ist nur der Name der Sphäre. Sie hängt mit der Quantität zusammen, reicht aber von der Zahl über die extensive und intensive Größe bis hin zum unendlichen Quantum. Zum Unendlichkeitsproblem des Quantums würden wir wahrscheinlich viel miteinander zu sprechen haben, aber eines verstehe ich nicht: wenn Hegel hier von Bewegung spricht, so ist das nur ein Beispiel. Ich

glaube nicht, daß Hegel sagen will, daß sich Bewegung nur auf Quantität reduziert. Bewegung ist eine naturphilosophische Bestimmung ...
Wahsner: Hegel sagt, daß die Anwendung des Kalküls diesen nur verschmutze. Aber das ist völlig gegen den wahren Sachverhalt. Hegel lobt zwar an dieser Stelle Newton, erkennt aber nicht, daß dieser Kalkül das Mittel war, um Bewegung darzustellen, Bewegung physikalisch zu fassen. Und das ist nicht marginal. Hegels diesbezügliche Auffassung hat mit seinem Begriff von Funktion zu tun. Er faßt das Ganze (das durch ein Gleichungssystem bestimmte Ganze) als ein Quantum. So wie Hegel diesen Kalkül versteht, ist es völlig klar, daß er mit Bewegung nichts zu tun haben kann. Aber das ist nachweisbar ein Fehler. Man kann begründen, warum Hegel es so sieht, aber man kann es nicht rechtfertigen. Dies ist nun zum Beispiel eine Stelle, wo ich sage: Da müßte man *an der Logik* etwas ändern.
Wie Hegel seine Logik gewonnen hat, und wie er sie dann in der Naturphilosophie zur Anwendung bringt, das ist doch nicht unabhängig voneinander.
Schwabe: Verstehen Sie Bewegung, wie sie in der Natur vorkommt, im Unterschied zu Hegel *nicht* als etwas Widersprüchliches?
Wahsner: Doch. Aber der Widerspruch läßt sich mathematisch-physikalisch fassen mittels des Differentialkalküls. Vorher war das nicht machbar.
Posch: Meine ursprüngliche Frage war, ob die Naturphilosophie *als solche* überhaupt betrachten könne, wie das Denken in der Physik ist. Sie verwenden diese Formulierung sehr gern und sehr oft, aber man kann dem entgegenhalten, daß Hegel das nicht als Programm der Naturphilosophie ausgibt ...
Wahsner: Das habe ich doch eben gesagt ...
Posch: Jetzt haben Sie es gesagt, aber sonst ...
Wahsner: Ich habe gesagt: Hegel geht davon aus, daß er das Außereinander kennt und bereits charakterisiert hat und daß seine Naturphilosophie dies aufhebt und damit sagt, was die Natur ist ...
Posch: Aber lassen Sie mich doch zu Ende ...
Wahsner: Ich weiß doch, was Sie sagen wollen. Ich muß doch aber wissen, *was* ich aufheben will, bevor ich damit anfange ...
Posch: Ich muß aber auch wissen, *wo* ich es aufheben will, das ist mein Punkt, und ich bin mir nicht so sicher, ob Sie das schon so genau gesehen haben, wie Sie jetzt sagen. Ich wollte sagen: Jetzt, in Ihrer Rede haben Sie dargestellt, daß Hegel schon vor dem Beginn der Naturphilosophie, vor ihrem ersten Paragraphen, zu wissen meint, wie das Denken in der Physik ist. Damit bin ich völlig einverstanden. Dazu hätte ich, wenn irgend etwas, nur dieses kritisch anzumerken, daß Sie in Ihren Schriften nicht immer klar gesagt haben, daß Sie Hegel diese Überzeugung unterstellen. Man kann insofern manche Ihrer Schriften dahingehend mißverstehen, Sie meinten, die Naturphilosophie als solche hätte nach Hegel zu untersuchen, wie das Denken in der Physik ist, und das ist bei ihm – wie Sie jetzt ausgeführt haben – nicht gemeint. Aber das ist nicht der Hauptpunkt. Der Hauptpunkt ist: Wenn wir der Meinung sind, daß Hegel die Naturwissenschaften und die Weise, wie diese denken, nicht so sicher im Griff hatte, wie

er glaubte, daß also eine epistemologische Analyse der Naturwissenschaften auf einen breiteren Basis nötig sei, was ist dann der *systematische Ort* dieser Analyse?

Wahsner: Das ist mir eigentlich egal. Ich muß diese Analyse erst einmal haben. (Und sie durchzuführen ist zweifelsfrei eine *philosophische* Aufgabe.) Ich habe doch kein System.

Posch: Ich insistiere trotzdem darauf, daß man eine Grundentscheidung bezüglich des systematischen Orts einer solchen epistemologischen Analyse treffen muß. Warum? Weil Hegel oft – gegen Kant gerichtet – sagt: Man kann der Meinung sein, es sei zuerst die Form des Denkens zu analysieren und dann der Inhalt. Wenn man das aber voraussetzt, dann kommt notgedrungen so etwas heraus wie die Kantische Philosophie im ganzen. Oder man kann der Meinung sein, daß eine getrennte Analyse der Denkformen oder Erkenntnisweisen nicht möglich sei; daß man – wie Hegel sich ausdrückt – vor dem Ins-Wasser-Gehen nicht schwimmen lernen kann. Deswegen hatte Hegel ja die Idee, zuerst die *Phänomenologie des Geistes* zu schreiben, die *uno actu* Epistemologie und Vorbereitung der Kategorienlehre ist.

Das Resultat einer sogenannten epistemologischen Analyse der Naturwissenschaften hängt doch maßgeblich davon ab, ob ich meine, diese Analyse innerhalb eines Werkes von der Art der *Kritik der reinen Vernunft* leisten zu sollen, oder ob ich meine, eine eigene Art von Logik mit entwickeln zu müssen ...

Wahsner: Wieso hängt das Ergebnis davon ab?

Posch: Das kann man aus dem Vergleich des Ergebnisses ableiten, welches Kant auf der einen Seite, und Hegel auf der anderen Seite bezüglich der Kategorien gewonnen hat. Kant, der keine Bedenken hat, die Denkformen als solche zu analysieren, ohne dazu eine eigene Logik zu entwickeln, erhält wegen dieser seiner Voraussetzung auch ganz andere Resultate als Hegel gemäß seiner Voraussetzung. Das ist doch ein Beweis dafür, daß der Grundansatz darüber entscheidet, was als Naturphilosophie herauskommt.

Wahsner: Alles, was Hegel gemacht hat, konnte er nur machen, weil es vor ihm Kant gab. Das ist unbestreitbar. Man kann nicht sagen: Der eine hat es so gemacht, der andere hat es so gemacht. Eben *weil* man nicht sagen kann: erst lerne ich schwimmen und dann gehe ich ins Wasser, eben weil man es nicht so linear machen kann, kann man nicht sagen: die Analyse der Naturwissenschaften muß im System etwa an der und der Stelle kommen. Es ist eine Aufgabe. Das, was Hegel als Auflösung des Konkreten ansah, war in mancher Hinsicht nicht richtig bestimmt. Wenn das so ist, und wenn wir Mittel haben, es zu korrigieren, dann müssen wir das erst einmal machen. Natürlich ist das, was dabei herauskommt, noch keine Naturphilosophie. Das kann man vielleicht vermittels der Kantischen Terminologie einordnen. Kant zufolge muß man zwischen metaphysischen Urteilen und zur Metaphysik gehörigen Urteilen unterscheiden. Die Bestimmung des epistemologischen Status der Naturwissenschaft führt nur zu letzteren.

Trotzdem bleibt es eine Tatsache, daß Hegel sagt: Die Naturphilosophie muß zuerst betrachten, wie das Denken in der Physik ist, und dann sagen, was die Natur ist ...

Posch: Das bestreite ich eben! Das ist nur die Gliederung der Einleitung in die Naturphilosophie, mehr nicht ...

Wahsner: Ob das nun in der Einleitung ist oder woanders, es ist jedenfalls Hegels Meinung, daß diese Aufgabe besteht, und daß er sie in der Darstellung der "Betrachtungsweisen der Natur" gelöst hat. Und nun könnte ich meine Kritik – das gefiele Ihnen vielleicht besser – so verstehen, daß sie einzugliedern wäre in das Kapitel über die Betrachtungsweisen. Das wäre dann nur etwas verwickelter und schwerer zu verstehen.

Posch: Das wäre nicht schwerer, sondern leichter zu verstehen. Man könnte ja sonst fragen: Was ist am Anfang der *Physik* und am Anfang der *Organik*? Warum gibt es da nicht eine Analyse dessen, wie das Denken in der Naturwissenschaft Physik, wie das Denken in der Biologie ist?

Wahsner: Das habe ich aber doch nie gesagt.

Posch: Ich glaube, zu dieser Auffassung kann man sehr leicht gelangen, wenn man hört: Die Naturphilosophie sei ein zweistufiger Prozeß, wo zuerst betrachtet wird, wie die Naturwissenschaften operieren, und wo dann gesagt wird, was die Natur – in den jeweiligen Bereichen dieser Wissenschaften – an sich selbst ist. Einen solchen zweistufigen Prozeß bestreitet Hegel, oder er meint vielmehr, die erste Stufe, die epistemologische Analyse, in der *Phänomenologie* – sowie in den "Drei Stellungen des Gedankens zur Objektivität" – schon hinter sich gebracht zu haben. Er kann daher die "Betrachtungsweisen der Natur" in der Einleitung zur Naturphilosophie auch ziemlich rasch hinter sich bringen.

Wahsner: Es sollte mich wundern, wenn ich das noch nie klargemacht hätte.

IV.

Posch: Ich möchte noch eine andere Frage stellen, die an Ihren Vortrag über Mechanismus und Organismus anknüpft, die aber auch mit dem eben Diskutierten zusammenhängt. Sie sagen, Mechanismus, Chemismus und Teleologie seien für Hegel in der Logik Denkformen. Nun habe ich da eine Stelle am Anfang des Kapitels "Teleologie" ausgegraben, die lautet: "Wie der subjektive Verstand auch Irrtümer an ihm zeigt, so zeigt die objektive Welt auch diejenigen Seiten und Stufen der Wahrheit, welche für sich erst einseitig, unvollständig und nur Erscheinungsverhältnisse sind." Außerdem möchte ich noch folgende Stelle vom Anfang des Chemismus zitieren: "Das chemische Objekt unterscheidet sich von dem mechanischen dadurch, daß das letztere eine Totalität ist, welche gegen die Bestimmtheit gleichgültig ist; bei dem chemischen dagegen gehört die *Bestimmtheit*, somit die *Beziehung auf Anderes* und die Art und Weise dieser Beziehung seiner Natur an."

Vor dem Hintergrund dieser beiden Zitate – insbesondere des Gedankens, die objektive Welt enthalte selbst unvollständige Stufen, die nur Erscheinungsverhältnisse sind – frage ich: Wie verhält sich Hegels Bestimmung von Mechanismus, Chemismus und Organismus zu dem, was sie gestern ausgeführt haben, indem Sie sagten, Hegel hebe die Naturwissenschaften Mechanik, Chemie und Biologie auf, aber verzerrt? Wenn man sie richtig aufhöbe, haben Sie gesagt, würde der Mechanismus dem Organismus sehr viel näher rücken. *A fortiori* muß das dann auch für das chemische Objekt gelten – könnte man vermuten –, wenn doch schon die beiden Extreme näher aneinanderrücken. Kann man es Ihrer Meinung nach wirklich so sehen, daß es Hegel nur um eine Darstellung der Denkweisen gegangen ist, die in Mechanik, Chemie und Biologie vorliegen, oder wollte er nicht – Hartmannsch gesprochen – einen Stufenbau der Wirklichkeit aufzeigen, den er selbst dann aufrechterhalten hätte wollen, wenn man ihm bewiesen hätte: die Mechanik als Wissenschaft ist anders beschaffen, als er selbst sie beschreibt? Mit anderen Worten: Glauben Sie nicht, daß Hegel, wenn man ihm bewiese, daß sein "Mechanismus" eigentlich dem Mechanizismus entspricht und nicht der Wissenschaft Mechanik, dennoch sagen würde: "Ich bleibe dabei: so, wie mir die fallenden Steine in der Anschauung gegeben sind, so, wie mir Säuren und Basen in ihrem Gegeneinander gegeben sind, so sind für mich Mechanismus und Chemismus beschaffen, und wenn die Mechanik als Wissenschaft darüber hinaus ist, dann schön für sie, aber an meiner Logik ändert das nichts."

Wahsner: Ich habe den Mechanismus usw. zwar "Denkweisen" genannt, bin mir aber gar nicht so sicher, ob das die passendste Bezeichnung ist. Ich wollte vorrangig eine Formulierung wählen, die deutlich macht, daß Hegel hier in der Logik nicht über die gleichnamigen *Wissenschaften* redet. Zudem hatte ich aber auch gesagt: Diese drei Stufen unterscheiden sich durch verschiedene Verhältnisse der Objekte *zueinander* und zum *Subjekt*. Das kann man meines Erachtens auch noch von dem von Ihnen Vorgetragenen sagen. Und sicher hat Hegel recht, daß es solche Stufen – wenn wir uns die Bezeichnungen wegdenken und nur von "Stufe 1", "Stufe 2" und "Stufe 3" sprechen – gibt. Man könnte diese Stufen statt Denkweisen von mir aus auch Verhaltensweisen nennen. Das ist erstens in der Tat nicht zu bestreiten, und zweitens würde Hegel sagen – da haben Sie recht –: Was hat die Verfaßtheit der Mechanik mit meiner Stufe "Mechanismus" zu tun?

Meine gestrige Aussage war aber die, daß die Wissenschaft erst beginnt, wenn man eine solche Betrachtungs- oder Verhaltensweise zugrundelegt wie die, die Hegel "Teleologie" nennt. Auch die Mechanik als Wissenschaft beruht auf einer solchen Betrachtungsweise. Das will ich zwar nicht in bezug auf alle Einzelheiten des entsprechenden Absatzes behaupten, aber grundsätzlich ist es so. Die reine Ontologie, die Schichtenlehre, gibt es bei Hegel allerdings nicht. Ich habe da immer Bedenken, wenn man von ontologischen Stufen spricht, denn es geht ja um etwas Vereinigtes.

Nachdem man das alles zugegeben und geklärt hat, muß man allerdings auch sagen: Es ist kein Zufall, daß Hegel die Namen "Mechanismus" usw. wählt, und diese Benennung kann man kritisieren.

V.

Grimmlinger: Ich möchte ein anderes Thema ansprechen; Szenenwechsel ist immer gut. In Ihrem Buch *Zur Kritik der Hegelschen Naturphilosophie* schreiben Sie in den "Thesen" auf S. 127: " ... der Begriff *Materie* ist so gefaßt, daß sich die Notwendigkeit ergibt, die Vereinzelung der Materie aufzuheben, womit die *Materie* in dem Verhältnis Materie – Bewegung, obzwar ein notwendiges Moment, schließlich zu einem verschwindenden wird. Hegels Interesse ist auf die *Bewegung*, den einen Pol im Gegensatz, gerichtet, und zwar auf die Bewegung als solche." Jetzt blicke ich auf die erste Abteilung der Naturphilosophie, die "Mechanik", und zwar zunächst auf den § 262, den ich am Ende meines Vortrags zitiert und interpretiert habe. Da ist die Rede von der Materie in ihrer Identität mit sich, von der Repulsion und ihrem Gegenmoment, der Attraktion. Diese ist hier noch von dem Außereinander der Materie unterschieden, daher nicht materiell gesetzt, ideelle Einzelheit, Mittelpunkt, Schwere. Von diesen Charakteristika wird Hegel dann erst später sagen, sie machen den Begriff der Materie aus. Dann geht es weiter mit der "Endlichen Mechanik": Trägheit, Fall, Stoß usw. Schließlich folgt die Himmelsmechanik, wo es im Zusatz zu § 271, im Übergang zur *Physik*, heißt: "Die Totalität des Fürsichseins ist nur im Ganzen des Sonnensystems gesetzt; was das Sonnensystem im ganzen ist, soll nun die Materie im Einzelnen sein ..." Wie wir wissen, geht es in der *Physik* so weiter, indem das Hauptthema die Materie in ihrer immanenten Form ist. – Meine Frage ist angesichts dessen: Wieso können Sie in ihren Thesen schreiben, die Materie würde schließlich zu einem Verschwindenden?

Wahsner: Ich meine das in bezug auf das Ende des Hegelschen Systems. Im dritten Teil sagt Hegel dann: "Der Geist ist die existierende Wahrheit der Materie, die Wahrheit, daß die Materie selbst keine Wahrheit hat." Da steckt natürlich auch viel Sinn darin. Trotzdem läuft die Entwicklung bei Hegel so, daß es letztendlich kein Zweites mehr neben dem Geist gibt, hierdurch der Monismus der Idee sich vollendet. Das ist zwar in irgendeiner Weise wahr, aber zugleich muß man auch immer Zweites, ein nicht erkanntes Etwas unterstellen. Darüber kann man natürlich nichts sagen, sonst wäre es ja erkannt. Man *muß* ein monistisches System stricken, das ist das Beste und Höchste, was man tun kann. Aber in dem System muß mitgedacht werden, *daß* dieses Etwas bestehenbleibt.

Grimmlinger: Sie meinen also: In der Naturphilosophie geht es sehr wohl um die Materie, zuerst in der *Mechanik* und in der *Physik*, aber auch in der *Organik*, die mit dem Erdorganismus beginnt, und dann fortschreitet zu der in Pflanze und Tier als Organismus formierten Materie. *Aber* was den Fortgang von der Naturphilosophie zur Geistesphilosophie betrifft, wo sich der Geist als Wahrheit der Materie erweisen soll, da sehen Sie große Probleme. Habe ich Sie da richtig verstanden?

Wahsner: Naja ...

Grimmlinger: Beschränken wir uns auf den ersten Teil der Frage. In der *Mechanik* und in der *Physik*, da geht es schon um die Materie ...

Wahsner: Ja, natürlich.
Grimmlinger: Darauf würden Sie den Satz in Ihren Thesen, daß die Materie zu einem Verschwindenden wird, nicht beziehen?
Wahsner: Nein, darauf nicht.

VI.

Richli: Es ist doch tatsächlich so, daß Hegel die Natur nur aufheben kann, weil im Grunde genommen das, was er die Materie nennt, nichts anderes ist als das Zusammengehen des Logischen mit sich. Dieser Übergang in die Natur selber soll keine Voraussetzung haben. Das ist unabhängig von den erkenntnistheoretischen Fragen und nur noch theologisch zu verstehen. Dagegen haben – glaube ich – die Positionen ihr Recht, die sagen: Wenn man einen solchen logischen Monismus konzipiert, dann steckt dahinter eine uneinholbare Voraussetzung. Das sind weltanschauliche Implikationen des Hegelschen Systems, die nicht durch logische Prinzipien begründet sind.

Grimmlinger: Das ist die Frage nach einem innerlogischen Übergang von der Idee zur Natur. Allerdings sagt Hegel ausdrücklich, das Wort "Übergang" sei an der Schnittstelle von absoluter Idee und Natur nicht adäquat. Es handle sich um freies Sichentlassen. Jedenfalls meine ich auch, daß es sich nicht um einen innerlogischen Fortgang handeln kann, sondern daß Momente der Anschauung und das natürliche Wissen ins Spiel kommen. Ansonsten wäre die Naturphilosophie nur die zweite Niederschrift der Wissenschaft der Logik, und das ist sie offensichtlich nicht, weil sich z.B. schon die Kategorien der reinen Quantität und des Raumes unterscheiden.

Schwabe: Das Problem: "Monismus oder Dualismus?" stellt sich schon in der Antike ganz deutlich. Platon scheint nach dem, was wir über seine mündliche Lehre hören, ein dualistisches Weltbild zu haben. Auch im *Theaitetos* heißt es an einer Stelle, es müsse dem Guten immer ein Schlechtes "darunter entgegengesetzt", ὑπεναντίον, sein. Dem entspricht in der mündlichen Lehre der Ansatz von zwei letzten ontologischen Prinzipien, nämlich dem *Einen* als dem obersten Seinsgrund und der *unbegrenzten Zweiheit* als dem Materieprinzip. Auch bei Aristoteles muß man wohl einen Dualismus feststellen. Es gibt den unbewegten Beweger, aber es gibt auch die ὕλη. Nirgendwo wird die ὕλη aus dem unbewegten Beweger deduziert oder von ihm hervorgebracht. Damit war Plotin nicht zufrieden. Er versucht in seiner Emanationslehre einen Monismus zu konstruieren.

Die unbegrenzte Zweiheit (ἀόριστος δυάς) konnte Platon sehr wohl auch als *das Große und das Kleine* bezeichnen. Beides sind Formulierungen in bezug auf die damalige Mathematik. Man hatte eine Theorie, nach der man alle Zahlen entwickeln kann, setzt man einen unbestimmten Logos, ἀόριστος λόγος, voraus. Das heißt: λόγος, Verhältnis, von zwei Größen, die überhaupt nicht festgelegt sind. Die eine Seite kann klein sein oder riesengroß, und genauso auf der anderen

Seite. Das ist also eine Art Prinzip der Unbestimmtheit und Formlosigkeit, das scheint da vorgeschwebt zu haben.

VII.

Türel: Ich habe eine Frage zu Ihrem Begriff des Messens. Sie haben gesagt, man vergleiche beim Messen Qualitäten ...
Wahsner: Nein, man vergleicht Konkreta in bezug auf eine sinnvoll herausgegriffene Qualität.
Türel: Gut. Aber woher nimmt man die Qualitäten?
Wahsner: Das ist schwierig! Daran haben die Leute jahrhundertelang gearbeitet. Zum Beispiel am Begriff der Masse. Das ist ja nichts anderes als eine substantivierte Qualität. Oder der Begriff des Wertes in der Ökonomie. Zu diesen Begriffen zu kommen ist eine höchst komplizierte Aufgabe, die man nicht am Schreibtisch lösen kann. Und bevor eine Wissenschaft einen solchen Stand erreicht, daß man sie als solche bezeichnen kann, hat sie eine lange Vorgeschichte. Die Vorgeschichte ist die Suche nach einer *sinnvoll herausgegriffenen Qualität.* Man kann alle Gegenstände daraufhin untersuchen, ob sie rot oder nicht rot sind. Aber das bringt nichts, damit erfaßt man keine wesentliche Verhaltensweise.
Türel: Das Auffinden der Meßgrößen spielt sich aber innerhalb der einzelnen Wissenschaften ab und ist ein für sie lösbares Problem.
Wahsner: Ja.
Türel: Ich kann zum Beispiel am Anfang der Meinung sein, daß verschiedene Schmetterlingsarten verschiedenen Gattungen angehören, aber irgendwann komme ich darauf, es ist eine. Auch wenn das kein physikalisches Beispiel ist.
Wahsner: Ja, beziehungsweise hat man Klassifizierungen nach gewissen Kriterien versucht ...
Türel: Dann hätte ich also die Qualität, also die Meßgröße "Schmetterling-Sein", jetzt kann ich die Schmetterlinge miteinander vergleichen ...
Wahsner: Nicht die Meßgröße Schmetterling, sondern man hat sich auch beim Klassifizieren nach einer Qualität gerichtet.
Türel: Nach etwas Gemeinsamem, nach etwas sinnvollem Gemeinsamen.
Wahsner: Ja, aber darin liegen Kriterien, und diese Kriterien müßte man herausfinden ...
Schwabe: Das sind die antiken Substanzen, bei den Tieren.
Wahsner: Ja. Und später hat man dann gefunden, daß man besser zurechtkommt, wenn man die Lebewesen auf eine andere Weise klassifiziert. In einer hochentwickelten Wissenschaft ist es so, daß man nicht eine Qualität herausgreift, sondern verschiedene Qualitäten, die man zueinander in Beziehung setzt. Zum Beispiel im Fallgesetz setze ich die Qualitäten "Länge" und "Zeitdauer" in eine ganz bestimmte Beziehung. Wenn es noch weiter geht, kann man auch aus den Beziehungen zwischen den Qualitäten neue Qualitäten gewinnen.

Schwabe: Hat nicht der einzelwissenschaftlichen Festlegung von Meßgrößen durchaus schon die Philosophie mit ihrer Kategorienlehre vorgearbeitet? Die Kategorien des Aristoteles, darunter Ort und Zeit, kehren doch wieder in den Wissenschaften. Auch wenn diese zum Teil dem Alltagsbewußtsein angehören. Aristoteles unterscheidet dann ja auch unter dem Begriff *Qualität* oder *Quantität* gewisse Untergruppen; er arbeitet also daran, gewisse abstrakte Aspekte der Dinge zu unterscheiden.

Wahsner: Jede Naturwissenschaft beruht auf gewissen philosophischen Voraussetzungen. Aber nicht in der Weise, daß ein Naturwissenschaftler sich überlegt hätte: Nehmen wir das oder nehmen wir das? Zweifelsfrei ist es der Fall, daß das Auftreten von Raum und Zeit in der Physik damit zu tun hat, daß man diese Begriffe aus dem Alltagsleben irgendwie kennt, und auch die philosophischen Diskussionen spielen da eine Rolle. Aber das macht noch lange nicht eine Meßgröße aus. Es ist ja nicht so, daß man sich zuerst überlegt, was könnte eine Meßgröße sein, sondern Meßgrößen bilden sich in dem Prozeß des Messens oder einer ähnlichen Tätigkeit heraus. Raum und Zeit in der Mechanik fallen nicht zusammen mit Raum und Zeit des Alltagslebens. Daß man beide Begriffspaare gleichgesetzt hat, hat ja gerade viele Diskussionen verursacht.

In unserer Kultur ist es keine Schwierigkeit, zu sagen: "Heute treffen wir uns an diesem Ort". Aber das kennzeichnet durchaus, ohne daß es uns bewußt ist, eine bestimmte kulturelle Entwicklungsstufe resp. Entwicklungsrichtung. Es gibt Untersuchungen, wonach bei bestimmten Völkern die Auseinanderlegung in Raum und Zeit nicht vorhanden ist; daß da *nach ganz anderen Kriterien auseinandergelegt* wird. Das ist für uns schlecht vorstellbar, aber Untersuchungen z.B. über die Bantu-Sprachen zeigen das.

Der andere Punkt ist: Selbst dann, wenn man in einem bestimmten Kulturraum die Auseinanderlegung voraussetzen kann, kommt noch die Schwierigkeit hinzu, zu etwas physikalisch Berechenbarem zu kommen. D'Alembert sagt in der Einleitung zu seiner *Dynamik*, er setze die geradlinig gleichförmige Bewegung als Bewegungsetalon voraus, aber um gleichförmige Bewegung bestimmen zu können, müsse man sich überlegen, wie man darstellen kann, daß in gleichen Zeiten gleiche Strecken durchmessen werden. Hierbei entstehe die Schwierigkeit – die man meist vergißt – wie man Raum und Zeit, zwei völlig verschiedene Qualitäten, aufeinander beziehen kann. D'Alembert erkennt: Direkt können wir das nicht, aber wir können das *Verhältnis* der Zeitteile zu ihrer Einheit mit dem *Verhältnis* der Raumteile zu ihrer Einheit in Beziehung setzen.

Es sind also noch beträchtliche Modifikationen der Alltagsauffassung erforderlich, und selbst was die Alltagsauffassung ist, hängt wiederum vom kulturellen Umfeld ab.

Schwabe: Es gehört zum Alltagsdenken wohl immer schon ein gewisser Begriff von Geschwindigkeit. Ein schneller bewegter Körper erreicht in derselben Zeit einen referneren Punkt als ein langsamer bewegter Körper. Auch Aristoteles hat schon Aussagen über die Geschwindigkeit fallender Steine gemacht ...

Wahsner: Natürlich: Ein schwerer Stein fällt schneller als ein leichter ...

Schwabe: Da sieht man, daß zunächst die Begriffe von Raum und Zeit unproblematisch vorausgesetzt werden.
Wahsner: Ja, aber es ist ein Unterschied, ob ich ein Wettrennen in einem Stadion veranstalte und sage: der und der war schneller als jener, oder ob ich Raum und Zeit als physikalische Größen darstellen will. Das letztere ist eben nicht so ganz einfach.
Solange man die Wettkämpfe immer nur an einem Ort gemacht hat, brauchte man die Geschwindigkeit nicht zu definieren, da hat man ja gesehen, wer der Erste war. Aber in dem Moment, wo man die Lauferergebnisse in verschiedenen Städten verglichen hat, da brauchte man den Begriff der Geschwindigkeit.
Richli: Cassirer sagt: Die eigentliche Leistung Galileis war die, daß er ein neues Naturverständnis konstituiert, in dem die Natur als ein quantitatives Medium verstanden wird, in dem sich Massenpunkte bewegen. Das ist wirklich etwas Neues ...
Schwabe: Also weg von der qualitativen Betrachtung ...
Richli: Ja, und für uns ist das so selbstverständlich geworden, daß wir nicht mehr sehen, daß das eine völlig neue Auslegung der Natur im Ganzen ist, die überhaupt so etwas wie Naturwissenschaft möglich macht.

VIII.

Schwabe: Welche Beziehung besteht zwischen den folgenden beiden Behauptungen? (1) Nicht einzelne Elemente physikalischer Theorien können überprüft werden, sondern nur die jeweiligen Theorien als ganze. (2) Die einzelnen Bestimmungen eines naturphilosophischen Systems haben keine Wahrheit für sich, sondern nur die Bewegung des Übergehens von einer Bestimmung zur anderen (z.B. vom Raum zur Zeit).
Türel: Ich möchte nur gleich ergänzen: Die vermeintliche Eigenständigkeit von Raum und Zeit wird doch schon durch die simple Vorstellung von Geschwindigkeit *ad absurdum* geführt. Das sehen wir auch bei Hegel: Bewegung ist die Einheit von Raum und Zeit.
Posch: Vorsicht! Frau Wahsner hat doch schon auf Reichenbachs Versuch hingewiesen, den Realraum zunächst einmal herauszufinden ...
Wahsner: ... die auf die Natur passende Geometrie herauszufinden.
Posch: Ja, und dann die entsprechende Zeitstruktur, die entsprechende Dynamik dazu zu konstruieren. Einstein habe daraufhin aber gesagt: Das geht so nicht, sondern Raum, Zeit und Dynamik zusammengenommen ...
Wahsner: Nicht Raum, Zeit und Dynamik noch dazu. Die Geometrie ist hier schon Geochronometrie.
Posch: Ja, ich sage doch, nur die Raum-Zeit-Struktur zusammengenommen mit der Dynamik können nach Einstein als Beschreibung der Wirklichkeit genommen und überprüft werden. Dieser Einwand Einsteins zeigt, daß es die Gegenposition zumindest *gibt*: Raum *für sich* und Zeit *für sich* untersuchen zu wol-

len. Diese Position ist nicht schon durch die Existenz des Begriffs der Geschwindigkeit widerlegt.

Türel: Was ich sagen wollte, ist: Schon die Geschwindigkeit läßt diese Trennung nicht mehr zu.

Posch: Der bloße Begriff der Geschwindigkeit genügt offenbar noch nicht, um den Gedanken aus der Welt zu schaffen, man könne den Raum für sich untersuchen. Die Frage ist aber jetzt: Gibt es einen Zusammenhang zwischen Hegels Behauptung, die Begriffe Raum und Zeit hätten keine Wahrheit für sich isoliert genommen, und der Tatsache, daß physikalische Theorien nur als ganze überprüft werden können?

Wahsner: Man kann es sehr kurz sagen: Sowohl naturwissenschaftliche Begriffe als auch philosophische Begriffe sind *systembestimmt*. Letzteres würde auch zutreffen auf philosophische Systeme, die nicht, wie Hegel es tut, versuchen, von einem Begriffsmoment zum anderen fortzugehen und dann die entsprechende Ganzheit zu gewinnen.

Die Spezifik bei Hegel ist, daß er den Zusammenhang der Begriffe darlegen will, indem er von einer Begriffsbestimmung zur anderen übergeht und dann zu einer Ganzheit kommt, deren Elemente die zunächst für sich genommenen Elemente darstellen. Letzteres gibt es in einer naturwissenschaftlichen Theorie nicht. Aus didaktischen Gründen wird zwar jedes Lehrbuch mit irgendeinem bestimmten Begriff beginnen, ihn einführen, und dann zum nächsten Begriff kommen. Aber man kann in keiner Weise aus dem Raumbegriff der klassischen Physik deren Massebegriff ableiten, sondern beide sind erst durch die Theorie als ganze bestimmt.

Grimmlinger: Daß Raum und Zeit *unterschieden* sind, das würde auch Hegel nie bestreiten. Und dieser Unterschied garantiert, daß ich im Raum eine Meßgröße festlegen kann, die "Länge", und ebenso in der Zeit. Aber ein anderes ist es, zu sagen, der Raum ist etwas "absolut für sich", wie Newton es behauptet. Ich zitiere die zweite Definition: "Der absolute Raum, der aufgrund seiner Natur ohne Beziehung zu irgend etwas außer ihm existiert, bleibt sich immer gleich und unbeweglich." Diese Absolutheit des Selbständigseins zu fordern ist etwas anderes als das Unterscheiden beider.

Mir scheint, daß in der Festlegung der Meßgröße "Länge" noch kein Problem liegt, auch nicht bei der Zeit, wo man mit der Uhr die Dauer mißt. Hegel lobt doch Kepler. Das braucht er sogar, um den Begriff der Materie als realisiert in dem sich bewegenden Sonnensystem darstellen zu können. Kepler hat sicher Distanzen oder Winkel und Zeiten gemessen, um seine Gesetze aufzustellen.

Wahsner: Es ging jetzt aber nur um die Beziehung der beiden anfangs genannten Teilbehauptungen. Ich sehe nicht, wie da der absolute Raum ins Spiel kommt. Ich habe auch nicht bestritten, daß Hegel zwischen Raum und Zeit unterscheidet. Ich habe nur gesagt: Es ist eine Spezifik des Hegelschen Denkens, die einzelnen naturphilosophischen Bestimmungen auseinander zu entwickeln, was in der Weise in der Physik nicht möglich ist.

IX.

Grimmlinger: Lassen Sie mich noch eine prinzipiellere Frage stellen. Sehen Sie die "Definitionen" Newtons – an denen ich vieles kritikwürdig finde – überhaupt als konstitutiv an für die Newtonsche Theorie in ihrer Gesamtheit? Und wenn ja, können Sie erläutern, inwiefern?

Wahsner: Die Newtonsche Theorie als Physik bedarf eines bestimmten Raumes – womit noch keine Aussage über die Beschaffenheit "des eigentlichen" Raumes getroffen ist. Ein solcher physikalischer Raum ist natürlich etwas Künstliches, und gerade deswegen sagt Newton am Anfang: Im allgemeinen wird der Raum so oder so aufgefaßt, aber hier, in meinen *Mathematischen Prinzipien der Naturphilosophie*, wird der Raum in einem ganz speziellen Sinne benutzt. *In meiner Theorie* ist der Raum absolut und die Zeit auch, und beide sind nicht mit dem zu verwechseln, was man üblicherweise unter Raum und Zeit versteht. Daran ist weiter nichts falsch. Das ist die Bestimmung der Beschaffenheit des *Raumes als Bezugssystem* für die in der Newtonschen Mechanik gesetzmäßig erfaßten Bewegungen. Selbst Einstein hat das gerechtfertigt und gesagt: Newton brauchte den absoluten Raum, um in seiner Theorie den Begriff der Beschleunigung und der Rotation bestimmen zu können. Das ist auch noch wahr, wenn wir uns die Newtonsche Theorie mit unserer heutigen Weisheit ansehen. Daraus zu schließen, daß der Raum als solcher absolut sei, ist sozusagen ein ganz anderes Geschäft. Das steht bei Newton nicht.

Die nachfolgende Physik, also etwa die Einsteinsche Relativitätstheorie, hat diese Absolutheit aufgeweicht, es ist aber auch dort nicht so, daß der Raum vollkommen dynamisch, durch die Verteilung der Massen, bestimmt wird. Es bleibt ein Rest von dieser *vorauszusetzenden* Raumstruktur, die von der Theorie selbst nicht erklärt wird. Es muß eben in erster Linie gesehen werden, daß Newtons *Mathematischen Prinzipien der Naturphilosophie* ein Physikbuch sind. Physik ist anders bestimmt, in ihr müssen bestimmte Voraussetzungen gemacht werden. Wenn ein Philosoph geschrieben hätte, der Raum sei an sich absolut, dann könnte man das kritisieren. Aber für die physikalische Theorie Mechanik ist es vollkommen richtig.

Diesen Sachverhalt könnte man sich natürlich auch etwas weniger mißverständlich formuliert vorstellen. Das ist ohne Zweifel wahr. Newtons mißverständliche Formulierungen haben aber ihren Grund darin, daß mit Newtons Mechanik eine ganz neue Art von Naturwissenschaft fundiert wurde. Newton als Begründer dieser neuen Art von Wissenschaft konnte sein eigenes Werk nicht in allen seinen Bestimmungen und Beschaffenheiten völlig auf den Begriff bringen. Newton klärt nicht das Verhältnis von Philosophie und Physik. Das ist nicht sein Thema. Newton erklärt am Anfang des dritten Buches, des Buches "Über das Weltsystem", er habe ursprünglich die Absicht gehabt, dieses Buch in populärer Form zu verfassen, damit es von vielen verstanden würde. Zugleich sagt er aber, daß diejenigen, die das zuvor – in den anderen beiden Büchern – Entwickelte nicht betrachtet haben, die Folgerungen im dritten Buch nicht richtig fassen würden, er daher, damit es nicht zu einem Streit komme, dann doch beschlossen habe, es nicht populär darzustellen.

Diese Aussage hat mit der Ausgangsfrage zwar wenig zu tun, aber sie hat damit zu tun, daß man das Newtonsche Werk eigentlich nur nachvollziehen kann, wenn man es als Ganzes faßt. Philosophen lesen aber oft nur die Einleitung oder das *Scholium generale*. Das sind nur einzelne Bestandteile der ganzen Theorie, und nur im Rahmen dieser Theorie kann man sie angemessen verstehen. Deswegen bringt es nichts, den absoluten Raum herauszunehmen und zu sagen: So etwas gibt es doch gar nicht. Newton braucht für seine Theorie den absoluten Raum, und er braucht auch die absolute Bewegung, weil er ein Bewegungsetalon braucht, eine Meßlatte, an der er die davon abweichenden Bewegungen bestimmt, indem er die Dynamik entwickelt.

Posch: Wie schlägt sich das mathematisch nieder? Wenn man ein heutiges Lehrbuch der Klassischen Mechanik hernimmt, so kommen darin die anfänglichen Newtonschen Definitionen meist nicht vor. Und doch müssen sie, nach dem, was Sie jetzt ausgeführt haben, im Prinzip darin stecken. Mir ist soeben der Gedanke gekommen, daß die Identifikation des Raumes der Klassischen Mechanik mit dem $\mathbb{R}^3$, dem Raum der reellen Dreiervektoren, die der Newtonschen Setzung des absoluten Raumes äquivalente Konvention sein könnte.

Wahsner: Physikalisch ist das äquivalent. Es schlägt sich darin nieder, daß die Geometrie auch in der Mechanik, wie man sie heute darstellt, vorausgesetzt wird.

Einstein hat einmal gesagt: In der Klassischen Mechanik ist es so, daß der Raum auf die Massen wirkt – es gibt ja eine Beziehung zwischen dem Raum und dem, was darin passiert –, in der Relativitätstheorie jedoch gilt auch das Umgekehrte, gibt es die Konstellation, daß die Massen auf den Raum wirken, was man eben als Krümmung darstellt.

Schwabe: Wie wirkt in der Klassischen Mechanik der Raum auf die Massen?

Wahsner: Das hat Einstein so formuliert, es ist damit nur gesagt, daß der Raum bzw. die Geometrie so bestimmt wird, daß die Dynamik beschrieben werden kann. In der euklidischen Geometrie gibt es ja eigentlich noch keinen Raum, sondern der Raum wird erst durch die cartesische Entwicklung des Dimensionsbegriffs denkmöglich.

"Wirken" ist also etwas unpassend formuliert, genauer müßte man sagen: Wie man die Geochronometrie bestimme, das hat Einfluß darauf, wie man dann die Bewegung der Massen darstellt; darauf, welche Bewegungsgesetze sich ergeben. Das ist keine ...

Schwabe: ... physikalische Wechselwirkung.

Wahsner: Ja, es ist theoretisch gemeint.

X.

Grimmlinger: Ich habe eine zweite grundsätzliche Frage zu Newton, oder zu Hegel und Newton. Hegel hat die Begriffe Zentrifugal- und Zentripetalkraft bekanntlich vehement kritisiert. Er sagt, sie seien nur Reflexionskategorien. Newton spricht zwar von Zentrifugalkraft, um die Bewegung der Planeten um die Sonne und der Monde um die Planeten zu erklären. Ich bin mir aber nicht sicher, ob das für seine Theorie substantiell ist oder ob das nur unter der Ägide steht: "Wie erkläre ich es den Kindern"?

Posch: Ich bitte um eine Präzisierung der Frage, obwohl sie nicht an mich gerichtet ist. Ist die Frage die, ob die Zentrifugalkraft konstitutiv ist, oder ob überhaupt irgendeine Art von Zentralkraft notwendig bei Newton vorkommen muß?

Grimmlinger: Es geht mir um beide Kräfte, um Zentripetal- und Zentrifugalkraft. Hat diese Aufspaltung substantielle Bedeutung für seine Mechanik oder dient sie nur dazu, auch die Phänomene zu erklären?

Wahsner: In der Mechanik selbst ist eigentlich klar bestimmt, was Kraft ist. Kraft ist das, was im zweiten Axiom auf der rechten Seite stehen kann, was dem Produkt aus Masse und Beschleunigung gleichgesetzt werden kann, ist eine Kraft. Das ist die Stelle für die Kraftterme.

Alles andere ist in der Mechanik eigentlich keine Kraft. Dennoch bestand die terminologische Schwierigkeit noch bis Mitte des 19. Jahrhunderts, auch unter Physikern. Es gab Unsicherheiten in der Frage, was "Kraft" zu nennen sei.

Es gibt Größen, die bei Newton "Kräfte" heißen, obwohl sie es nicht sind. Die Trägheit zum Beispiel ist – folgt man der genauen begrifflichen Bestimmung – gerade keine Kraft. Auch die "Tangentialkraft" gehört hierher. Das sind Zerlegungen einer Bewegung in verschiedene Richtungen, um eine Bahn zu beschreiben. Die Zerlegung ist im Interesse der Beschreibung der Bewegung völlig legitim, und sogar auch substantiell. Aber ich kann auch andere Zerlegungen machen.

Was Hegel so aufgeregt hat, war, daß er meinte, die Physiker würden die Zerlegungen nicht als mathematische Operationen auffassen, sondern sie als reale Kräfte interpretieren. Das fand er falsch ...

Grimmlinger: Ja.

Wahsner: Damit hatte er auch recht. Bloß trifft es eigentlich die Newtonsche Mechanik nicht, weil die Zerlegung dort nur ein Hilfsmittel ist.

Grimmlinger: Das würde dann aber doch auf das Motto hinauslaufen: Wie sage ich es meinen Kindern?

Wahsner: Nein, die Frage ist: Wie rechne ich etwas aus? Sie ist nicht: Wie sage ich es meinen Kindern?

Grimmlinger: Aber zum Ausrechnen ist sicher nicht Zentrifugal- und Zentripetalkraft nötig.

Posch: Der Begriff der Zentrifugalkraft ist tatsächlich nur in einer vereinfachten, besonders plausibel sein sollenden Rechnung nötig. Petry hat neuerdings gezeigt, daß sich Newtons Verständnis der Zentrifugalkraft in den 1680er Jahren stark gewandelt hat. Aber Newton hat das korrekte Verständnis dieser Kraft nicht mehr vollständig in seine *Mathematischen Grundlagen der Naturphilosophie* einarbeiten können. Er hat es zwar versucht, aber es ist ihm nicht vollständig geglückt. Es gibt Stellen, die, geeignet kombiniert, den Fehler ergeben, daß die Tangentialkomponente der Bewegung die Zentrifugalkraft sei.

Hegel hat Newtons Werk ziemlich genau gelesen, und dabei ist ihm das aufgefallen.

Wahsner: Es ist ja nicht zu bestreiten, daß die neu begründete physikalische Terminologie damals noch nicht gefestigt war. Das ist nicht nur die Frage einer terminologischen Konvention, die das festlegt, sondern immer auch eine Frage des *Begreifens*. Daß es also bei Newton Formulierungen gibt, die zu Mißdeutungen Anlaß geben, ist nicht zu bestreiten. Aber im großen und ganzen ist die Terminologie der Mechanik bei Newton festgelegt worden. Es ist historisch erklärbar, daß Newton sich manchmal unklar ausdrückt ...

Posch: Aber Zentripetal- und Zentrifugalkraft sind schon besonders ungeschickt dargestellt worden, erstens bei Newton selbst und zweitens besonders – wie Neuser gezeigt hat – in bestimmten populären Lehrbüchern, die gewisse Fehler oft wiederholt haben.

Wahsner: Das ist immer so. Populäre Bücher stützen sich immer auf die schwachen Stellen.

Posch: Das darf man aber nicht vergessen. Man muß insofern sagen: Was Hegel kritisiert, sind Äußerungen, die zwar der letztlichen *Intention* Newtons nicht mehr entsprechen, aber doch zum Teil dem *Wortlaut* seines Buches und den Formulierungen der Popularisatoren.

Wahsner: Vor allem entspricht es Formulierungen der Popularisatoren. Es ist auch völlig verständlich, daß Hegel die Auffassung von Mechanik hatte, die er hatte. Das hängt sehr eng mit den populären Büchern zusammen. Das ist nicht zu bestreiten.

XI.

Richli: Ich habe noch eine Frage zu Ihrer Auslegung der Identität bei Hegel. Sie schreiben in Ihrem Buch auf Seite 98 unten: "Hegels Verfahren wäre korrekt, wenn man eine Situation hätte, in der man die Kopula ‚ist' im Satz als Gleichheitszeichen interpretieren, dieses dann aber wieder als ‚ist' denken kann." Sie versuchen hier, das Verfahren Hegels an naturwissenschaftlichen Verallgemeinerungen, zum Beispiel im Bereich der Geometrie, zu verdeutlichen. Auf S. 99 oben schreiben Sie dann: "Hegel behandelt die Prädikation als mathematische Gleichheit ..." Meine These ist nun die, daß bei Hegel das Moment der Identität im Spekulativen *nicht* quantitativ ausgelegt werden kann, sondern daß es als qualitative Bestimmung gefaßt werden muß. Man könnte einwenden: Mag schon sein, daß das Hegels Auffassung war, aber wenn man wirklich denken will, was er sagt, muß man auf eine quantitative Auslegung der Identität rekurrieren.

Außerdem möchte ich noch auf eine Formel hinweisen, die Sie gebraucht haben. Sie sagten bei der Auslegung des Verstandeskapitels der *Phänomenologie des Geistes* über die Kraft: "Indem diese für sich ist, ist sie für anderes, und indem sie für anderes ist, ist sie für sich." Nun stimmt es, daß Hegel selber den Begriff *indem* verwendet, er ist aber irreführend, weil es so scheinen könnte, als ginge es um eine wechselseitige Bedingung. Hegel will aber tatsächlich eine spekulative Identität festlegen, wenn er – mit Fichte gesprochen – meint: Etwas ist für sich "insofern und weil" es für anderes ist, wobei das "insofern" die Identität der Hinsicht betrifft und das "weil" den Sachverhalt, daß hier das Fürsichsein der Grund des Seins für Anderes ist.

Übrigens, weil ich Fichte erwähnt habe: Fichte symbolisiert ja den ersten Grundsatz, den Satz der Identität, mit dem Gleichheitszeichen, sowohl in bezug auf die formallogische wie auch in bezug auf die transzendentallogische Bedeutung dieses Grundsatzes. Der Grund liegt meines Erachtens darin, daß bei ihm tatsächlich die Dialektik und auch die Identität durch quantitative Bestimmungen konstituiert ist. Die Quantität spielt bei ihm eine ganz zentrale Rolle, schon beim dritten Grundsatz, wo der quantitative Aspekt des Ich Voraussetzung dafür ist, daß es zu einer Synthese von Ich und Nicht-Ich kommen kann. Möglicherweise ist es auch bei Schelling so. Jedenfalls bin ich der Überzeugung, daß es bei Hegel nicht so ist. Aber soweit ich weiß, hat das noch niemand ausführlich behandelt. Man kann sehr leicht über die spekulative Identität reden, aber was das eigentlich ist, und wie es zu denken ist, ist ungeheuer schwierig.

Wahsner: Also das mit dem "indem" verstehe ich nicht ganz. Ich hätte natürlich auch "insofern" sagen können.

Weil das Ganze aber eine sehr komplizierte Sache ist, will ich es kurz machen. Ich glaube schon verstanden zu haben, was eine spekulative Identität ist. Meine Kritik ist nur die: Hegel stellt mitunter etwas als spekulativ identisch dar, ohne dafür hinreichende Argumente zu haben. Nun versuchte ich mir zu erklären, woran das wohl liegen kann. So habe ich das Kapitel über die Kopula "ist" und das Gleichheitszeichen geschrieben, wobei ich nicht sagen kann, daß ich dafür meine Hand ins Feuer lege. Das war nur eine Überlegung.

Was man meines Erachtens mit Sicherheit sagen kann, ist, daß Hegel manchmal schummelt. Ich habe mir das so erklärt, daß er dabei auf Sachverhalte blickt, wo man das machen kann. Aber er unterscheidet nicht klar zwischen Fällen, wo das "ist" ein Gleichheitszeichen ist, und Fällen, für die das nicht gilt. Sie haben in Ihrem Vortrag die Dialektik von Etwas und Anderem erläutert. Rein im Abstrakten ist diese Dialektik klar, aber die Frage ist: Inwiefern ist das Etwas etwas Bestimmtes? Und meines Erachtens gibt es da von Fall zu Fall Unterschiede. Ich kann eben nicht sagen: "Der Stuhl ist *das* Andere des Tisches". Er ist nur *ein* Anderes. Es sei denn, ich lege die Einheit fest, in der ich die Andersheit des Stuhles denke. Ich könnte – um ein anderes Beispiel zu wählen – sehr wohl sagen: "Die Kinder sind *das* Andere der Eltern" und umgekehrt, wenn ich vorher irgendwie klargemacht habe, daß ich nicht über Großeltern, Enkel und Tanten rede, sondern nur die Familie im engeren Sinne betrachte, wenn ich festgelegt habe: ich mache die Eltern-Kind-Beziehung zum Thema. Nur unter dieser Voraussetzung ist die Bestimmung als *das* Andere zutreffend. So hat es Sinn zu sagen: "Die Natur ist *das* Andere des Menschen" und umgekehrt. Es hat Sinn, weil ich hier eine Einheit vor mir habe, über die hinaus es nichts gibt. Aber mein Eindruck ist der, daß Hegel mitunter solche Einheiten unterstellt, ohne sie rechtfertigen zu können, oder daß er so tut, als hätte er sie.

Richli: Die Pointe meines Vortrags war gerade – und das ist auch die Pointe des Hegelschen Textes –, daß man natürlich nicht sagen kann "Der Tisch ist *das* Andere des Stuhles" und umgekehrt, sondern er ist nur *ein* Anderes. Die bestimmte Negation findet nur statt zwischen den Kategorien selber, d.h. zwischen dem $\epsilon \tilde{\iota} \delta o s$ Etwas und dem $\epsilon \tilde{\iota} \delta o s$ Anderes. Ich würde Ihnen beistimmen, daß Hegel tatsächlich immer ganz bestimmte Voraussetzungen für die Anwendung der Dialektik von Etwas und Anderem benötigt. Aber das muß man unterscheiden von der Auslegung der Identität als Gleichheit. Ich würde Ihnen zwar auch zugeben, daß man mittels der mathematischen Gleichheit vielleicht Einiges verständlich machen kann, nur glaube ich, daß es eine Verzerrung des Hegelschen Ansatzes ist, wenn man die spekulative Identität von der Quantität her faßt.

Wahsner: Das habe ich nie gemacht. Wie gesagt: Ich will meine Hand für den zitierten Abschnitt nicht ins Feuer legen, aber *das* wollte ich nicht tun. Der Gedanke war der, daß Hegel etwas als spekulativ identisch darstellt, was es in manchen Fällen nicht ist. Nun habe ich versucht, mir zu erklären, woher das kommt. Da war mein Gedanke dieser, daß es möglicherweise daher kommt, daß man unter bestimmten Bedingungen eine spekulative Identität behaupten kann, ohne daß eine vorliegt und ohne daß das auffällt. Dies ist vorrangig dann der Fall, wenn das "ist" ein Gleichheitszeichen ist.

Da Hegel die Denkweise der neuzeitlichen mathematisierten Naturwissenschaft gerade in seiner Naturphilosophie philosophisch rezipiert, dachte ich, daß ihm diese Denkweise als ein Beleg erschien, ohne daß er berücksichtigte, daß das "ist" bei "Masse mal Beschleunigung ist gleich Kraft" ein anderes "ist" ist, als in einer gewöhnlichen Aussage. Die Spezifik der Situationen, in der das "ist" ein Gleichheitszeichen ist, und man daher den Satz auch umkehren kann, war Hegel nicht hinreichend gegenwärtig. Das wollte ich sagen. Ich wollte nicht sagen, daß man die spekulative Gleichheit durch ein mathematisches Gleichheitszeichen ersetzen kann – das ganz bestimmt nicht.

Zitierte Literatur

Augustinus, Confessiones, hg. von J. Bernhart, 2. Aufl., München 1960.

Bourgeois, B., Dialectique et structure dans la philosophie de Hegel, in: Études hégéliennes, Paris, PUF, 1992, S. 111-133.

Bouton, Ch., Temps et esprit dans la philosophie de Hegel, Paris 2000.

Brecht, B., Kommentar zu einer "Fatzer"-Aufführung in Wien, zitiert nach Heiner Müller, in: Ein Gespräch zwischen Wolfgang Heise und Heiner Müller, in: Brecht 88. Anregungen zum Dialog über die Vernunft am Jahrtausendende, hg. von W. Heise, Berlin 1989.

Cassirer, E., Das Erkenntnisproblem in der Philosophie und Wissenschaft der neueren Zeit, Darmstadt 1994, Bde. I-III.

Dalton, J., Annalen der Physik *12* (1802), S. 310 ff.

Ebner, F.S., Fragmente, Aufsätze, Aphorismen, hg. von F. Seyr, München 1963.

Einstein, A., Bemerkung zum Verhältnis von Theorie und Beobachtung, zitiert in: W. Heisenberg, Der Teil und das Ganze. Gespräche im Umkreis der Atomphysik, München 1969, S. 92.

Erdmann, J.E., Versuch einer wissenschaftlichen Darstellung der Geschichte der neuern Philosophie, Faksimile-Neudruck der Ausgabe Leipzig 1834-1853 in sieben Bänden, Stuttgart 1982, Bd. 7.

Falkenburg, B., Die Form der Materie. Zur Metaphysik der Natur bei Kant und Hegel, Frankfurt a.M. 1987.

Färber, E., Hegels Philosophie der Chemie, in: Kant-Studien, *30* (1921), S. 91-114.

Feuerbach, L., Grundsätze der Philosophie der Zukunft, in: Ludwig Feuerbach, Gesammelte Werke, hg. von W. Schuffenhauer, Bd. 9, Berlin 1970.

– Zur Kritik der Hegelschen Philosophie, in: Werke, Bd. 9.

Fichte, J.G., Grundlage des Naturrechts, in: Gesamtausgabe, hg. von R. Lauth und H. Jacob, Abt. I, Bd. 3, Stuttgart-Bad Cannstatt 1966.

Gadamer, H.-G., Die verkehrte Welt, in: Materialien zu Hegels "Phänomenologie des Geistes", hg. von H. F. Fulda und D. Henrich, Frankfurt a.M. 1973.

Gloy, K., Stichwort "Naturphilosophie", in: Theologische Realenzyklopädie, Bd. XXIV, Berlin–NewYork 1994.

Griese, A., und R. Wahsner, Zur Ausarbeitung einer philosophischen Raum-Zeit-Theorie, Deutsche Zeitschrift für Philosophie *15* (1967), 691-704.

– Raum, Zeit und Gesetz, in: Gesetz – Erkenntnis – Handeln, hg. von A. Griese und H. Laitko, Berlin 1972.

Grimmlinger, F., Zur Methode der Naturphilosophie bei Hegel, in: Wiener Jahrbuch für Philosophie, Bd. 3 (1970), S. 38-68.

Haering, Th., Hegel. Sein Wollen und Werk, Bd. 2, Leipzig und Berlin 1938.

Hegel, G.W.F., Werke in 20 Bden., auf der Grundlage der Werke von 1832-1845 neu edierte Ausgabe, Redaktion E. Moldenhauer und K. Markus Michel, Frankfurt a.M. 1986.

- Über die wissenschaftlichen Behandlungsarten des Naturrechts, in: Werke, Bd. 2.
- Jenaer Systementwürfe I. Das System der spekulativen Philosophie, neu hg. von K. Düsing und H. Kimmerle, Hamburg 1986.
- Jenaer Systementwürfe II. Logik, Metaphysik, Naturphilosophie hg. von R.-P. Horstmann, Hamburg 1982.
- Jenaer Systementwürfe III. Naturphilosophie und Philosophie des Geistes, hg. von R.-P. Horstmann, Hamburg 1987.
- Phänomenologie des Geistes, in: Werke, Bd. 3.
- Die Wissenschaft der Logik. Das Sein (1812), neu hg. von H.-J. Gawoll, Hamburg 1986.
- Wissenschaft der Logik. Erster Teil und Zweiter Teil, in: Werke, Bde. 5-6.
- Enzyklopädie der philosophischen Wissenschaften im Grundrisse (1830). Erster Teil. Die Wissenschaft der Logik. Mit den mündlichen Zusätzen, in: Werke, Bd. 8.
- Enzyklopädie der philosophischen Wissenschaften im Grundrisse (1830). Zweiter Teil. Die Naturphilosophie. Mit den mündlichen Zusätzen, in: Werke, Bd. 9.
- Enzyklopädie der philosophischen Wissenschaften im Grundrisse (1830). Dritter Teil. Die Philosophie des Geistes. Mit den mündlichen Zusätzen, in: Werke, Bd. 10.
- Konzept der Rede beim Antritt des philosophischen Lehramtes an der Universität Berlin, in: Werke, Bd. 10.
- Vorlesungen über Ästhetik III, in: Werke, Bd. 15.
- Vorlesungen über die Geschichte der Philosophie I-III, in: Werke, Bde. 18-20.
- Vorlesung über Naturphilosophie 1819/20, hg. von M. Gies in Verbindung mit K.-H. Ilting, Napoli 1982.
- Vorlesung über die Philosophie der Natur 1821/22, Nachschrift A (anonym), in: W. Bonsiepen, Hegels Raum-Zeit-Lehre. Dargestellt anhand zweier Vorlesungs-Nachschriften, in: Hegel-Studien, Bd. 20, Bonn 1985.
- Vorlesung über die Philosophie der Natur 1821/22, Nachschrift von Boris v. Uexküll, in: W. Bonsiepen, Hegels Raum-Zeit-Lehre. Dargestellt anhand zweier Vorlesungs-Nachschriften, in: Hegel-Studien, Bd. 20, Bonn 1985.

- Philosophie der Natur, Vorlesung von 1821/22, Nachschrift von B. v. Uexküll, Handschriftensammlung der Universitätsbibliothek Würzburg, Sign. M. ch. f. 613, Ms.
- Vorlesung über Naturphilosophie Berlin 1823/24, Nachschrift von K.G.J. v. Griesheim, hg. von G. Marmasse, Frankfurt a.M.–Berlin–Bern–Bruxelles–NewYork–Oxford–Wien 2000.

Heisenberg, W., Zur Geschichte der physikalischen Naturerklärung, in: Werner Heisenberg, Wandlungen in den Grundlagen der Naturwissenschaft. Sechs Vorträge, Leipzig 1942.

Hespe, F., Geist und Geschichte. Zur Entwicklung zweier Begriffe in Hegels Vorlesungen, in: Hegel-Studien, Beiheft 38, Bonn 1998.

Horstmann, R.-P., Einleitung zu: Jenaer Systementwürfe II. Logik, Metaphysik, Naturphilosophie, Hamburg 1982.

Horstmann, R.-P., und M.J. Petry (Hg.), Hegels Philosophie der Natur. Beziehungen zwischen empirischer und spekulativer Naturerkenntnis, Stuttgart 1986.

Hösle, V., Hegels System, Hamburg 1988, Bd. 1.

Hund, F., Geschichte der physikalischen Begriffe, Heidelberg–Oxford–Berlin 1996, Teil 2.

Kaehler, K.E., und W. Marx, Die Vernunft in Hegels Phänomenologie des Geistes, Frankfurt a.M. 1992.

Kant, I., Werke in 12 Bdn., hg. von W. Weischedel, Frankfurt a.M. 1968.
- Untersuchung über die Deutlichkeit der Grundsätze der natürlichen Theologie und der Moral, in: Werke, Bd. II.
- Kritik der reinen Vernunft, in: Werke, Bde. III/IV.
- Kritik der Urteilskraft, Werke, Bd. X.

Lambrecht, R., Die Zeit – ein Begriff der Naturphilosophie?, in: Naturphilosophie im Deutschen Idealismus, hg. von K. Gloy und P. Burger. Stuttgart-Bad Cannstatt 1993.

Leibniz, G.W., Systeme nouveau de la nature et de la communication des substances, aussi bien que de l'union qu'il y a entre l'ame et la corps, in: Die philosophischen Schriften, hg. von C.I. Gerhardt, Bd. IV, Hildesheim–Zürich–NewYork 1996.

Marmasse, G., Einleitung zu: G.W.F. Hegel, Vorlesung über Naturphilosophie Berlin 1823/24. Nachschrift von K.G.J. v. Griesheim, hg. von G. Marmasse, Frankfurt a.M.–Berlin–Bern–Bruxelles–NewYork–Oxford–Wien 2000.

Marx, K., Thesen über Feuerbach, in: K. Marx und F. Engels, Werke, Bd. 3. Berlin 1958.

Meyer, R.W., Ist Naturphilosophie heute noch möglich? Berichte aus den Sitzungen der Joachim-Junius-Gesellschaft der Wissenschaften e.V. Hamburg, 2 (1984), H. 6.

Neuser, W., Die naturphilosophische und naturwissenschaftliche Literatur aus Hegels privater Bibliothek, in: Hegel und die Naturwissenschaften, hg. von M.J. Petry, Stuttgart-Bad-Cannstadt 1987.

Newton, I., Mathematische Grundlagen der Naturphilosophie, übersetzt von E. Dellian, Hamburg 1988.

Nikolaus von Kues, De docta ignorantia, Buch II, Hamburg 1999.

Nolting, W., Grundkurs Theoretische Physik, Teil 4: Spezielle Relativitätstheorie, Thermodynamik, Braunschweig und Wiesbaden 1999.

Oeser, E., Der Gegensatz von Kepler und Newton in Hegels *Absoluter Mechanik*, in: Wiener Jahrbuch für Philosophie, Bd. 3 (1970), S. 69-93.

Petry, M.J., (Hg.), Hegel und die Naturwissenschaften, Stuttgart-Bad Cannstatt 1987.

Platon, Timaios, in: Sämtliche Werke, nach der Übersetzung von Friedrich Schleiermacher und Hieronymus Müller, Bd. 5, Hamburg 1959.

Plotin, Enneaden, in: Plotins Schriften, übersetzt von R. Harder., neu bearbeitet mit griechischem Lesetext und Anmerkungen fortgeführt von R. Beutler und W. Theiler, Bd. III. Die Schriften 30-38 der chronologischen Reihenfolge, Hamburg 1964.

Posch, Th., Die *Mechanik der Wärme* in Hegels Systementwurf von 1805/06. Ein Kommentar vor dem Hintergrund der Entwicklung der Geschichte der Wärmelehre zwischen 1620 und 1840, Dissertation, Wien 2001 (in Arbeit).

– Die Rezeption der Hegelschen Lehre von der Wärme durch C.L. Michelet und K.R.Popper, in: Wiener Jahrbuch für Philosophie, Bd. XXXIV, 2002 (im Druck).

Reichenbach, H., Philosophie der Raum-Zeit-Lehre, in: Hans Reichenbach, Gesammelte Werke in 9 Bänden, hg. von A. Kamlah und M. Reichenbach, Bd. 2, Braunschweig–Wiesbaden 1977.

– Die philosophische Bedeutung der Relativitätstheorie, in: Werke in 9 Bänden, hg. von A. Kamlah und M. Reichenbach, Bd. 3, Braunschweig–Wiesbaden 1979.

Richli, U., Michael Theunissens Destruktion der Einheit von Darstellung und Kritik in Hegels "Wissenschaft der Logik", in: Archiv für Geschichte der Philosophie *63* (1981), 61-79.

– Dialektik im Sinn der Betrachtung der Denkbestimmungen an und für sich. Kritische Bemerkungen zu Michael Wolffs Rekonstruktion der Kategorie 'Widerspruch' in Hegels *Wissenschaft der Logik,* in: Allgemeine Zeitschrift für Philosophie *14.2* (1989), 37-44.

– Semantische und ontische Aspekte reiner Gedanken – Kritische Bemerkungen zu Dieter Wandschneiders *Grundzüge einer Theorie der Dialektik*, in: Philosophisches Jahrbuch *105* (1998), 124-133.

Rosenkranz, F., Hegels Naturphilosophie und die Bearbeitung derselben durch den italienischen Philosophen A. Vera, Nachdruck Hildesheim und New York 1979.

Schelling, F. W. J., Über das Verhältnis der Naturphilosophie zur Philosophie überhaupt, in: F.W.J. Schelling und G.W.F. Hegel, Kritisches Journal der Philosophie, in einer Auswahl mit Anmerkungen und einem Nachwort hg. von S. Dietzsch, Leipzig 1981.

– Ideen zu einer Philosophie der Natur, in: Historisch-Kritische Ausgabe, im Auftrag der Schelling-Kommision der Bayerischen Akademie der Wissenschaften hg. von H.M. Baumgartner, W.G. Jacobs und H. Krings, Reihe I: Werke, Bd. 5, hg. von M. Durner unter Mitwirkung von W. Schieche, Stuttgart-BadCannstatt 1994.

– Erster Entwurf eines Systems der Naturphilosophie (1799), in: Historisch-Kritische Ausgabe, im Auftrag der Schelling-Kommision der Bayerischen Akademie der Wissenschaften hg. von H.M. Baumgartner, W.G. Jacobs und H. Krings, Reihe I: Werke, Bd. 7, hg. von W.G. Jacobs und P. Ziche, Stuttgart-BadCannstatt 2001.

Schöpf, H.-G., Newton zwischen Physik und Theologie, Neue Zeitschrift für systematische Theologie und Religionsphilosophie *33* (1991), 262-281.

Schrödinger, E., Die Natur und die Griechen, Wien 1955.

– Die Besonderheit des Weltbildes der Naturwissenschaft, in: Gesammelte Abhandlungen, Wien 1984, Bd. IV.

Trendelenburg, F.A., Logische Untersuchungen, Bd. I, Leipzig 1862, S. 45.

v. Baader, F. X., Über das pythagoräische Quadrat in der Natur, in: Gesammelte Schriften zur Naturphilosophie, hg. von F. Hoffmann, Neudruck der Ausgabe von 1852, Aalen 1963.

v. Borzeszkowski, H.-H., Kantscher Raumbegriff und Einsteins Theorie, in: Deutsche Zeitschrift für Philosophie *40* (1991), 36-41.

– Galilei als Erfinder der physikalischen Tatsache, in: Die Sterne *71* (1995), 299-303.

v. Borzeszkowski, H.-H., und R. Wahsner, Erkenntnistheoretischer Apriorismus und Einsteins Theorie, in: Deutsche Zeitschrift für Philosophie *27* (1979), 213-221.

– Newton und Voltaire. Zur Begründung und Interpretation der klassischen Mechanik, Berlin 1980.

– Über die Notwendigkeit der Philosophie für die Naturwissenschaft, in: Dialektik 1. Orientierungen der Philosophie, hg. von B. Heidtmann, Köln 1980.

– Noch einmal über das Bedürfnis der Naturwissenschaften nach Philosophie, in: Dialektik 5. Darwin und die Evolutionstheorie, hg. von K. Bayertz, B. Heidtmann u. H.-J. Rheinberger, Köln 1982.

- Did Nonlinear Irreversible Thermodynamics Revolutionize the Classical Time Conception of Physics? in: Foundations of Physics *14* (1984), 653-670.
- Erwin Schrödingers Subjekt- und Realitätsbegriff, in: Deutsche Zeitschrift für Philosophie *35* (1987), 1109-1118.
- Physikalischer Dualismus und dialektischer Widerspruch. Studien zum physikalischen Bewegungsbegriff, Darmstadt 1989.
- Stichwörter "Kosmos", "Kosmologie", "Machsches Prinzip", in: Europäische Enzyklopädie zu Philosophie und Wissenschaften, hg. von H. J. Sandkühler, Hamburg 1990.
- Messung als Begründung oder Vermittlung? Ein Briefwechsel mit Paul Lorenzen über Protophysik und ein paar andere Dinge. Herausgegeben und geführt von Horst-Heino v. Borzeszkowski und Renate Wahsner, Sankt Augustin 1995.
- Einleitung zu: Voltaire, Elemente der Philosophie Newtons/ Verteidigung des Newtonianismus/ Die Metaphysik des Neuton, hg., eingeleitet und mit einem Anhang versehen von Renate Wahsner und Horst-Heino v. Borzeszkowski, Berlin 1997.
- Die Natur technisch denken? Zur Synthese von $\tau\acute{\epsilon}\chi\nu\eta$ und $\phi\acute{\upsilon}\sigma\iota\varsigma$ in der Newtonschen Mechanik oder das Verhältnis von praktischer und theoretischer Mechanik in Newtons Physik, in: Zur Kultur der Moral. Praktische Philosophie in der posttraditionalen Gesellschaft, hg. von M. Weingarten, Berlin (im Druck), auch: Preprint 87 des MPI für Wissenschaftsgeschichte, Berlin 1998.
- Infinitesimalkalkül und neuzeitlicher Bewegungsbegriff oder Prozeß als Größe, in: Jahrbuch für Hegelforschung 2002, hg. von H. Schneider (im Druck), auch: Preprint 165 des MPI für Wissenschaftsgeschichte, Berlin 2001.

v. Engelhardt, D., Hegel und die Chemie, Wiesbaden 1976.

Wahsner, R., Kausalstruktur und Raum-Zeit-Struktur. Eine philosophische Untersuchung der speziellen Relativitätstheorie, Berlin 1966 (Dissertation).
- Philosophische Betrachtungen über die räumliche Ausdehnung des Weltalls, Astronomie in der Schule *4* (1967), 30-36.
- Kann Materie neu entstehen? in: Astronomie in der Schule *5* (1968), 9-12.
- Die Bedeutung des philosophischen Materiebegriffs für die Astronomie, in: Astronomie in der Schule *5* (1968), 30-35.
- Das Aktive und das Passive. Zur erkenntnistheoretischen Begründung der Physik durch den Atomismus – dargestellt an Newton und Kant, Berlin 1981.

- Naturwissenschaft zwischen Verstand und Vernunft, in: Vom Mute des Erkennens. Beiträge zur Philosophie. G.W.F. Hegels, hg. von M. Buhr und T.I. Oiserman, Berlin 1981.
- Stichwort "Messen/ Messung", in: Europäische Enzyklopädie zu Philosophie und Wissenschaften, hg. von H.-J. Sandkühler, Hamburg 1990.
- Erkenntnistheoretischer Apriorismus und die neuzeitliche Physik, in: Deutsche Zeitschrift für Philosophie *40* (1991), 24-35.
- Ist die Naturphilosophie eine abgelegte Gestalt des modernen Geistes?, in: Man and World. An International Philosophical Review *24* (1991), 199-218, sowie in: Deutsche Zeitschrift für Philosophie *39* (1991), 180-193.
- Prämissen physikalischer Erfahrung. Zur Helmholtzschen Kritik des Raum-Apriorismus und zur Newton-Marxschen Kritik des antiken Atomismus, Berlin 1992.
- Mechanism – Technizism – Organism. Der epistemologische Status der Physik als Gegenstand von Kants Kritik der Urteilskraft, in: Naturphilosophie im Deutschen Idealismus, hg. von K. Gloy und P. Burger, Stuttgart 1993.
- Messender Vergleich und das physikalische Erfassen von Entwicklungsprozessen, in: Theorie und Geschichte des Vergleichs in den Biowissenschaften, hg. von M. Weingarten und W. F. Gutmann, Aufsätze und Reden der Senckenbergischen Naturforschenden Gesellschaft, Nr. 40, Frankfurt a.M. 1993.
- Apriorische Funktion und aposteriorische Herkunft. Hermann v. Helmholtz' Untersuchungen zum Erfahrungsstatus der Geometrie, in: Universalgenie Helmholtz. Rückblick nach 100 Jahren, hg. von L. Krüger, Berlin 1994.
- "Ich bin der Apostel und Märtyrer der Engländer gewesen". Die Präsentation Newtons durch Voltaire, in: Naturauffassungen in Philosophie, Wissenschaft und Technik, Band II, hg. von L. Schäfer und E. Ströker, Freiburg–München 1994
- Das notwendige Dritte, in: Proceedings of the Eighth International Kant Congress. Memphis, 1995, Vol. II, Part 1, ed. by H. Robinson, Milwaukee 1995, pp 389-396.
- Die Newtonsche Vernunft und ihre Hegelsche Kritik, in: Deutsche Zeitschrift für Philosophie *43* (1995), 789-800.
- Zur Kritik der Hegelschen Naturphilosophie. Über ihren Sinn im Lichte der heutigen Naturerkenntnis, Frankfurt a.M.–Berlin–Bern–NewYork–Paris–Wien 1996.
- Über die Berechtigung des analytischen Vorgehens in der Philosophie, in: $\dot{\alpha}\nu\alpha\lambda\dot{\upsilon}\omega\mu\epsilon\nu$. Analyomen 2. Proceedings of the 2nd Conference "Perspectives in Analytical Philosophy", Vol. I: Logic. Epistemology. Philosophy of Science, ed. by Georg Meggle, Berlin–NewYork 1997, S. 322-328.

- Naturwissenschaft (Bibliothek dialektischer Grundbegriffe, Heft 1), Bielefeld 1998.
- Stichwort "Messen", in: Europäische Enzyklopädie für Philosophie, hg. von H. J. Sandkühler, Hamburg 1999.
- "An seinen Werkzeugen besitzt der Mensch die Macht über die äußere Natur ...". Hegels Rezeption des $\tau\acute{\epsilon}\chi\nu\eta$-Begriffs in seiner Logik, in: Jahrbuch für Hegelforschung 2002, hg. von H. Schneider (im Druck), auch: Preprint 131 des MPI für Wissenschaftsgeschichte, Berlin 1999.
- Das naturwissenschaftliche Gesetz. Hegels Rezeption der neuzeitlichen Naturbetrachtung in der *Phänomenologie des Geistes* und sein Konzept von Philosophie als Wissenschaft, in: Hegel-Jahrbuch 2001, hg. von von A. Arndt, K. Bal und H. Ottmann, Berlin (im Druck), auch: Preprint 148 des MPI für Wissenschaftsgeschichte, Berlin 2000.
- "Der Gedanke kann nicht richtiger bestimmt werden, als Newton ihn gegeben hat." Das mathematisch Unendliche und der Newtonsche Bewegungsbegriff im Lichte des begriffslogischen Zusammenhangs von Quantität und Qualität, in: Hegels Seinslogik – Interpretationen und Perspektiven, hg. von A. Arndt und Ch. Iber, Berlin 2000.

Wahsner, R., und H.-H. v. Borzeszkowski, Nachwort und Anmerkungen zu: Ernst Mach, Die Mechanik in ihrer Entwicklung. Historisch-kritisch dargestellt, hg. von R. Wahsner und H.-H. v. Borzezskowki, Berlin 1988.
- Die Wirklichkeit der Physik. Studien zu Idealität und Realität in einer messenden Wissenschaft, Frankfurt a.M.–Berlin–Bern–NewYork–Paris–Wien 1992.

Wandschneider, D., Raum, Zeit, Relativität, Frankfurt a.M. 1982.
- Die Stellung der Natur im Gesamtentwurf der hegelschen Philosophie, in: Hegel und die Naturwissenschaften, hg. von M.J. Petry, Stuttgart-Bad Cannstatt 1987.

Warnke, C., Einleitung zu: B. Heidtmann, G. Richter, G. Schnauß und C. Warnke, Gesellschaftsdialektik oder "Systemtheorie der Gesellschaft"?, Berlin 1977 und Frankfurt a.M. 1977.
- Was ist und was soll Schellings Naturphilosophie?, in: Natur – Kunst – Mythos, hg. von S. Dietzsch, Berlin 1978.

Westphal, M., Hegels Phänomenologie der Wahrnehmung, in: Materialien zu Hegels "Phänomenologie des Geistes", hg. von H. F. Fulda und D. Henrich, Frankfurt a.M. 1973.

Namensregister

Das Register führt nur im Text erwähnte Personen auf, nicht die Namen der in den Fußnoten zitierten Autoren und der in der Diskussion auftretenden Personen.

Alembert, Jean le Rond d' (1717-1783)   172.

Archimedes (285-212)   124.

Aristoteles (384-322)   37, 67 f., 74, 75, 88, 94, 109, 123, 126, 140, 146, 170, 173.

Augustinus (354-430)   80 f.

Baader, Benedikt Franz Xaver (1765-1841)   46-51.

Bacon, Francis (1561-1626)   67.

Bergson, Henri Louis (1859-1941)   149.

Bernhardy, Gottfried (1800-1875)   75.

Berthollet, Claude Louis Graf von (1748-1822)   55.

Bloch, Ernst (1885-1977)   100.

Boltzmann, Ludwig (1885-1962)   42, 55.

Bonsiepen, Wolfgang   80.

Bourgeois, Bernard   151.

Bouton, Christoph   155.

Brecht, Bert (1898-1956)   23.

Cassirer, Ernst (1874-1945)   105, 106, 173.

Charlier, Karl Wilhelm Ludwig (1862-1934)   33.

Clarke, Samuel (1675-1729)   33.

Clausius, Rudolf (1822-1888)   42.

Creuzer, Georg Friedrich (1771-1858)   155.

Dalton, John (1766-1844)   56.

Darwin, Charles (1809-1882)   115.

Davy, Sir Humphry (1778-1829)   51.

Demokrit (ca. 460-370)   19.

Düsing, Klaus   43.

Ebner, Ferdinand (1882-1931)   127.
Einstein, Albert (1879-1955)   13, 33, 173 f., 175, 176.
Euklid (306-283)   124.
Euler, Leonard (1707-1783)   34.

Falkenburg, Brigitte   90.
Fechner, Gustav Theodor (1801-1887)   64.
Feuerbach, Ludwig (1804-1872)   21.
Fichte, Johann Gottlieb (1762-1814)   71 f., 75 f., 98, 141, 148, 179.

Gadamer, Hans-Georg   106, 109.
Galilei, Galileo (1564-1642)   108 f., 116, 118, 124, 173.
Gay-Lussac, Joseph Louis (1778-1850)   55 f.
Goethe, Johann Wolfgang (1749-1832)   65, 143.
Gren, Friedrich Albert Karl (1760-1798)   51, 55.
Griesheim, Karl Guistav Julius v. (1798-1854)   45.

Haering, Theodor Lorenz (1884-1964)   54.
Hartmann, Nicolai (1882-1950)   88, 168.
Hegel, Georg Wilhelm Friedrich (1770-1831)   *passim*.
Heidegger, Martin (1889-1976)   62.
Heisenberg, Werner (1901-1976)   109.
Helmholtz, Hermann v. (1821-1894)   42, 64.
Heraklit (550-480)   141, 146.
Hespe, Franz   149.
Hölderlin, Johann Christian Friedrich (1770-1843)   71.
Horstmann, Rolf-Peter   43.
Hösle, Vittorio   82, 90-92.
Husserl, Edmund (1859-1938)   150.

Kant, Immanuel (1724-1804)   11, 12, 17, 24 f., 34, 35, 36 f., 38, 39, 49, 59, 71-74, 76-79, 88, 89 f., 96, 97, 102 f., 105, 107, 108, 111, 121 f., 131, 132, 133, 136, 140, 141, 149, 161, 163, 166.
Kepler, Johannes (1571-1630)   108, 118, 128, 134, 174.
Kimmerle, Heinz   43.
Krug, Wilhelm Traugott (1770-1842)   69-73, 75 f.

Lambert, Johann Heinrich (1728-1777)   33.
Lavoisier, Antoine Laurent (1743-1794)   54.
Leibniz, Gottfried Wilhelm (1646-1716)   33, 34, 69-74, 77, 127, 148, 149.
Liebrucks, Bruno (1911-1986)   141.

Marx, Karl Heinrich (1818-1883)   21, 98, 142.
Maxwell, James Clerk (1831-1879)   42, 55, 134.
Mendel, Gregor (1822-1884)   119.

Neuser, Wolfgang   178.
Newton, Isaac (1642-1727)   10, 28, 33, 34, 35, 37, 52, 53 f., 68, 102 f., 107 f., 112 f., 116 f., 120-122, 124, 160 f., 165, 174-178.
Nikolaus von Kues (1401-1464)   127.

Oken, Lorenz (1779-1851)   45.

Peano, Guiseppe (1858-1932)   70.
Petry, Michael John   56.
Platon (427-347)   76, 82, 91, 99, 126, 146, 148, 162, 170.
Plotin (205-270)   155, 170.
Popper, Karl (1902-1994)   90.
Proklos (ca. 411-485)   16.

Reichenbach, Hans (1891-1953)   173.
Rosenkranz, Johann Karl Friedrich (1805-1879)   50.
Rumford, Sir Benjamin Thomson (1753-1814)   51.

Schelling, Friedrich Wilhelm Joseph (1775-1854)   10, 44 f., 49-51, 69, 77, 98, 125, 141, 142, 155, 179.

Schleiermacher, Friedrich Daniel Ernst (1768-1834)   65.

Schrödinger, Erwin (1887-1961)   123.

Spinoza, Baruch (1632-1677)   72, 145, 154.

Trendelenburg, Friedrich Adolf (1802-1872)   85 f., 99.

Uexküll, Boris Freiherr v. (1793-1870)   85, 87, 88.

Voltaire, eigentl. François Marie Arouet (1694-1778)   34, 35, 108.

Wahsner, Renate   85, 125, 159.

Zenon (490-430)   93.

Autoren

Prof. Dr. Friedrich Grimmlinger, Institut für Philosophie der Universität Wien, Universitätsstr. 7/ II, A-1010 Wien; Friedrich.Grimmlinger@univie.ac.at.

Prof. Dr. Hans-Dieter Klein, Institut für Philosophie der Universität Wien, Universitätsstr. 7/ II, A-1010 Wien; Hans-Dieter.Klein@univie.ac.at.

Dr. Gilles Marmasse, Faculté de philosophie de l'Université Paris I – Panthéon-Sorbonne, 17, rue de la Sorbonne, F-75005 Paris; marmasse@wanadoo.fr.

Mag. Thomas Posch, Institut für Astronomie, Türkenschanzstraße 17, A-1180 Wien; posch@astro.univie.ac.at

Prof. Dr. Urs Richli, Institut für Philosophie der Universität Wien, Universitätsstr. 7/ II, A-1010 Wien; Urs.Richli@univie.ac.at.

Prof. Dr. Renate Wahsner, Max-Planck-Institut für Wissenschaftsgeschichte, Wilhelmstr. 44, D-10117 Berlin; wahsner@mpiwg-berlin.mpg.de.

Wiener Arbeiten zur Philosophie
Reihe B: Beiträge zur philosophischen Forschung

Herausgegeben von Stephan Haltmayer

Band 1 Stephan Haltmayer / Werner Gabriel (Hrsg.): Abschaffung der freien Universität? 2000.

Band 2 Heinz Krumpel: Die deutsche Philosophie in Mexiko. Ein Beitrag zur interkulturellen Verständigung seit Alexander von Humboldt. 1999.

Band 3 Friedrich F. Brezina: Die Achtung. Ethik und Moral der Achtung und Unterwerfung bei Immanuel Kant, Ernst Tugendhat, Ursula Wolf und Peter Singer. 1999.

Band 4 Stephan Haltmayer / Franz M. Wuketits / Gerhard Budin (Hrsg.): Homo pragmatico-theoreticus. Philosophie – Interdisziplinarität und Evolution – Information. Erhard Oeser zum 60. Geburtstag. 2000.

Band 5 Renate Wahsner / Thomas Posch (Hrsg.): Die Natur muß bewiesen werden. Zu Grundfragen der Hegelschen Naturphilosophie. Mit Beiträgen von Friedrich Grimmlinger, Hans-Dieter Klein, Gilles Marmasse, Thomas Posch, Urs Richli und Renate Wahsner. 2002.

Nicolas W. Bogs

Werbeagenturen im Mediamarkt und allokative Effizienz

Eine informationsökonomische Analyse des Marktes für Werbeträgerleistung, der Bedeutung von Werbeagenturen und der Entlohnungssysteme mediabezogener Agenturleistungen

Frankfurt/M., Berlin, Bern, Bruxelles, New York, Oxford, Wien, 2001. 250 S., zahlr. Abb.
Europäische Hochschulschriften: Reihe 5, Volks- und Betriebswirtschaft. Bd. 2804
ISBN 3-631-37977-3 · br. € 40.40*

Auf dem Mediamarkt wird Werbeträgerleistung (Anzeigen, Werbespots usw.) gehandelt. Meist beraten Werbeagenturen die werbungtreibenden Unternehmen bei Auswahl und Einsatz der Werbeträgerleistung sowie bei der Abwicklung der an die Medienunternehmen erteilten Schaltaufträge. Die Arbeit untersucht, inwieweit Agenturen die allokative Effizienz des Mediamarktes beeinflussen. Dieses Ziel wird mit Hilfe herkömmlicher und neuer informationsökonomischer Ansätze verfolgt, die im Hinblick auf den Untersuchungsgegenstand weiterentwickelt werden. Die Abhandlung steht in der Tradition wissenschaftlicher Arbeiten zur Bedeutung von Informationen und Informationsmärkten für die allokative Effizienz von Märkten.

Aus dem Inhalt: Werbeagenturen im ökonomischen Umfeld · Werbeagenturen in der Transaktionskostentheorie · Informationsbedingte allokative (In-)Effizienz von Märkten · Markt für Werbeträgerleistung i. e. S. · Markt für Mediainformationen · Markt für mediabezogene Agenturleistungen

Frankfurt/M · Berlin · Bern · Bruxelles · New York · Oxford · Wien
Auslieferung: Verlag Peter Lang AG
Jupiterstr. 15, CH-3000 Bern 15
Telefax (004131) 9402131

*inklusive der in Deutschland gültigen Mehrwertsteuer
Preisänderungen vorbehalten
Homepage http://www.peterlang.de